右上：わずかに開花し始めた宿根草の庭。サルビア・ネモローサ、青白い葉のラムズイヤーなど。
左上：生長し始めた陰生植物の庭。鯛釣り草が開花したものの、ぎぼうしにはナメクジの狼藉痕が。
下：ロマーナ&ダニエル・オッテンザマー夫妻宅にて、オルガ&シュテファン・コンツ夫妻と共に。

上：約30年かけて自らの手で育んできたというベルリンの義姉の庭では読書に耽溺したくなります。
下：毎日でも通いたくなるウィーンのJOSEPH BROTではディンケルの全粒粉パンを求めます。

上：ゼンフテンバーグ城と教会、ワイナリーNiglの三つ巴はクレムスから車で15分ほどの絶景です。
下：ザルツアッハ川岸より、かつて岩塩の採掘にて栄えた旧市街のホーエンザルツブルク城を望む。

上：友人のLを招いてティータイムを楽しむJ。ブロンドヘアにも日本の浴衣がよく似合います。
下：自宅の大掃除をした夫が自慢気に写真を送ってきました。内装は夫のデザインによるものです。

ウィーンの街を睥睨するソフィテルの展望レストランより。中央の尖塔はシュテファン大聖堂。

上：大挙して押し寄せた観光客がひとりもいなくなり、静けさを保っていたハルシュタットの街。
下：ターコイズブルーの湖面を誇るザルツブルク屈指のフシュル湖も3月にはまだ残雪が見られました。

オーストリア滞在記

中谷美紀

幻冬舎文庫

オーストリア滞在記

目次

まえがき

このところ1年の約半分をオーストリアはウィーン、そしてザルツブルクにて暮らしています。

始まりは2016年の秋、現在の夫となったウィーン国立歌劇場管弦楽団およびウィーンフィルハーモニー管弦楽団、そして管弦楽アンサンブル「フィルハーモニクス」に所属するドイツ人ヴィオラ奏者ティロ・フェヒナーとの偶然の出逢《であ》いで、それまで考えも及ばなかったオーストリアでの新たな生活に身を投じることになったのでした。

ご存知かとは思いますが、オーストリアはアルプス山脈に湖水地方の澄んだ湖などの雄大な自然を誇り、かつてはハンガリー＝オーストリア帝国として、そのまた更に昔にはオーストリア帝国として広大な領地を有していましたが、第一次世界大戦により多くの領土を失い、現在ではわずか880万人程が暮らす小国です。

モーツァルトが生まれた国として知られ、ハイドンにシューベルト、マーラーにブラームス、ブルックナーなどのオーストリア人のみならず、ベートーヴェンやリヒャルト・シュトラウス、リヒャルト・ワーグナーなどクラシック音楽史にその名を刻む作曲家たちが活躍したことから、首都ウィーンは音楽の都として今もなお世界中の人々を魅了しています。

第二次世界大戦後の復興の折には、何にも先駆けて戦火にて焼失したウィーン国立歌劇場の再建に着手したほど、オーストリアの人々にとって音楽はなくてはならないものなのだそうで、夫が所属するウィーンフィルハーモニー管弦楽団もベルリンフィルハーモニー、ロイヤルコンセルトヘボウと並んで世界三大オーケストラのひとつに数えられています。

近代を代表する画家クリムトやシーレ、ココシュカなどの絵画や、オットー・ワーグナーのユーゲント・シュティール、フンデルトヴァッサーなどの建築も耳目を集めていますが、精神分析の大家フロイトや、近年人気のアドラーもオーストリア人だったのですね。

ミニマリスティックなデザインでかつてファッション業界を席巻したデザイナーのヘルムート・ラングも、オーストリア人だったことを、ウィーンのＭＡＫＭｕｓｅｕｍにおける彼の回顧展にてはじめて知りました。

繊細でエレガントなクリスタルグラスのロブマイヤーにザルト、リーデル、眩《まばゆ》いほどにキラキラのスワロフスキーもオーストリアを居城としています。

あまり誇らしいとは言えない例では、シェーンブルン宮殿にて育まれ、フランスに嫁いだマリー・アントワネットに、あの悪名高きアドルフ・ヒットラーもオーストリアの出身です。

そのヒトラーからの迫害を逃れてイギリスに渡った孤高の陶芸家ルーシー・リーも、タランティーノの映画にてナチの親衛隊役を演じ、忘れ難《がた》き存在感を示して以来アカデミー賞最優秀助演男優賞を二度までも受賞した俳優クリストフ・ヴァルツも同様です。

ところで、オーストリア料理と言えばウィンナーソーセージや精肉店の自家製ソーセージやウィンナーシュニッツェル（仔牛のカツレツ）をご想像なさるのではないでしょうか。確かにセモリナ粉をまとってサクッと揚がったシュニッツェルもおいしいのですが、牛肉をよく煮込んでお肉とスープを味わうターフェルシュピッツに、ターフェルシュピッツのズルツェと言われる煮こごり、生の牛肉を味わうビールタルタル、ハンガリー風シチューのグラーシュ、牛レバーの煮込みに、仔牛の胸腺や膵臓《すいぞう》のフライ、鹿や猪《いのしし》などのジビエが加わって、繊細かつ丁寧な仕事をした滋味深い料理が数々あります。シンプルなイタリア料理やスペイン料理よりは少し手が込んでおり、フランス料理より繊細で、料理に携わるシェフもレストランに集うお客様も舌が肥えているため、本当においしい食事にあずかることができます。

かつてはパンといったら、フランスの歯茎が痛くなるほど硬く、それでいて味わい深いバゲット・トラディッショネルに、バターたっぷりで表面はサクサク、中身はもっちりとしたクロワッサン、そして噛《か》めば噛むほどおいしいパン・ド・カンパーニュが鉄板だと思っていたのですが、2010年に医師の指導により糖質制限を始めて以来これらのおいしいパンとも長らく疎遠になっていました。

今でも朝一番で購入した焼きたてのパンのおいしさは忘れ難く、時々恋しくなるのですが、お砂糖や精製した白い穀物を口にすると、直後に血糖値が急激に上がり、その数時間後にインシュリンの過剰分泌によって血糖値が急激に下がり、さらにその下がった血糖値を上げようとアドレナリンとノルアドレナリン、ドーパミンが副腎から放出される機能性低血糖症という体質により、耐え難き倦怠《けんたい》感と不機嫌さ、顔中に表出するにきびに見舞われるため、大好きなバゲットもクロワッサンも、ずっと我慢していました。ところが、オーストリアを訪れてみると、フォルコンブロットと言われるGI値が低く、血糖値の上昇をゆるやかにする全粒粉のパンが当たり前に店頭に並んでおり、もう我慢する必要がなくなったのです。

最近では小麦のグルテンアレルギーに配慮して、ディンケルやアインコーン、エンマーといった古代小麦を用いた全粒粉パンも見かけるようになりました。

それはパスタも同様で、ごく普通のスーパーマーケットでも、激安スーパーでも、オーガニックのディンケル全粒粉《フォルコン》パスタや、レンズ豆のパスタなどが販売されており、糖質制限にもグルテンフリーにも対応した料理ができるのです。

乳製品に至っては、乳糖不耐症の方々のためのラクトースフリー牛乳は当然のごとく販売されていますし、そもそもカゼインアレルギーの方のためには、一般的なカゼインA1ではなく、カゼインA2を主成分とする牛乳、羊や山羊《やぎ》のミルクがありますし、豆乳、アーモンドミルク、オーツ麦ミルク、ライスミルク、ココナツミルクといったミルクの代替品もスーパーやドラッグストアにて簡単に入手できることは、本当に助かります。

バイオダイナミック農法やヴァルドルフ教育で名高きルドルフ・シュタイナーもオーストリア出身ですし、ドイツに先駆けてエコロジーを推進したエコ先進国でもあるため、日本と比較して種類は著しく少ないながらオーガニックの野菜や果物、生鮮食品が激安スーパーHOFARにもお目見えしています。

日々の暮らしの中で、便利さや経済的豊かさよりも、地球環境に配慮して多少の不便さに甘んじる方が多いことにも、多くを学ばせていただきました。

全身にタトゥーを刻んだ若者も、膝の痛みに耐えながら歩くご老人も、母親の手を握る小さな子供も、ビールやワインの空き瓶、ソーダーストリームのガスボンベなどをスーパーに返却します。

恥ずかしながら東京では、電力会社を選択する際に、経済的なメリットと利便性を考えて契約していましたが、オーストリアでは「少し高額だけれど、環境負荷の少ない会社と契約したよ」と夫が報告してくれました。こちらの人々にとっては、サステナブルな企業、イノベイティブで先見性のあるスタートアップ企業を支援することは当たり前に備わった使命なのですね。

さて、かつてフランス文化に憧れ、20代の約8年間はパリにて小さなアパートを借りて日本と往復していたもので、ヨーロッパでの暮らしには慣れていたつもりでしたが、ドイツ語圏での暮らしがフランス語圏でのそれとは全く異なることに驚き、戸惑い、時には嬉《うれ》しいハプニングに見舞われ、またある時は憤り、悔し涙を流しながらも、幼少期とたがわぬ好奇心から未知の世界での冒険を楽しむことにしました。

郷に入《い》っては郷に従えと、2016年の冬期に40歳にしてドイツ語を学び始めてみたものの、あまりの文法の複雑さに何度も挫折しそうになりまして、日進月歩にはほど遠く、3歩進んで10歩下がるような日々が数年続きました。

当初は精肉店で牛肉、豚肉、鶏肉もなんと言ったらよいかわからず、鳴き真似《まね》をしたり、ジェスチャーで鶏の真似をしてみたりもしました。薄切り肉はまず見かけることがない上、鶏もも肉は骨付き肉しか販売しておらず、骨なしの場合、胸肉かささみ肉しかありません。自分で鶏もも肉の骨を外した際には、骨に肉の部分が残りすぎてもったいないことになり、精肉店で骨をはずしていただくにも、何とか機嫌を損ねぬよう店員さんをおだてながら、待ちぼうけを食らってイライラする他のお客様にも謝りつつと、肩身の狭い思いをしたものです。今では激安スーパーHOFERや、大型スーパーINTERSPARなどにて、骨なしの鶏もも肉をみつけることが叶《かな》い、精肉店にも電話であらかじめお願いすることができるようになったため、ずいぶんと楽になりましたが、言葉の壁はなんと丈高く堅牢《けんろう》なのでしょうか。

語学学習についてはすでに幾多の方々があらゆる方法を試みていらしたことと思われます。通訳になるわけではなく、弁護士や医師ほどの専門性を要する職業に就いているわけでもなく、どこかの国で旅をしたり生活をするなかで、必要な物を入手し、官公庁での手続きを行い、体調が悪ければ病院を訪れて病状を伝えて必要な薬を入手するなど、拙《つたな》いながらも日常生活に支障がない程度には英語を理解することができるようになったのは、10代の頃から数年間、休み休み通った語学学校での会話の授業と、旅先での見知らぬ方との会話、そして20年以上にわたり車の中で聴き続けているオーディオブックやニュースのおかげだったと思います。

真面目《まじめ》に書き取りの練習をしたり、長文の翻訳をしてみたりなどというこらえ性は備わっていないため、読み書きはおぼつかないながらも、最新鋭の健康法に関する記事を読んだり、食品の説明書きを読んだり、旅先の美術館にてアーティストのバイオグラフィーを読んだりといった好きな分野に関してはボキャブラリーが少しだけ厚くなりました。その一方で興味のない分野に関しては全く語彙《ごい》が増えず、慣用句やことわざなども数が多すぎでお手上げ状態です。

それでもフランス語やドイツ語を学ぶことに比べたら、英語は触れる機会も多く、文法もずいぶんと楽なので、ついつい英語に逃げてしまいがちですが、ドイツ人の夫と家族になった以上は、義父母や義兄姉、友人知人たちに気を遣わせないためにドイツ語で会話に参加することが必要です。

何よりも、夫が私と出逢う数年前に訳あってお別れしたというかつてのパートナーとの間にもうけた娘Jが、出逢った頃にはまだ4歳で、わずかな単語の断片と身振り手振りだけでも一緒に料理をしたり、お人形遊びをしたり、雪遊びをすることもできたはずが、この2年ほどで言葉の壁を顕著に感じるようになり、彼女にもどかしい思いをさせたり、退屈させていることが辛《つら》くなってきました。

Jは彼女の母親であるDとともに暮らしているため、日本での仕事をかかえる私がJと過ごすのは、1年のうち延べ2ヶ月ほどではありますが、それでも小学生になり自我が芽生えはじめた彼女とコミュニケーションを取るにはドイツ語なしには難しくなってきたため、不退転の精神でドイツ語という魔物と闘うことに決めたのです。

こちらヨーロッパでは私たちのようなパッチワークファミリーは決して特別なものではなく、人生の指針が変わった男女が別々の道を歩むことを選択しても、お互いに新たなパートナーとの暮らしを尊重し、子育ても当然のこととして協力し合います。別れた男女のどちらかが、子供に会えないなどということはよほどの事情がないかぎりないはずです。パリの友人などは、バカンスの間大きな一軒家を借りて、別れた男女がそれぞれの新たなパートナーと子供たちを伴って集まり、怨恨《えんこん》や嫉妬もなく仲良く皆で料理をしては、朝昼晩すべての食事を潮風の吹くテラスで賑やかに楽しんでいました。

私たちも、Jの母親であるDとはつかず離れずながら良好な関係を築き、Jを迎えに行ったり、送り届けてもらうたびに笑顔で挨拶を交わし、時には食事やお茶菓子を囲んで語らい、Jの写真や動画をお互いに送り合ったりしています。糖質を摂ると興奮しがちになることから、JにはココナッツシュガーやキシリトールなどのGI値が低い甘味料を用いたお菓子しか与えないことも、Dと話し合って取り決めました。

現在の目標はのんびりと5年ほどかけてドイツ語のB2テストに合格することです。仕事をし、日々の生活をしながらの取り組みですので、学生のように語学学習だけに時間を割くことも叶いません。何よりもテストそのものがゴールではなく、Jをはじめとする夫の家族、友人知人と気兼ねなく会話をできるようになることが喫緊の課題です。

そしていずれはヴィム・ヴェンダースやヴェルナー・ヘルツォークの映画を字幕なしで楽しめるようになって、願わくはヘルマン・ヘッセやトーマス・マン、果てはブレヒトやゲーテの著作を原文で読めるようになったらどれほど嬉しいことでしょう。

40代にして慣れない外国での暮らしと新たな言語の習得は、大草原で草むしりをするような、あるいは砂漠に水を撒《ま》くかのような感覚すら覚えますが、焦らず少しずつ勉学に励み、いつの間にか目標を達成していたという日が訪れることを自らに期待しています。

これより約3ヶ月間の田舎暮らしにまつわる日記が始まりますが、どうぞ気長にお読みいただけましたら幸いです。

5月1日　人生初のロックダウン

3月18日の深夜に羽田発ウィーン行きの直行便に飛び乗って以来、人生初のロックダウンを経験し、ザルツブルクの自宅にこもっていた。

夫のティロ・フェヒナーも所属する管弦楽アンサンブル「フィルハーモニクス」の中国ツアーとアメリカツアーが軒並みキャンセルとなり、3月、4月も完全なコロナ失業の憂き目に遭った。

国境を越えてすぐお隣は、大量の死者と医療崩壊に喘《あえ》ぐイタリアで、オーストリアでのクラスター発生源となったイシキルのスキーリゾートも近かったため、気管支が弱く、風邪をひく度に喘息《ぜんそく》様の咳《せき》が止まらなくなる私は、万が一の場合に重症化しやすいのではないかと恐れている。

実際夫も4月のある一週間、発熱に見舞われ、毎晩数回寝間着を着替え、シーツも取り替えるほどに汗をかいていた上、咳の症状もあったことから感染が疑われ、自ら車を運転して、ドライブインの検査所にてPCR検査を受けることになった。結果は幸い陰性で、「あれは何だったのだろう？」と疑問に思いつつ、できる限り人との接触を避けている。

早々に国境を封鎖して外出禁止令を発令したことが奏功して死者を最小限に抑えることができたことと、恐らく経済界からの強い圧力により4月27日からは少しずつ規制が解除され始め、400㎡以下のお店の再開が許されることになった。

解禁初日にはバウマークトという日本でいうホームセンターにて行列ができたことがニュースになるほどで、オーストリアのお国柄を示していた。庭仕事に家屋の修繕にとDIYで何でもこなすこちらの人々にとってホームセンターはスーパーマーケットと同じくらい通い慣れた場所らしく、週末となれば駐車場までの行列ができるほどで、少々のことでは業者に依頼などせず、自分たちでなんでもこなしてしまう。

私たちが暮らすザルツブルクの山中に位置する家も、夫が私に出逢う数年前に以前の所有者から買い受け、躯体や使える素材は残しつつも、古材を扱う材木屋さんにて建材を吟味し、大工さんと共に自ら改装したという小さな山荘で、彼は今日も庭造りに励んでいる。

家の前の傾斜地は以前の所有者の趣味によりコニファーやモッコウバラ、松の木などが植えられていたのだけれど、いずれも私たちの好みではなく、ほったらかしにしていたため、樹形も乱れて手の施しようがなくなっており、数年かけて少しずつ植栽を植え替えるつもりだった。

いつもなら、夫はリハーサルにコンサートにオペラにと、ザルツブルクに滞在する夏の期間は全くゆとりがなく、私ひとりでは過酷な労働は一向に進まない。ところが、幸か不幸かコロナ禍により時間にゆとりができたために、手つかずのままだった木の根を掘り起こし、伸び放題に伸びていた雑草の除去を始めた。

冬の間雪に耐えた雑草や宿根草は春の陽気を感じて我先にと顔を出し、タンポポはもちろん、アジュガやイチゲ、忘れな草、ムスカリなどが草間に彩りを添える。

こちらでベルラウフと呼ばれる行者にんにくのようなハーブも自生しており、松の実とオリーブオイル、パルミジャーノ・レッジャーノなどと共にパスタソースにすると、にんにくなしでも香り高くおいしいジェノヴェーゼ風ソースを作ることができる。

オーストリアに来た最初の年にはまだ客人気分で、庭に自らの好みを反映する気にはなれなかったし、そもそも日本の山野草や苔庭《こけにわ》が好きだったため、西洋の庭をどうしたらよいのかもわからなかった。夫と私で意見が一致しているのは、自動芝刈り機で定期的に3㎝に刈り揃《そろ》えられた芝生《しばふ》や、映画「シザーハンズ」のトピアリーのように人工的に刈り込まれた針葉樹、チューリップやパンジー、バラのアーチなど、ガーデニングのお手本のような庭は好みではないことだった。この数年間で少しずつ、ヨーロッパの庭巡りをしてみたり、今まで見てきた庭の記憶をたどると、パリのアンドレ・シトロエン公園やケ・ブランリー美術館の庭を手がけたジル・クレマン、北海道の十勝千年の森を手がけたダン・ピアソン、そして、ニューヨークのハイラインの植栽やイギリスのハウザー&ワース・サマーセットの庭を手がけたピエト・オウドルフが、私たちの琴線に触れる繊細で自然の営みに配慮したメドウ・ガーデンを提唱していた。

ジル・クレマンとピエト・オウドルフの庭はすでにいくつか訪れ、彩り豊かな花季だけでなく、秋風にそよぐグラス類が美しく、冬枯れの姿さえも芸術的に美しく見えるよう計算し尽くされ、それでいて、自然のなせる技によって変化することも受け入れる懐の深い庭造りに感激した。残念ながら十勝の森はまだ訪れることが叶わずのままだけれど、いつか訪れてみたいと思っている。

ウィーンフィルのホルン奏者セバスチャン・マイヤー氏は、オーケストラの中でも屈指の植物フリークで、世界中の植物の種子を集めては、自ら所有する原野に植え付け、今やジャングルと化したその場所を愛《め》でているという。ドイツのDurchgeblühtという宿根草の専門店や、ザルツブルクのマイヤーという園芸専門店を紹介してくれたのも彼だった。

すでに庭の一部では、2年ほど前からススキやパンパスグラスを植えてみたり、裏山のシダを少々いただいてきて移植したり、Durchgeblühtが販売する宿根草セットを植え込んだりして、この土壌との相性や湿度の具合、耐寒性の実験をしていた。

オーケストラではプレイヤーとしての仕事に加えてツアーマネージャーとしての仕事や毎

年シェーンブルン宮殿の庭で開催され、約13万人が訪れる「サマーナイトコンサート」のプロジェクトマネージャーとしての役割も担い、常に無駄なく効率よく仕事をこなすドイツ人気質な夫と、面倒な仕事を後回しにしがちな怠惰《たいだ》な私とでは、庭仕事に対する姿勢も異なり、更にはそれぞれが独自の美意識を持っているため、しばしば言い争いにもなるのだけれど、この数年間で感覚的に学んだ庭のあり方をもとに、ガーデンデザイナーの真似事を私が、庭師の真似事を夫が担当し、二人の素人が必死で一大プロジェクトを進行中なのだった。

その一方で、コロナ禍の影響によりドイツ語のオンラインクラスも受講している。この数年間、ドイツ語のニュースを毎日聞き流し、だらだらとロゼッタストーンやいくつかの参考書を用いて独学で学んではいたのだけれど、誰かの話す言葉を耳から憶え、身振り手振りを含めて録画するかのように記憶するタイプの私には、独学では単調過ぎてなかなか続かず、ドイツ語の複雑な文法を理解するにも熟練した先生の手助けが必要だと感じるようになっていた。

そこで1月から通い始めたのが、東京のゲーテ・インスティトゥートだった。ドイツ政府公認の語学学校では、ドイツ語の認定試験も行っているため、試験対策を徹底してサポートしていただけることはもちろん、ドイツ語の入門課程から、複雑極まりないドイツ語のしくみを熟知した先生方が懇切丁寧に教えてくださり、私の「なぜなに病」による渇望感が満たされたのだった。

動詞の不規則変化や、定冠詞の変化、「がのにを」の用い方など、日本語の感覚で捉えるとどうしても腑《ふ》に落ちない点が数々あった。日本語では「あなたに電話をかける」だけれど、日本語の感覚で直訳すると、ドイツ語では「あなたを電話をかける」になってしまい気持ちが悪い。また、人称代名詞の変化が複雑で、「あなた」は「Ｓｉｅ」で「あなた方」も「Ｓｉｅ」であることは英語の「Ｙｏｕ」と同様なので理解できるのだけれど、「彼女」も発音が全く同じ「ｓｉｅ」になり、「彼女に」が「ｉｈｒ」で「君たちは」も「ｉｈｒ」という「なぜ？　なぜ？　なぜ？　なぜ？？？？？？？？？？？？」と絶叫したくなるくらい不思議な言語である。

私がいつまでたっても納得しないものだから、「それがドイツ語というものだからごめんなさい」と、謝る先生もいらしてむしろ申し訳ないくらいだったけれど、もっと早く始めなかったことを悔やむほど、テキストも授業内容も質が高かった。

ワーキングホリデーのようなアルバイト感覚で教えている先生はおらず、皆さん一様に言語教育者としてのテクニックを携え、こちらの習熟度をよく理解して、今のレベルで理解できる言葉のみを用いて説明なさることから、教材を熟知し、生徒の成長を導こうと心を砕いていることが肌で感じられた。

残念ながらゲーテ・インスティトゥートはオーストリアに支部を持たず、このコロナ禍ではザルツブルクから本部のあるミュンヘンまで通うことも叶わず、オンラインコースもプライベートレッスンについては、先生とのインタラクティブな授業ではなく、コンピューター上のプログラムでの自習となるため、会話に特化したベルリッツのオンラインクラスを取ることにしたのだった。

ヨーロッパの様々な国で暮らす、ドイツ人、スイス人、オランダ人の先生方がアドビのオンライン会議ソフトＣｏｎｎｅｃｔを通じて各課題を教示してくださるのだけれど、いかんせんこのコロナ禍にてアドビへの過剰なアクセスが続き、授業中に何度もソフトの不具合が生じ、なかなか進まないことがもどかしい。

本日は、洋服について、さらには交通標識についての描写を復習した。シャツ、スカート、ドレス、ニットなどの名詞を学び、同じ、似ている、異なるなどの形容詞、信号、交差点、歩行者、歩道などの名詞、そして分離動詞や前置詞のバリエーションを学んだ。

全て独学でも学んでいた項目だったため、少々簡単すぎて退屈ぎみではあったけれど、ゲーテの方々も、「ドイツ語の習得にはとにかく時間を費やすことです。時間をかければ必ず話せるようになるから大丈夫です」とおっしゃっていたので、リスニングと発音を繰り返し練習することは決して損ではないはずだと信じている。

ティータイムには蕎麦《そば》粉とパフキヌア、麻の実、ひまわりの種を混ぜたチョコチップクッキーを。チョコレートは日本のナチュラルハウスのノンシュガーチョコレートを使用。今日は結構おいしく焼けたと思う。

5月2日　ガーデニング哲学

早起きをしてオーバーエスターライヒ州へ車を走らせること1時間半、希少な宿根草やグラス類を扱う園芸専門店ザラストロを訪れた。

こちらもホルン奏者のセバスチャンの紹介で、ザルツブルクのマイヤーでは扱っていないグラス類、そして木陰に植えるための陰生植物を求めてはるばるやって来たのだった。コロナ禍により人出も車も少ない道をひたすら走り続け、ヒットラーの生まれた街ブラウナム・アム・インを通り過ぎて辿《たど》り着いたその場所は、広大な敷地の一面にまだ芽吹いて間もない植物の苗が敷き詰められ、グラスがそよぐ庭、宿根草の庭、陰生植物の庭など、モデルガーデンがいくつも展示されたワンダーランドで、わずか2〜3名の先客たちは、各々《おのおの》目的の植物の学名とドイツ語名を記したメモを手に、苗を吟味していた。

降雨が予想されていたにもかかわらず、空には晴れ間が覗《のぞ》き、オーナーのクリスティアン・クレス氏自ら大切に株分けをしたり、採取した種から実生で育てた植物の苗たちが、来《きた》る夏の季節に向けて葉を伸ばそうと生命力をみなぎらせていた。

探究心に溢《あふ》れた10代の頃に書店や映画館を訪れた際の血が騒ぐ感覚、美術館やギャラリーにて好みのアーティストを発見した際の興奮が蘇《よみがえ》り、思わず声を上げそうになったほど、そこには私の好きな植物たちが果てしなく並べられていた。

まずはモデルガーデンを渡り歩いてザラストロのガーデニング哲学のようなものを嗅ぎ取ると、除草や木々の剪定《せんてい》などを最小限にとどめ、極力自然に近い形で庭を保っていることが感じられた。咲き終わった花がしおれた様もそのまま、グラスも冬枯れの姿のままとどめてあり、余白を埋めようと開花したばかりの新たな花を必死に植えた形跡もなく、恐らく、その場に植えた宿根草が何年も繰り返し花開き、枯れていくに任せているのだろう。

黒いフワフワとしたハーブのようなものが至る所に植えられており、興味をそそられてタグを見ると、フェンネルであることが判明した。ハーブに特化した庭でなくとも、ブラックフェンネルを植えることで庭に緩さが加わり、正しい庭というよりは無造作な庭になるのだと学んだ。

さて、いよいよ我が家に連れ帰る植物の選定に入り、黒いネット状のテントの下を覗いてみると、幾多のギボウシが並んでいた。どうやら陰生植物のコーナーで、大小様々、斑《ふ》の入ったものや青緑の美しいものなどそれはそれは選び甲斐があった。

できるだけ野山に生息する植物の姿に近いものをと思い、ああでもないこうでもないと吟味していると、自然と戯《たわむ》れる人物特有の地に足のついた空気をまとい、それでいて諦念《ていねん》を含む笑みをたたえたオーナーのクリスティアン・クレス氏が現れ、「これは小さいまま大きくはならないから大きいものやほかの陰生植物とくみあわせるといいよ」と説明してくれた。

我が家にもいくつか陰生植物に適した箇所があり、山のシダを移植したりはしてきたのだけれど、シダに寄り添う陰生植物がこんなにもたくさんあるなんて、ついつい浮き足立ってしまう。大きなすずらんのような美しいアマドコロも発見し、3株ほどいただくことにした。夫は、さっと決めて帰りたそうにしているけれど、ガーデンデザインを脳内でシミュレーションしつつ苗が生長した果てのボリュームを計算しながら選ぶにはどうしても時間がかかる。

グラス類の選定はほんとうに大変で、わずか10㎝ほどの苗の姿と、ドイツ語名、学名から、庭に植えられた様を想像して個数を決めるのは容易でない。

この度こちらまで出向いた最大の理由が、ドイツ語で「ランペンプッツァーグラス」、直訳すると「ランプクリーナー草」、学名を「ペニセタム」と言い、日本語では「チカラシバ」に相当する猫じゃらしに似たグラスの入手で、これもまた幾多の種類が並んでいた。

Ｊａｐｏｎｉｃａという種類が70㎝ほどになるとの説明書きで、株を吟味していると、再びどこからともなくクリスティアン氏が現れ、「おすすめはKim's nightmareだよ。黒い穂が美しいからね」と教えてくれた。そこでJaponicaとKim's nightmareを迷わず大人買い。

「プリティ・ウーマン」でジュリア・ロバーツ演じる娼婦がリチャード・ギア演じる裕福な色男にラグジュアリーブランドの洋服や帽子、靴などを買い与えてもらい、両手に余るほどのショッピングバッグを持って歩く姿が印象的に描かれていたけれど、こちとら両手どころか3台の台車に余るほどの苗を買い占めて上機嫌である。

他の園芸店と比較してこちらの顕著な違いは、多くの植物の札が一枚一枚手書きであることで、よその生産業者から仕入れた品を並べているのではなく、オーナー自ら苗をこしらえていることが読み取れるのだ。

彼は、かつてオランダで仕事をした経験もあり、私たちの憧れのオランダ人ガーデンデザイナー、ピエト・オウドルフとも友人だといい、実際ピエト・オウドルフは、このザラストロを訪れて植物を入手したりもしている。なかでもイヌゴマ属のＳｔａｃｈｙｓ Ｈｕｍｍｅｌｏは「ピエト・オウドルフのお気に入り」と札に書かれ、その理由は冬にも朽ち果てることなく葉や茎を地上に残すことだそうで、雪をまとったメドウガーデンの鳥肌が立つほどの美しさは、こうしたＨｕｍｍｅｌｏや、球状の花をつけるアリウムなどの枯れた姿が作り出しているのだと確信した。

ランドローバーのディフェンダーと共に、イギリス中を疾走し、あらゆる植物の種をハンティングして来たというクリスティアン氏は、ガーデンデザイナーではなく園芸人を標榜《ひょうぼう》する。夫曰く、園芸人とガーデンデザイナーの関係は、ヴァイオリンメーカーとヴァイオリニストの関係に似ているらしい。それぞれに適した分野があり、植物オタクにとっては世界中を旅して見知らぬ植物と出逢い、その性質を見極め、生長を見守り、株を増やすことが最大の楽しみなのだろう。

彼の好きな作曲家が、バッハ、サティ、ブルックナー、マーラー、ドビュッシーなどであることも好感度が高いし、人工的なチューリップも水仙も、パンジーも彼のフィールドでは見かけない。

ザラストロという店名も、モーツァルトのオペラ「魔笛」にて、フリーメーソンの長として登場する人物の名と同じであるところが心憎い。

雨の予報を気にして早く帰り、庭仕事に着手したがっていた夫も、クリスティアン氏の気さくな対応と、扱う植物の豊富さに魅了され、あれもこれもと台車に載せていた。

数々の園芸誌に寄稿し、ヨーロッパの園芸界ではその名を知らぬ人はいないというクリスティアン・クレス氏の著書に『BLACKBOX GARDENING』がある。興奮気味に大人買いをした私たちにプレゼントしてくれたその本のページを早速めくってみると、共著の園芸エディターの言葉で「春の訪れを急ぐかのように植え付けられる開花した花、花期が終わるなり破棄される植物、自動芝刈り機で2㎝に整えられた芝生、雑草を制するためのコンクリートや石のパネル、庭に据えられた陳腐な仏像などが現代の庭を殺している」と書かれたまえがきが、私たちの理想とするガーデニング哲学と相似しており、思わず笑ってしまった。

BLACKBOX GARDENINGとは、多年草や宿根草のみならず、1年草、2年草をあえて組み合わせ、風に任せて種が庭のどこかに落ち、予想外の場所から実生で芽吹くのを楽しむガーデニングのスタイルだそうで、多くの方々が求める伝統的で正しいガーデニングとは真逆の、植物の生命力を信じ、多様性を受け入れるガーデニングスタイルなのだという。

それは、ジル・クレマンの荒れ地にすら愛《いと》おしい眼差《まなざ》しを向ける「動いている庭」の概念とも重なる。人間のエゴで自然を制するのではなく、多少の手は入れつつも、自然に逆らわず、あるがままを受け入れる考え方は、人間の生き方にすら深い示唆を与えてくれる。

抜いても抜いても果てしなく生えてくる雑草と闘うのではなく、いくつかの本当に不要な雑草のみを抜き取り、雑草とて美しいものは残して共存の道を探るという「選択的除草」という考え方も広義には同じ潮流なのだろう。

午前9時から12時の閉店ギリギリまで丸々3時間、いつまでも飽きることなく植物を眺めていた。

昼食は、キャベツのアーリオオーリオソースに、お気に入りの鮮魚店Ｇｒüｌｌにて見つけたからすみとディルを添えてみた。パスタはディンケルフォルコンスパゲティ。究極にシンプルだけれど、存外においしい。

午後は斜面に食らいつく庭師ティロの不毛の地における開拓民並みの過酷な奮闘を見守る。しぶといグラスの根と硬い石の山が作業を阻み、彼の身体に負担をかけるのだけれど、ひとたび何かに取り組むと、休む間もなく集中して取り組む彼に、私の制止など役に立たぬことはこの数年で学んだ。

3000m級の雪山にひとり分け入り、スキーで滑り降りてきたり、ロードバイクで7時間のツアーに出たりと、常人の想像が及ばないことを平気でやってのける人間だからこそ、国立歌劇場管弦楽団や、ウィーンフィルの一員として過密なスケジュールにも音をあげることなく演奏し続けることができるのだろう。いかに辛かろうと、彼の好きにさせるのが何よりいいのだ。夫の苦行を傍目に私は陰生植物を木陰に植え付け、美しい植物たちの姿を眺めて愉悦に浸る。

夕食は冷蔵庫のありあわせにて。モロッコいんげんを茹《ゆ》でてゲランドの塩とブラックペッパー、オリーブオイルとゴマで和《あ》えてみた。庭のヒューゲルカルチャー農法（土壌作りとして、まず下地に枯れ木、次に枯れ草を敷いてその上に土を被せ、小さな丘のような栽培床を作り、堆肥と水持ちを兼ねさせる農法）のレイズドベッド（地面にレンガや木で作った枠を置いて、その中に土を入れて花壇にしたり菜園にしたりにする方法）から摘み取ったサラダ菜には鮎《あゆ》の魚醤《ぎょしょう》とココナッツシュガー、ライムで味をつけた挽肉のタイ風ラープムーサラダを合わせて。メインのパスタは蕎麦粉のフジッリを鶏もも肉のトマトソースにて、ハーブガーデンからフレッシュなオレガノを添えて。

コロナ禍で鬱屈とした日々を送っていたものの、久々によい一日だったと思う。

5月3日　タンタンサラダ

今日はJが遊びに来た。夫と分担して行う毎朝の掃除も念を入れて、とりわけJの部屋は暖炉の掃除や床の水拭きも徹底した。

彼女の好きな庭のライラックをひと房切って、子供部屋に飾る。オーストリアのクリスタルグラスメーカーARTNERのビールグラスを花器に見立てて。

夫がJを迎えに行っている間にドイツ語のオンライン自習を済ませ、ランチの用意もする。Jは多くの子供達と同じように、食事の好き嫌いが激しく、食べず嫌いの傾向もあるため、栄養の過不足なく彼女の喜ぶ料理を提供するのは頭痛の種である。

今日は彼女の好きなタンタンサラダを用意すると約束していた。Jはタンタンサラダを日本料理だと信じているのだけれど、当然のごとく日本料理にタンタンサラダは存在しない。実は、ウィーンで行列のできる日本風居酒屋「Ｍｏｃｈｉ」の創作メニューで、オーストリア人オーナーが日本を旅して着想を得た数々のフュージョン料理のなかのひとつである。昨年Jが母親のDに連れられてシェーンブルン宮殿のサマーナイトコンサートを楽しむべくウィーンを訪れた際に、夫が「Ｍｏｃｈｉ」での食事を提案し、食べず嫌いをひとつ克服したのだった。挽肉と青ネギを担々麺のように八丁味噌《みそ》とお醤油、ココナッツシュガー、みりんなどで甘辛に味付け、Ｓａｌａｔｈｅｒｔｚというロメインレタスを小さくして、シャキシャキにしたような葉物の野菜に包んで食すのだけれど、日本料理うんぬんを全く考えなければ、シンプルで実においしい。

さて、雨の日のお決まりのルーティーンは、Ｊが自室に入ってプレイモービルの家で遊ぶことから始まる。乗馬教室に通う彼女は馬に足を踏まれて骨折を経験したにもかかわらず、今でも馬が大好きで、プレイモービルの家には牧場も併設してある。果てしない想像力に飽かせたごっこ遊びには、乗馬をする者の基本のマナーとして馬の糞《ふん》の掃除をすることも含まれており、ドイツ語で「フェアデアプフェル」直訳すると「馬のりんご」つまり「馬の糞」もプレイモービルのおもちゃで作られていることを知った。

家の部分をホテルに見立ててホテルの予約ごっこをするのも彼女の得意なパターンで、私もゲーテ・インスティトゥートやベルリッツのオンラインコースで学んだ電話での予約場面を復習することができた。

「フォルペンシオン」というのは3食付きのプランで「ハルプペンシオン」は朝夕2食付きのプランなのだけれど、Ｊのホテルでは「ハルプペンシオン」しかないらしい。「アインツエルツィマー」はシングルルームで「ドッペルツィマー」はダブルルームを意味する。自分でホテルの予約ごっこをし始めたにもかかわらず、「残念ながらお客様のご希望の日程は満室です」と断ることが多いのはなぜだろう？

この「満室です」も「ベレクト」であったり「アウスゲブッフト」であったり、「カインツィマーイストフライ」だったり、様々な表現があるようなのだけれど、それぞれJが即興演技で答えてくれる。したがって、私がドイツ語を理解できないとすぐに英語で話してしまうこらえ性のない夫と会話をするよりよほど勉強になるのだ。

実は、このコロナ禍でフィットネスクラブに通うことができず、夫も私も満足な運動ができずにいたため、日本でいうメルカリのような、こちらではＷｉｌｌｈａｂｅｎというCtoCのマッチングアプリにて、テクノジムの未使用のマルチトレーニングマシンやダンベルセットを驚くような低価格で見つけて購入したところ、大きすぎて当初予定していた夫の仕事場のドアを通らなかったため、Jの部屋と夫の仕事部屋を入れ替えることになったのだけれど、彼女は新しい部屋を気に入ってくれた上、スポーツルームに大興奮で、いつもならバービー遊びに移行する時間がパーソナルトレーニングごっこになったのだった。

背筋を鍛えるためのラットプルダウンをするようにとトレーナーJから指示があり、ウエイトがたった5kgだったにもかかわらず、重くてバーを引き下げることができないふりをしてみたところ「Mehr!《もっと！》 Mehr!《もっと！》 Runter!《下げて！》 Runter!《下げて！》 Miki!《ミキ！》 Schneller!《早く！》」と本物のトレーナーさながらにかけ声を発するJがかわいらしい。

パーソナルトレーニングごっこは、いつのまにかお医者さんごっこに移行して、夫のコンピューターの前に腰掛けたJが患者を迎えるという設定となる。

ドアをノックすると「Komm herein!《中に入って！》」と声がする。言われた通り室内に入ると、「Was ist passiert?《どうしたの？》」と尋ねられ、「Ich habe Husten《咳が出ていて》 und Halsschmerzen《喉も痛くて》 und Fieber. Was soll ich tun?《熱もありますどうしたら良いでしょうか？》」と相談してみる。すると「Du hast den Coronavirus. Dann machen mal dieses Training.《あなたはコロナウイルスに感染していますね。それでは、このエクササイズをしてみましょう》」と、タイムリーなコロナ感染者であるとの診断で、それにもかかわらず、ハードなトレーニングをすることになった。チベットの五体投地礼のようなエクササイズを2秒ごとに体位を変えて行うJにとてもついていけないのだけれど、少しごまかしながら、まるで同じトレーニングをしているかのように振る舞う。ここでもまた「Schneller! Schneller!《はやく！はやく！》」とせかされ、見かねた夫が、「初診の患者さんに命令口調で話すのはどうかと思うよ。敬語で話しなさい」とJをいさめる。ドイツ語圏では相手が年上であろうと、親しくなるとＳｉｅ《あなた》ではなく、Ｄｕ《君》を用いることが多いのだけれど、こちらザルツブルクでは、サービス業に携わる人々が初対面のお客様に対しても出会い頭にＤｕ《君》で話すことが多く、来たばかりの頃は本当に驚かされた。アップルコンピューターのサービスがドイツ語では全てＤｕで始まることに慣れるのにも時間がかかったし、義父母にＤｕで話しかけることにも抵抗があったけれど、相手がＤｕでの会話を望んでいるのにＳｉｅでの会話を一方的に続けることは、どうやら失礼にあたるらしく、今では私も義父母とＤｕで会話をしている。

とは言え、夫はＪが大人になって万が一都市部で仕事を得ることになった際に困ることのないように、ザルツブルクの方言だけでなく、標準ドイツ語も話せるようになって欲しいと願っている。そのためには、お客様や目上の方に対してＳｉｅで話すことも大切だ。

昼食のタンタンサラダに添える葉物野菜は、庭のレイズドベッドに植えてあるサラダ菜をＪ自ら摘み取ってきてもらった。食べず嫌いの彼女が少しでも食事を楽しめるように、彼女にも料理に参加してもらうようにしており、包丁使いも大好きな彼女にＫｉｎｄｅｒ《子供用》ｓａｌａｔ《サラダ》を作ってもらう。彼女の大好きな赤パプリカとキュウリを用意すると、日本のよく切れるペティナイフを恐れず扱って、パプリカの空洞にキュウリを詰め込んで彩り鮮やかなサラダを作ってくれた。母親のＤに送るために動画を撮り始めると、即興で「これはパプリカ寿司です。キュウリをとても小さく切って、パプリカの中に詰めると、パプリカ寿司のできあがりです」とお料理番組の講師になりきっていた。

食べず嫌いでお寿司は絶対に食べないＪがパプリカ寿司とは驚いた。いつの日か東京でおいしいお鮨を一緒につまむことができる日が訪れるのだろうか。

彼女の自慢は私が東京から持ってきたハローキティの磁器のお皿とカトラリーで、8歳にしてずいぶんおませになってきた今もそれらを大切に使っている。

タンタンサラダに添えたサラダ菜は残念ながら不評で、タンタンサラダならぬ挽肉のタン部分だけをひたすら食べるJ。こちらの子供たちは柔らかい野菜が嫌いらしく、シャキシャキと歯ごたえのあるものを好むのだとか。前日から煮込んだトマトソースは、前日にOma《お祖母さん》の家でトマトソースパスタを食べたばかりだからいらないという。出逢ったばかりの頃は、彼女が私の作った食事を拒絶する度に落胆したものだったけれど、ベルリンの義母の本当においしい手料理でも同じように食べず嫌いをする姿を何度も見て、こちらの思い通りにならないことにはずいぶんと耐性がついた。

Jは自分でこしらえたパプリカ寿司は調味料を何もつけずにバリバリと食べている。日本ではピーマン嫌いの子供が多いはずなのに、パプリカの甘みを感じるからなのか、彼女が臆することなく食べてくれることはありがたい。

食後の片付けをしていると、いつもなら早々にパパと遊び始めるJが珍しくキッチンの周囲をうろうろしつつ、もどかしそうにしている。

夫もJを遊びに促したものの、「ミキとさっきのお医者さんごっこの続きをするから！」と言って、夫の元へ行く気配がない。そして、今までなら「Können Sie mir bitte helfen?《お手伝いをして頂けますか？》」

と頼んでようやくイヤイヤながら手伝ってくれていたのだけれど、どうしたことか今日ばかりは「Was kann ich tun?《何か手伝えることある?》」と自ら手伝いを申し出てくれた。

そう言えば、ゲーテ・インスティトゥートで学ぶことを決意して以来、ずいぶんとJの言葉が理解できるようになっていた。昨年まではわかったふりをして相槌《あいづち》を打ち、全く理解できなかった彼女のジョークに調子を合わせて笑い、彼女の質問には大抵「Ja!《イエス》」で答え、「日本は今何時?」と具体的な質問をされた際にも「Ja!《イエス》」と答えて彼女を呆《あき》れさせていた。子供にとっては言葉が理解できない人間を尊敬できるはずもなく、彼女の容赦ない言葉に時折傷つくこともあった。

しかし、今日はさっと水洗いした食器を渡すと、次々に食器洗い機に運んでくれた。Dの家庭での教育が良かったお陰なのだろうけれど、「Was noch?《まだ何かある?》」と、更なる手伝いを買って出るJの姿を見ていたら、この数年間の葛藤《かっとう》が氷解したような、温かい気持ちに包まれて、思わず涙が出そうになった。

彼女の協力によりキッチンがきれいに片付いたので、「Backen wir Kekse?《クッキーを焼こうか?》」と尋ねるとJがはしゃぎ始めた。蕎麦粉と粟《アワ》の粉、カカオパウダー、ココナツファインをそれぞれ20gずつ、Jがキッチンスケールではかりつつボウルに入れてくれる。

「パパはサクサクが好きだからひまわりの種とか松の実を入れるけれど、Jは?」

「ナッツは入れないで。歯磨きに30分以上かかるから、サクサクじゃないほうがいい」

そうだった。昨年から歯列矯正を始めた彼女は、避けるべきものがいくつかあるのだった。サクサクは諦めて、少ししっとりとしたクッキーにしようと、栗やヒエ、ひよこ豆を合わせた粉は合計100g、ココナツオイルを20g、アルガンオイルを20g、GI値の低いココナツシュガーを30g、ビオのベーキングパウダーを10g、豆乳30gを加えてもらい、そこにJの手で潰したバナナをざっくりと混ぜ込んだ。

はじめは得意気に材料を混ぜていたJは材料が均一に混ざる前に力尽きて投げ出した。夫にも、血の繋《つな》がっていない私にも似て結果を急ぐせっかちなJらしい。

オーブンを170℃に熱する傍らで、天板に敷いたクッキングシートの上に、成形したクッキーの生地を並べていく。

Jは大きなスプーンですくった生地を成形せずに直接シートに落としていく。

実は、20年以上前に挑戦したシュークリームやシフォンケーキは膨らんだためしがなく、お菓子作りなど二度とするものかと思っていたし、料理はいつも目分量のため、コロナ禍が私たちの日常をこれほどまでに変容させることがなければ、計量が必要で面倒なお菓子作りを始めることなどなかったと思う。クッキーも、小麦粉の代替品として古代小麦の全粒粉や、栗やヒエなどを用いて自己流で油や甘味料の配合も変えて実験を繰り返したため、何度も失敗を経験し、おせんべいのように平らで真っ黒な炭という傑作もこしらえた。ようやく安定した味が出せるようになったのもクッキーがせいぜいで、この先もケーキやパイを焼くことはないだろう。

ヨーロッパではどの家庭でも手作りでクッキーやケーキを焼くことは当たり前の習慣として備わっており、Jの母親のDも、JのOma《お祖母さん》も本当においしいケーキを焼いて持たせてくれることが多々あり、ココナッツシュガーやキシリトールを用いて焼かれた低糖質のそれらを私も遠慮なくいただいていた。

したがって、ドイツ語のみならずクッキーに関しても、私などよりもJの方がよく知っていることは明らかなので、スプーンでクッキー生地をクッキングシートに落とす方法もこれからは真似してみようと思う。最後に日本から持ち込んだナチュラルハウスのノンシュガーチョコレートを刻み、少量ずつ載せてオーブンに入れ、わずか15分でJとの共同作業で作ったチョコバナナクッキーは焼き上がった。

再びお医者さんごっこを何ラウンドか繰り返すと、空に晴れ間が覗きはじめ、夫が私たちを外へ連れ出して裏山を散策することになった。

彼女の暮らしているエリアは、ザルツブルクの中心から至近距離にもかかわらず、広大な草原と、小川が流れる自然の遊歩道、さらには山林があり、子供が育まれる環境としては、理想的な地域なのだけれど、私たちが暮らすこの場所も、Jの大好きな牛が草を食《は》む牧場や、ハンターのための木造の小さな小屋、歩いて1時間ほどで登ることのできる山などが自宅のすぐ裏手にあり、アルプスの少女ハイジのような子供時代を過ごすことができる。

苔やシダ、ツワブキなどが木漏れ日を受けてキラキラと輝き、雪解け水がゴウゴウと音を立てて流れ落ちる川からはひんやりと冷たい風が吹く。

何でも1番が好きなJはいつものように「Auf die Plätze, fertig, los!《よーい、どん!》」と登り坂で急にかけっこを始める。私たちは顔だけ全力で走るふりをして心臓を守り、Jが圧倒的な勝利者となるに任せる。

川の支流を石でせき止めてダムを作ったり、山野草を摘んだり、「ヤッホー」と叫んでやまびこが返ってくるのを聴いたりと何でもないことが、こんなに楽しいとは。

山から下りると、一面に野草が花開く草原が広がり、タデ科のＳａｕｅｒａｍｐｆｅｒを摘み取ったJがその葉を口に入れ、むしゃむしゃとガムのように噛み始めた。ｉＰｈｏｎｅのカメラを向けると、「皆様、これはザオアー・アンプファーで、酸味のある葉っぱを噛んで楽しみます！」とリポーターを気取りはじめ、「Kameramädchen komm!《カメラ娘、こっちに来て!》」と、移動しながらリポートを続ける。因《ちな》みに、Ｍäｄｃｈｅｎ《メチェン》とは少女のことで、Jは私のことをかなり若いと思っているらしい。若く見えるということは、見た目の問題ではなく、おそらく年齢なりの成熟を私の人格からは感じられないからなのだと理解し、あまり嬉しくはなかったけれど、この歳で娘扱いされることがおかしくて、夫と共に大笑いした。

さて、帰宅後は先ほど焼いたクッキーと共にお茶の時間。

夫は羊のミルクでラテマキアートを、私は豆乳で抹茶ラテを、Jは「Ein Kinderkaffee《泡なしの子供用》 ohne Schaum, bitte.《コーヒーをください》」とのこと、つまりはただのミルクのことなのだけれど、この「ohne Schaum《泡なし》」というのも初めてザルツブルクに来た頃に、彼女から学んだ言葉だった。

コロナによる自宅軟禁の間、いくつかのドキュメンタリー番組を見た中で、名優クリストフ・ヴァルツらを輩出したというヨーロッパ屈指のマックス・ラインハルト演劇学校の難関オーディションを追った番組が印象的だった。俳優であり、演出家でもあったマックス・ラインハルトはザルツブルク音楽祭の創始者でもあり、彼が初演を１９１２年に演出して以来、「イェーダーマン」はザルツブルク音楽祭の風物詩となっている。

オーディションにはブロンド、ブルーアイズのゲルマン系やアーリア系、赤毛の女性に交じって、アフリカ系の女性も参加していた。オーストリアで生まれ育った訳ではなく、社会心理学などを学ぶために渡墺し、学業に励む傍らでオペアメチエンという住み込みのベビーシッター兼家政婦として糊口《ここう》を凌《しの》ぐうちに役者への憧れが芽生え、オーディションに参加したという褐色の肌の彼女は、ドイツ語の台詞《せりふ》を何度も何度も練習していた。

「ベビーシッターをするうちに、子供からたくさんの言葉を自然に学んだの。机の上で勉強するよりもよっぽど有益だったわ」という。書類選考の後に二度ある演技の実技試験はいずれもシェーンブルン宮殿に併設する劇場にて行われる。

第一次試験では自ら演じる役を選択することが叶い、彼女は自ら家政婦の役を愛嬌《あいきょう》たっぷりに演じて、いや、彼女の日常そのものをはばかることなくさらけ出し、シビアな視線で見つめる審査員達を破顔に導き、見事に二次試験への資格を勝ち取った。

保守的な土壌のオーストリアにおいて、言外の蔑視が決してないとは言い切れないし、移民や難民を忌み嫌う排外主義は世界中でのろしを上げている。

それでも彼女はひたむきな台詞の練習と、とめどなく溢れる情熱、そして何よりも、滲《にじ》み出る聡明さと温かい人間味でその後の二次試験にも無事に合格し、晴れてマックス・ラインハルト演劇学校への入学が叶った。

Jとの会話が成立することを目標にドイツ語と格闘する傍らで、J本人から学べることはまだまだたくさんある。遠《く》からず、ティーンエイジャーになる彼女が難しい時期を迎える前に、何とか彼女の思いを汲むことができるように、果てしない歩みは続く。

5月4日　夫の異変

右手に異変を感じた夫が夜明け前に目を覚ます気配があり、私も目が覚めてしまった。右肩から右手の末梢《まっしょう》にかけて感覚が鈍磨し、何も感じないという。ああ、やはり過剰な庭仕事が彼の限界を超えてしまったのだ。

かねてより何かに打ち込むと、フロー状態となり寝食を忘れて没頭するタイプだった。ロードバイクやマウンテンバイクにまたがると6〜7時間は平気で帰って来ないのは日常茶飯事で、2019年秋のウィーンフィルの日本ツアーでは、名古屋の街を一日で8時間も歩き回ったそうで、シンスプリントというスネの炎症を起こして鍼灸院《しんきゅういん》に駆け込んだ。

初めて私がザルツブルクに来た冬は、雪山にスキー板を履いたまま一人で登り、日没後も戻らないので、滑落したか雪崩《なだれ》に巻き込まれたのかと肝を冷やしたこともある。

実際彼は、10年程前にオーケストラの同僚と共にスキーツアーに出かけた折に、雪崩の直撃を受けて雪の中に埋もれたことがあるという。幸い首だけは地上に覗いていたため、窒息死は免れたものの、想像するのも恐ろしい話である。金銭で購入できる安全は手に入れた方がよいと、雪崩対策の背負うタイプのエアーバッグを定期的に新調しているのが幸いで、捜索用ビーコンも必ず携帯しているけれど、そもそも早朝にひとりで出かけてどこの山に登っているのか知らない私は、毎度心配が絶えない。

庭仕事については、彼が自分で傾斜地を掘り起こす作業をするにしても、プロの庭師か、力仕事を得意とする若者の助けが必要だと何度も言ったにもかかわらず、「庭仕事こそ自分で成し遂げなければ何の意味もないじゃないか。他人に任せたら、僕らの最も苦手な人工的な庭になっちゃうよ」と言い張って聞き入れてはもらえなかった。

自宅の改築を自分で行い、簡単な電気工事なども時間はかかるものの、自らの知恵でこなしてしまう夫のこと、私が何かを言うよりは、身体が悲鳴を上げるのを待つより他に方法はないのだ。

しかし、この度は右手のしびれによってヴィオラを演奏できなくなるのではないかと一抹の不安に駆られたようで、自らの身体が資本であることに後れ馳《ば》せながら気付いたようである。

ウィーンフィルの楽団付き医師であるDr.Ｓｔｅｒｚに電話で相談すると、「典型的な手根管症候群だから庭仕事を直ちに止めるように！」とのことだった。

それでも庭仕事こそしないものの、辺りが明るくなると同時に出かけて行き、裏山の峰を縦走してお昼過ぎには帰ってくるところが、この人物の治らない病のようである。

私は午前11：30から40分のオンラインドイツ語レッスンを3コマ取る。交通標識や距離、道路上の事故や渋滞についての表現、そして住まいの各パーツについても。すでに学んでいた項目であり、文法事項なども比較的簡単な章だったので、レッスンはサクサクと進む。各レッスンの合間、5分間の休憩時間に昼食の準備に取りかかり、昨日Jが食べなかったトマトソースを用いてピザを用意する。羊と山羊のチーズを混ぜて細かく切り、バジルの葉を庭から摘んで水にさらす。もう一種類は、ツナとタマネギとチーズのみ。生地はディンケルの全粒粉でこしらえた。

ザルツブルクでの暮らしは、演じるという仕事以上に慌ただしく、一日が瞬く間に過ぎてゆく。

そして、コロナ禍により、国立歌劇場の再開は恐らく9月となり、夏のザルツブルク音楽祭も中止となるのか、5月からのリハーサルが必要となるオペラを中止としてコンサートのみにするのか、未定のままで、毎日オーストリアとドイツのニュースを見比べては、いつまで続くとも知れぬ夫の失業状態を憂う。

しかし、ドイツもオーストリアも職を失ったアーティストへの支援を迅速に行い、文化を支えようという姿勢が見える。

Von Wegen Lisbethというドイツ語圏の若者たちから絶大な支持を受ける

インディーズのポップバンドに所属する義理の甥《おい》っ子たちも申請して2日後には支援金が口座に振り込まれたという。ユリアンはドラムを叩く傍らでライブのステージセットの電飾部分を自ら手がけ、ドミニクはギターとヴァイオリン、PVやCDジャケットのカバーなどのアートワークを担当しており、世相を反映したシニカルな歌詞は、若者たちの心をつかむ。彼らはすでに来年初頭のライブツアーがキャンセルになったそうで、エネルギーを持て余している。

そもそもポップバンドの寿命が長くないことも悟っており、それぞれ学位を取り、いずれは異なる職業に就くことも視野に入れている。一時の成功に酔って自分たちを見失うようなことはなく、派手な夜遊びとも距離を置き、1台の古い車をバンドのメンバーの共同所有とするような、地に足の着いた暮らしをしているのだけれど、一年間ライブができないとは、何と気の毒なことだろう。

夕食はネギ味噌だれを添えた油揚げのあぶり、いんげんのゴマ和え、たまねぎとしらたきをたっぷり使用した牛丼、お味噌汁。

BGMはコルンゴルト。

5月5日　毎朝のルーティーン

毎朝のフルーツとオーソモレキュラーの処方によるサプリメントを摂取すると、いつものお勤めに入る。

トイレ掃除も部屋の掃除も、毎日行えばきれいな箇所をさらにきれいにするだけなので、さほど時間がかからない。

午前11：30からはドイツ語のオンライン授業。本当は午前10：00から受講できれば一日をもっと効率よく使えるのだけれど、コロナ禍の影響で、講師のスケジュールが一杯でなかなか予約が取れない。その挙げ句にアドビのトラブルも多く、何とももどかしい。

この度は若き講師のデジレとのレッスンで、家事の項目について学ぶ。掃除、洗濯、料理、ゴミ捨て、食器洗いなどなど、日常生活に即した項目を。

レッスンの合間に用意した昼食は鶏もも肉の香草パン粉焼きとサラダ。香草はローズマリー、バジル、パセリ、オレガノを刻み、パン粉はディンケルの全粒粉パン粉を。オリーブオイルに加えて羊のチーズをほんの少し削り入れて、鶏もも肉に載せ、オーブンで焼くのみ。ここでもゲランドの塩が大活躍。ザルツブルクは岩塩の採掘で栄えたはずなのに、なぜかスーパーマーケットではザルツブルクの岩塩を見ることはなく、ヒマラヤの岩塩が販売されている。

夫は右手の不調に関して理学療法士のもとを訪れ、いくつかの手技を受け、当然のごとく庭仕事禁止令が発令されて不服そうにしている。椎間板の調整をした直後のため、屈曲姿勢を避けることと、手根管症候群が疑われるため、手を酷使することは避けるようにとのことだった。

本人曰く、幸いなことに弓を握る右手のみの不調で、弦を操る左手ではなかったため、ヴィオラを演奏するには支障はないとのことだった。

どれだけの音楽家たちが不調を抱えながらステージに立ち、演奏を繰り返していることだろう。幼少期を犠牲にして音楽に身を捧《ささ》げてきた人々だけれど、音楽だけで禄《ろく》を食《は》むことができるのはほんの一握りで、多くは望まない仕事との兼業であったり、観光客向けの大型レストランの余興として演奏をしたり、路上演奏をしたり、運が良ければオーケストラの代役としての仕事が時折巡ってくるのを待つような暮らしぶりらしい。その一方で、恵まれた環境にある一部の音楽家たちは多忙を極め、自らの腕や肩、腰を痛める。オペラのオーケストラピットでは管楽器の大音量が耳に響き、聴覚に障害を負う方もあるという。

私たちの知る著名な音楽家たちの中にも不調を隠しながらなんとか自らの身体に鞭《むち》を打っ

てステージに立つ方もいれば、燃え尽きて演奏することを断念する方もあるだろう。

ご本人の威信に関わるので名前は明らかにはできないけれど、指の不調により、ショパンやリストの曲を弾くことを避け、モーツァルトを弾き始めたというピアニストもいる。

そして夫も世界でもっとも多忙だと言われるウィーンフィルに所属し、肉体を酷使している。

ヴァイオリンよりも大きく、肩に負担のかかるヴィオラ奏者は、必然的に前傾姿勢となり、首や肩を痛めることが多いらしく、夫は常に体幹を鍛えるトレーニングを欠かさない。

雨の午後はトレーニングルーム兼オフィスにこもってストレッチやヴィオラの練習でもするのかと思いきや、何やらドリルやかなづちの音が聞こえてくる。何と、彼が自宅を改築した際に余っていた古い木材を白い壁に打ち付け、ある一面を古材の壁にし、さらにはベルトやフォームローラーなどのスポーツ器具を壁に掛けられるよう釘を打って、スポーツ用具が散乱して手狭となっていた部屋を心地よい空間に作り替えていたのだった。

「日本のマキタの最高峰の工具セットがあるから簡単だったよ」と悪びれもせずに述べる夫。

「手を酷使しないように」と言われたそばからこれだから、つける薬はないけれど、それがこのお方の性分なのだから仕方がない。

夕食は季節のホワイトアスパラガスの蒸し焼き、日本で言うハンバーグの小さい版ビュレッテ。付け合わせには椎茸のガーリックソテーと、グリーンピースを炊いたもの、赤キャベツのマリネを。ビュレッテのソースはみりんとお醬油を煮詰めて照り焼き風。

BGMはアルヴォ・ペルトの「鏡の中の鏡」。

5月6日　休むことを知らない夫と道草ばかり食う私

午前中はいつものように掃除や植物の水遣《みずや》りなどに励み、午後はドイツ語のオンライン自習で自信の無い箇所を復習したり、ドイツのテレビ局ＤＷ《ドイチエヴエレ》が提供する語学学習者向けのドラマを観て過ごす。ドイツ語を学び始めたスペイン人の主人公Ｎｉｃｏの話すドイツ語が上手過ぎて嫉妬する。

夕方になると「一日家にこもっていたら病気になるよ」という夫とともに短時間のドライブに出かけ、約1時間かけてヒンター湖の外周を歩いて一周する。日没にはまだ少々時間があったけれど、西側の山に隠れて影を落とすヒンター湖は肌寒かった。

それでもついつい木陰に繁茂する陰生植物が気になって何度も立ち止まる。シダにフキ、アマドコロ、オダマキ、行者にんにくの花などが美しい。

ゴールに向かって休むことを知らない夫と、道草ばかり食う私とでは、山歩きも散歩もスタンスが全く異なるのだけれど、そんな私に少々苛《いら》つきながらもこちらのペースに合わせてくれることがありがたい。

帰宅後に庭の植栽計画を話し合ううちに夕食の時間が迫る。慌てて作ったのはビオの鮭と野菜のオーブン焼き。

耐熱皿に鮭とパプリカ、ズッキーニ、トマト、タマネギなどの野菜にローズマリーやタイムなどのハーブを載せ、塩こしょうとオリーブオイルにて味をつけるだけのシンプルな料理だけれど、野菜の甘みが凝縮されておいしい。

ＢＧＭはバッハのヴァイオリンソナタ。

5月7日　みんなで庭仕事

庭仕事のために学生専門の人材派遣会社で紹介していただいたミヒャエルとスクロップが午前9時にやってきた。夫の手根管症候群をこれ以上進行させないためだった。

正確には、ミヒャエルは車で時刻通りに訪れ、ザルツブルク市内からマウンテンバイクにて急な勾配《こうばい》を息も切れ切れに登ってきたスクロップは15分ほどの遅刻だった。我が家の住所はGoogleマップでは検索できないため想定内だったけれど、先に訪れたミヒャエルがイニシアチブを取り、家の前面に位置する斜面の大規模な除草が始まった。

セルビア系のミヒャエルはザルツブルクにて生まれ育ったといい、まだ若いのに存外にお行儀がよい。使用後のトイレの蓋《ふた》をきちんと閉めてくれるし、お水を入れるタンブラーも持参してきた。当然流暢《りゅうちょう》なドイツ語を話すため、当初は私たちもミヒャエルに指示を出していた。ところが、ウズベキスタンからドイツ学を学ぶためにやって来た留学生のスクロップは広大な土地を擁する実家での庭仕事に度々従事していたため、こちらの意図をすぐに理解してくれる。手袋も使用せず、素手で土に触れたいという野生児のような素朴さからは想像できないほど賢く、私たちが作業の方法を伝えると、もっと効率のよい方法を教えてくれるのだ。オーストリアに来てまだ1年だというのに、夫の話すドイツ語も全て理解し、私にはとても理解できない込み入った話にも臆することなく参加する。

小さな石が混在する土壌は、夫がいくつかの低木を除去した際にも、宿根草やグラスを植えるための穴を掘った際にも大変しぶとかったという。新大陸の開墾並みに過酷な労働を時給11ユーロで請け負う2人がすぐに音を上げるのではないかという心配は杞憂《きゆう》に終わり、煙草《タバコ》も吸わず、ラジオも聴かず、不平不満も述べず、争いごともなく、黙々と、それでいてチームワークよく働いてくれる。

こちらが用意したペットボトルのお水にも手をつけず、水出し緑茶をオファーした際には、スクロップは遠慮がちにそれを受け取り、ミヒャエルは水道水で十分だという。

本来ならば自分が請け負うはずだった仕事を学生たちに奪われ落胆していた夫は、彼らの能力に当初は懐疑的だったものの、わずか30分ほどで、「よくしつけられているし、正しい敬語を使えるし、無駄話もせずに仕事に励むし、思ったよりもずっといい子たちだね」と感心しきりだった。

昼食も、ボロネーゼソースのスパゲティーとステーキを用意していたものの、ミヒャエルはラクトベジタリアンで面倒をかけたくないから遠慮するという。

それならばと、水牛のモッツァレラチーズとビオトマト、バジルでカプレーゼサラダを作り、そこにアボカドを添えて出すと、喜んでくれた。

スクロップもボロネーゼパスタにステーキ、サラダをペロリと平らげ、「すごくおいしかった！　ありがとうございます！」と、お礼を述べただけではなく、片付けを手伝おうとする。

食器を片付けてもらうよりは、庭仕事をしてもらったほうが効率が良いため、丁重にお断りしたけれど、なんと気立ての良い青年たちだろう。

スコップでザクザクと行う除草そのものも大変困難な作業だけれど、取り除いた草に付着した土や石を庭の裏手に廃棄する作業が本当に大変で、二人で協力してやっとできる作業を、数日前まで夫が彼ら2人よりも1・5倍ほどのスピードでこなしていたことが恐ろしい。

たった一日では作業は終わらず、見たところあと2〜3日はかかりそうだった。しかし、17時で帰宅するのかと思いきや、彼らは「陽があるうちはまだまだできますよ」と言って、19時まで居残った挙げ句、シャベルやスコップ、鋤《すき》や鍬《くわ》などの道具をきれいに洗って片付けてくれた。そればかりか、夫が日当を支払おうとした際にも、「昼食をいただいたし、その分休憩もしたから9時間分でいいです」という。

なんと謙虚で、プロフェッショナルな青年たちだろう。もちろん満額の10時間分にプラスして心付けも渡す。夫が口にしたのは先月学んだばかりの「シュテイムト・ゾー《残りはどうぞ受け取って》」で、こちらで心付けを渡す際にかける言葉だった。

夕食は前日の残りのビュレッテを再び。付け合わせには、ズッキーニの香草パン粉焼きと、スイートポテトのピューレ、エリンギのガーリック炒めを。同じメニューが続いても不平を述べるどころか、好きな料理は何度でも食べてくれる夫がありがたい。

BGMはハイドン。

5月8日　ご近所付き合い

ドイツの終戦記念日。

昨日に引き続き、ミヒャエルとスクロップが訪れる。ミヒャエルの車にスクロップが同乗して、約束の8：30より少しだけ早く呼び鈴が鳴った。

恐らく昨日の作業で筋肉痛のはずの2人は、それでも何事もなかったかのように最後の除草作業を始め、真夏のような炎天下にもかかわらず、休むことなく仕事を続ける。

ドイツ語のオンラインレッスンをキャンセルすべきかどうか迷ったものの、講師が熟練した女性アンゲラで、文法の説明などがわかりやすく、信頼のおける先生だったため、指示がなくとも自主的に手順を考え、丁寧な仕事をしてくれる彼らに任せて2レッスンをこなした。

余暇の過ごし方と私自身、あなた自身、彼女自身のようなReflexivpronomen《再帰代名詞》を用いる言葉、例えば、「Ich entspanne mich beim Musikhören.《私は音楽鑑賞によって自分をくつろがせます》」などという用法を学び、さらには住まいの周辺について表現する方法を学んだ。「Wie finden Sie Ihre Nachbarn?《あなたのご近所の方々についてどう思いますか?》」という質問には、練習でも嘘でも何でもなく、素直に「Ich finde sie sehr nett.《彼らはとても親切です》」という言葉が出てくる。

ウィーンでの仕事や旅公演の多い夫は、1年の約半分をウィーンにて過ごし、私も仕事の際には日本へ戻るため、ザルツブルクにずっといられるわけではないけれど、隣人が長い不在の間に届いた郵便物をウィーンに送ってくれたり、大雪や嵐の際には家が無事かどうかメッセージを送ってくれたり、万が一のために預けてある鍵で、家の中も確認してくれる。それも、何か見返りを期待してのことではなく、「近所同士なんだから当たり前だよ」という軽い感覚で、こちらが酷《ひど》く恐縮することもない。

　この度の庭仕事にしても、様々アドバイスをくれたり、台車を貸してくれたりした。

　もう一軒のご近所のご婦人は、自宅の電気を地熱エネルギーで賄っている上、養蜂も手がけている。かつて英語教師だったこともあり、私たちの家の前を通りかかる度に、私が理解できるようにゆっくりと平易なドイツ語で話しかけてくれる。

　こちらにも鍵を預けてあり、コロナ禍が完全に終息したあかつきには、ドイツ語の個人レッスンを無償でしてくれると言い、定年後に出逢ったという元音楽教師のパートナーと肩を組んで毎日散歩をする姿がチャーミングな方である。

　これにはイスラエルで暮らすドイツ語講師のアンゲラも「Das ist toll!《それは素敵ね！》 Das ist eine super!《なんて素晴らしい》 Gegend!《地域なの！》」と納得していた。

　その後も私の苦手とする不定冠詞と形容詞の組み合わせと、それに伴う格変化を学び、思考停止に陥りそうになりながらも、大好きな講師アンゲラの母性溢れる導きにより、なんとかこなすことができた。

レッスンの合間に慌ただしく用意した昼食を今回も若人《わこうど》たちは喜んで食べてくれた。我が夫にも好評だったズッキーニの香草焼きをミヒャエルに、鶏もも肉の香草焼きはスクロップに、そしてシンプルなピッツァ・マルゲリータをメインに。

一方私は、マウンテンバイクでどこへやら出かけて行き、いつ帰るとも知れぬ夫を待たずして、昨日の残りのボロネーゼソースに刻んだインゲンとカレー粉を加えて、即席のキーマカレーもどきを作り、炊いたキヌアとともに食す。

青年たちが庭仕事をするのを指をくわえて眺めているだけの夫は、マウンテンバイクで山を散策することで、手の不調による苛立ちを発散させているのだろう。

今日は除草作業が全て終わり、明日はいよいよ苗の植え付けに入る。ご近所に迷惑がかからぬよう、車道にこぼれた土を掃くのに時間がかかり、19：30まで滞在した2人の青年はさぞかし疲れたことと思いきや、明日も友人との約束を断ってまで手伝ってくれるという。何とありがたいことだろう。

「僕が自分で庭作業をしたらどれだけ節約になったかわかるね」とつぶやく夫に、「あなたが自分で庭作業をして、一生ヴィオラを演奏できなくなることに比べれば、彼らに日当を支払う方が、長い目で見てずいぶんと節約になると思いますが?」と言うと、「Ich verstehe《わかってるよ》、Mama《お母さん》」と夫。「それ以上言うな」のサインで、言いたいことはたくさんあったけれど、ひとまず口をつぐむことにした。

夕食は、3品。まずはお気に入りの鮮魚屋さんＧｒüｌｌのイクラを人肌に温めたブリニに載せて、少量のグラスフェッドバターとともに。次にスミイカのアヒージョ。メインのリブアイステーキは、丁寧な仕事で名を馳せる精肉店Ａｕｅｒｎｉｇの熟成肉で、大きな1枚をふたりで分けて食す。付け合わせは、サヤインゲンのナムル、しいたけのガーリックソテー、ローズマリーで香りを付けたローストスイートポテト。

ＢＧＭはマックス・リヒターの「Arrive」と「Departure」。

5月9日　コロナ失業中に人々の考えること

学生たちが庭仕事に携わるようになって3日目。夫が市内のホームセンターにてドイツのGARDENA社の自動水遣りシステムの機械とホース一式を購入してきてくれた。世界中どこにいてもアプリで操作が可能な上、湿度や降水の有無によって自動的に水遣りの量を制御してくれる優れもの。毎日ホースで水遣りができる贅沢《ぜいたく》も、このコロナ禍があってのこと、通常は留守にすることの多いこの家で植物を愛でるには、自動水遣り機は必須の条件である。

こうした水遣りシステムの構築も、今までの私だったら「業者に依頼すればいいのに」と思っていたけれど、夫にとっては自らの計画で普請することそのものが楽しみなのだ。指揮を執る者として高みの見物をするのではなく、自ら労働者に交じって働く性質は、自宅の改築、そしてウィーンフィルのサマーナイトコンサートのプロジェクトマネージャーとしても発揮され、効率重視のリーダー気質が嫌われがちなドイツ人でありながらも、オーストリアの人々ともうまく渡り合っている。

すでに夫と私の手によって植えられた宿根草を傷つけぬよう、慎重にホースを敷くための穴を掘ってくれる青年たち。

少々目を離したすきに、いつの間にか作業着に着替えた夫が、若人たちに交じって何やらホースに触れている。もはや私の言葉など耳に入るまい。重い荷物を運んだり、シャベルで穴を掘ったりするのでなければ目をつぶろう。山歩きに出かけたりロードバイクにまたがる気配もなく、どうやら今日一日は彼らの傍で指示を出すことに決めたらしい。

私も大まかな植栽計画をiPad上で描いたものの、どうしても口頭での説明が必要となり、屋外に簡易のオフィスをしつらえて、いつでも彼らの質問に答えられるような態勢をとる。

夫の同僚のティンパニ奏者アルヴィン・フォーク氏もウィーンの自宅の庭にスイミングプールを作り始めたようで、自ら穴を掘る写真が送られてきた。時を同じくして、オーボエ奏者のクレメンス・ホーラック氏も、水の入れ替えが不要なビオトープのスイミングプールを作り始めたとのこと、同様に自らパワーショベルで掘り起こした大きな穴の写真が送られてきた。

コロナ失業中に人々の考えることのなんと単純なこと。彼の周囲では皆一様に自ら庭を掘り起こしているのだった。

雷雨の予報がはずれ、一日中作業に従事できたことは幸いだったけれど、水遣りシステムの敷設に思いのほか時間がかかり、苗の植え付けはついぞ終わらなかった。

それでも友人たちとの約束を反故《ほご》にしてまで仕事をしてくれた彼らには感謝の言葉しかない。お陰さまで、水遣りシステムは見事に稼働し始め、冬期にホースの水が凍結しないように、自動的に水を排出する機能までついているため、留守中の心配事がひとつ減った。

夕食の始まりにはイクラを少々ブリニにのせて。続いてグリーンアスパラガスの豚肉巻き。メインは、にんにく、タマネギ、パプリカ、セミドライトマト、キャベツ、いんげん、鶏も肉を煮込んだスープにディンケルのペンネを加えた、私がひとりの際に作るまかない食。

BGMはチャールズ・アイヴズの「The Unanswered Question」。

5月10日　久しぶりの外界の味

久々に静かな朝を迎えた。

窓外では2匹のリスが木々の間を駆け巡り、カッコウとウグイスの鳴き声が響いている。コロナ禍により飛行機が空から姿を消し、交通量も減ったことが幸いしたのか、今年は鳥のさえずりが例年よりも多く聞こえてくる。

朝はりんごと洋梨、ブルーベリーと一緒に今年初物の桃を食した。ドイツ語のレッスンもなく、来訪者もない。

Jは母の日なのでDと自宅で過ごすという。

夫は早々に裏山へ出かけていった。私はDLF《ドイチエランドフンク》のドイツ語のニュースを聞き流しながらのんびりと掃除に励む。

毎日「Covid－19《コロナウイルス》」、「Infektion《感染》」、「Pandemie《大流行病》」といった言葉が繰り返され、それに旧共産圏で使い古された「Solidarität《連帯》」という言葉も度々用いられた。

こちらに来て最初の頃に驚いたことのひとつに、公共放送のラジオでも毎週日曜日の午前中にはカトリック教会のミサの中継が入ることで、説教の後には荘厳な賛美歌が流れることだった。

日本にも女性の僧侶や神道の女性宮司が存在するけれど、ヨーロッパでもわずかながら女性の司祭が認められたようで、ラジオから聞こえるミサが女性の声であることも増えた。

日本でももしもNHKが毎週日曜日に神道の祝詞《のりと》や仏教の読経を生中継することになったら、リスナーはどのような反応をするだろうか。

ラジオに飽きると、何度も観たDWのドイツ語学習者向けの動画を再び流し、A2レベルの表現を真似してみる。頭では理解できても口がついていかない言葉や、理解していたはずでも忘れていた言葉、文法事項がいくつもあった。耳が慣れず、聞き取れない箇所もいくつかあり、今後も忘却曲線を効率よく利用して、何度でも繰り返し練習するしかないのだろう。

毎日掃除に明け暮れる中で、掃除用具について様々思うことがある。掃除機は、ダイソンが一番だと思っていたけれど、この頃その考えを改め翻意した。夫の制止を強行突破して3年ほど前に購入したダイソンのワイヤレス掃除機が不調で、彼が捨てずに取っておいてくれた8年物のミーレの掃除機を使ってみると、吸引力がダイソンとは比較にならないほど強力で素晴らしい。紙パックの交換や、部屋を移動するごとにコンセントを差し替える手間、重い本体を持って階段を昇降する億劫《おっくう》さを考えても、圧倒的にミーレに軍配が上がる。ダイソンのワイヤレスでは何度も往復していた箇所が、ミーレではわずかになぞるだけで瞬く間にきれいになるものだから、やはりドイツの技術は素晴らしいと認めざるを得なかった。

昼食には庭のバジルを摘み取って、松の実と羊のペコリーノチーズ、オリーブオイルと共にジェノヴェーゼソースを作り、キヌアのパスタにからめて食す。

夕方には夫の運転で高速道路をひたすら走り、久々に誰もいないウィーンの街へ戻った。レストランでの飲食などはまだ再開が許されてはいないものの、いくつかの業種ではすでに営業が再開となっている。それでもやはりウィーンの中心部では人気はまばらで、ゴーストタウンと化している。空腹に耐えかねた私は、デリバリーサービスのアプリで見つけた最寄りのイタリア料理店にてピザとシーザーサラダ、ミネストローネスープを注文して、テイクアウトを試みた。

トリップアドバイザーで高評価を得ていたため、「友人知人が総動員して高評価をつけている可能性があるから、そんなの信用しちゃだめだよ」と言う夫を笑顔で説得して電話での注文をしてしまった。

欧米では日本料理店の多くをベトナム系や中国系、韓国系の人々が営むことが多いように、イタリア料理店を営むのはトルコ系かアルバニア系が多く、自宅への道すがら受け取りに行ったそのお店はアルバニア系の家族経営のお店だった。

アルバニアは地中海に面しており、きっとおいしい料理を作ることのできるシェフもいるはずだと、口にする最後の瞬間まで信じていた。

東京を発った3月18日に馴染みの日本料理店にて食事をして以来、2ヶ月弱の間、人様の作った料理をいただくことはなく、朝昼晩全てが自分の手によるものだったので、そろそろ自分を甘やかしたいと思っていた。

ようやく誰かの料理をいただけるのだと喜び勇んで食卓につくと、果たして自らの信念を曲げてまで頼んだピザは工場で作られた冷凍食品のような味で、シーザーサラダにはなぜかトマトやコーンが入り、ドレッシングはバルサミコ風味だった。ミネストローネにいたっては、出汁《だし》を取った気配はなく、大きすぎる野菜が申し訳程度にはいっていただけの代物で、残念ながら極度の空腹状態で選んだ食事はいずれもおいしいとは言えなかった。

刑務所から出所したばかりの服役囚のような気持ちで娑婆《しゃば》の味を楽しむはずが、約2ヶ月ぶりの外界の味は、夫にも「お世辞じゃなくて、君が作った方が100倍おいしいよ」と言わせ、自分でも「そうだね、私が作った方が100倍おいしいよね」と恥ずかしげもなく言えるほど本当に残念な味だった。

ニューヨークのメトロポリタン美術館が電球を交換する費用も削減しなければならないほど経営難に陥っているというニュースを目にしたけれど、こちらウィーンでは観光客による鑑賞に収入の多くを依存していたアルベルティーナ美術館が窮地に陥っているという。閑散とした街では、すでに倒産を発表したいくつかのお店が窓際の灯りを点したままであったことが虚《むな》しかった。

ＢＧＭはバッハの無伴奏ヴァイオリンのためのソナタとパルティータ。演奏はギドン・クレーメル。

5月11日　食べずにはいられない

夏日和の心地よい朝。

朝食はいつも通りテラスにて。アパートのオーナーの好みで植えられた藤や銀杏《いちょう》などの木が葉を広げ、キャットミントなどの宿根草が花開いている。こちらウィーンでは、ザルツブルクの山より2〜3週間早く植物が生長しているようだった。

夫がJOSEPH BROT《ヨーゼフブロット》にて購入してきてくれたのは、全粒粉のゼーメルとディンケルのパン。通常ならカフェも併設するこちらのパン屋さんは、ビオを標榜するパン屋さんにもかかわらず、ビオのお店にありがちな味気なさとは無縁で、おいしく食べ応えのあるパンやサンドイッチなどを販売している。全粒粉のパンやグルテンフリーのパンも扱っており、併設するカフェの食事も、ビーフタルタルやファラフェル、アボカドトーストなど、ウィーンに来たら必ず口にしたくなるメニューばかりで、ウィーンで最も好きなパン屋さんである。

通常はフルーツのみで済ませる朝食も、数ヶ月ぶりのJOSEPHのパンとあらば食べないという選択肢は考えられなかった。

私が食べられないのを知っていて、しかも夫自身も白いパンを控えているにもかかわらず遠慮がちに買ってきたサクサクのクロワッサンを一口だけ分けてもらうと、それはそれは忘れ難きおいしさだった。

食後に夫が理学療法士オリバーの施術を受けに出かけて行った。その他にも2ヶ月ぶりに散髪をし、ウィーンフィルの事務所にてクラシック音楽専門のアプリIDAGIOのインタビューを受けるという。

私はドイツの雑貨店マヌファクトムへ向かい、念願のほうきとちりとり、馬毛のテーブルブラシを求める。このコロナ禍で掃除熱に火がつき、毎朝の掃除がもはや趣味となりつつあり、さらにモチベーションを上げるために、使い物にならなくなっていた掃除用具を良質で美しいものに替えるべく足を運んだのだった。

2ヶ月弱の間、自宅と食料品店の往復ばかりだったため、普通にお店が営業していることがむしろ不思議だったけれど、来店客は私のほかにあとひとりのみで、暇を持て余したであろう店員さんがとても親切に対応してくださった。

ガーデニング用品コーナーで見覚えのある剪定ばさみや鎌などが目に入り、よくよく見るといずれも日本の品だった。

かつて廃刀令の発令により刀鍛冶《かじ》から転身してハサミや包丁などを作るようになった職人さんたちの技術が現代のオーストリアにて重宝されているのを目の当たりにして、日本の伝統を誇らしく思った。

昼食はインド料理店にてカリフラワーのサブジーとバターチキンカレー、レンズ豆のダールマカニに、全粒粉のロティを注文して自宅にて食す。昨晩の大失敗とは打って変わって、インド人シェフがスパイスを駆使して丁寧に作っているであろう懐かしい味に大満足だった。この度のウィーン滞在では一切料理をしないと決めて、怠惰の限りを尽くす。

お昼過ぎにDr.フーが自宅を訪ねてきてくださった。ウィーン州立のウィーン大学病院、通称AKHの勤務医であり、鍼灸師でもあるDr.フーは西洋医学と東洋医学の双方の視点を踏まえて私たちの身体を診てくださる。私も時折Dr.フーの診療所にて鍼《はり》治療をしていただくのだけれど、太めの鍼と洋服に染み付くほど匂いのきついもぐさの熱、カッピングなどによって身体が楽になる。

Dr.フーの所見によると夫の手や腕の不調は手根管症候群かもしれないし、小胸筋の付け根が拘縮《こうしゅく》していることによって神経が圧迫されている可能性もあるとのことだった。庭仕事を控え、激しい筋トレも避けてゆっくりとストレッチをすれば治るだろうとのことだったけれど、念のため神経科または放射線科での検査を勧められた。

夕刻には夫のフィルハーモニクスの仲間でウィーンフィルの同僚でもあるクラリネット奏者のダニエル・オッテンザマー氏の自宅を訪れた。

ダニエルはウィーンで代々続くクラリネット奏者の家系に生まれたサラブレッドで、ウィーンフィルでは首席奏者を務める。彼が自在に操る自由闊達《かったつ》で滑らかな音色は世界中どこにいてもコンサートホールをいとも簡単に包み込んでしまう。ベルリンフィルの首席クラリネット奏者である弟のアンドレアス・オッテンザマー氏、そして亡き御尊父エルンスト・オッテンザマー氏と共に結成したクラリノッツも、クラリネットだけのアンサンブルにもかかわらず大盛況だった。

同じくフィルハーモニクスの仲間でベルリンフィルにてチェロを演奏し、作曲や編曲、指揮でも定評のあるシュテファン・コンツ氏は、ロックダウンの期間をダニエルの亡き御尊父が生前暮らした隣家、つまりはダニエルの実家にて過ごし、日中はダニエルの妻でソプラノ歌手のロマーナ・アマーリング氏、そしてベルリン・ドイツ交響楽団のコンサートマスターにしてシュテファンの妻のオルガ・ポロンスキー氏と共に、二つの家族を合わせて6人の子供たちの面倒を見ているという。

ウィーンの中心街から車で30分ほどの距離にある閑静な住宅街には、ところどころに森林が残り、ザルツブルクの山中と違《たが》わぬほど鳥のさえずりが高らかに聞こえてくる。

自然の雑木林を切り拓いて建てたという家の裏側は、まるでローマ時代の遺跡のような天然の岩壁に囲まれ、もともとあった木々もふんだんに残したその場所は、秘密の隠れ家のような静謐《せいひつ》さを保っている。

その一方で、家の表側、長めに刈られた柔らかい芝生から地続きのスイミングプールでは裸の子供たちが泳いでいる。

2人の達観した女性は、注目を得ようと「ママー、パパー見て見て！」とプールに向かって飛び込んだり暴れたりする子供たちに程よく気配り目配りをしつつ、大人同士の会話を続ける。

未《いま》だに私はJと過ごす時間と自分の時間の配分をうまく割り振ることができず、あれもこれも同時に進行し過ぎて慌てることが多い。私よりもはるかに若いながら、3人の子供たちを育み、旅公演が多く不在がちな夫に代わって家を守りつつも現役で仕事に励み、多少のことでは動じず、苛立ちを見せたりもしないロマーナとオルガを尊敬する。

自分の子供ならもう少し雑に接することができたのかもしれないけれど、人様の子供だと思うと、できる限りのことをしてあげたいと無理をしてしまい、後でどっと疲れることの繰り返しだったけれど、適度に放任する彼らの姿に倣《なら》ってもう少し力を抜いてみようかと思えた夕刻のひとときだった。

夜は韓国料理店YORIにてプルコギと豚キムチをテイクアウトした。

5月12日　絶品オリーブオイル

今朝も夫がJOSEPHにてディンケルのパンを購入してきてくれた。

朝食を済ませると荷物をまとめ、戸締まりをしてアパートを後にした。ナッシュマークトからほど近い日本食材を扱う「日本屋」にて、青森産の山芋や油揚げ、えのき茸、納豆など、オーストリアでは貴重な食材をいくつか購入する。

その日本屋から徒歩でもわずかな距離にCrupiというシチリアのオリーブオイルとパルマの生ハム、そしてレモンやオレンジにわずかなチーズのみで商いをするお店がある。リュック・ベッソンの映画「グラン・ブルー」にてジャック・マイヨールを演じたジャン・マルク・バールに似たニーノさんのご家族が営むオリーブ園で採れるオリーブを圧搾したオリーブオイルは、緑が色濃く、これぞオリーブオイルという芳醇な香りが特徴である。その一方でえぐみが全く感じられないのは、他の地域のように種ごとオイルを搾取するのではなく、シチリアでは種を除いてオイルを搾るからなのだそうで、ニーノさん曰く、同じシチリアでも彼のオリーブオイルは絶品で、嘘か真かご近所のオリーブオイルはそれほどでもないという。

お客さんの多くは注文を受けてからからボトリングされるニーノさんご自慢のオリーブオイルと、一枚一枚向こう側が透けて見えるほど極薄にスライスされる生ハムを目当てにこちらのお店を訪れる。オリーブオイルも、生ハムも、何度かよそで浮気をしてみたのだけれど、彼のお店を超える味にはまだ出逢えていない。この度もオリーブオイルを5本と100gの生ハムを求めて上機嫌であった。

今日のメインイベントはオリーブオイルもさることながら園芸店ザラストロの再訪であった。

天気予報に背いて快晴の空の下、珍種の宿根草やグラス類を探して歩くと、立ち入り禁止エリアに黒百合が花開くのを遠目に見つけた。北政所《きたのまんどころ》と淀殿《よどどの》の黒百合を巡る攻防はよく知られているけれど、高度2000メートル以上で花開く希少な黒百合は、蜂を媒介とすることができず、蠅《はえ》を媒介とするために悪臭を放つのだと知ったのは、かつて自生する黒百合見たさに石川県の白山を登った時のことだった。よくよく見ると、ザラストロの珍種を集めた秘密のエリアにて、確かに黒い蠅が一匹美しい漆黒の花に潜りこんでいる。世界中の種子を集め、実生で増やす植物フリークといえどもクリスティアン・クレスさんが黒百合までも扱っているとは恐れ入った。陰生植物の庭に植えるべく、彼にお願いしてその貴重な黒百合を2株分けていただいた。

他にも新たに求めたのは、シルバーの葉と青紫の花穂が美しい「銀色の絨毯《じゅうたん》」と名付けられたベロニカの一種、微細な花びらの集合体のような白いノコギリソウを数種類、「フェアリーテイルズ」と名付けられた長めの穂が色気を醸し出すペニセタムの一種と、秋に深いワインレッドの穂をつけるワレモコウなど。

接客の合間にもビニールハウスの中でモーツァルトのピアノコンチェルトを聴きながら株分け作業を丁寧に行うクリスティアン・クレスさんの姿を目にすると、苗がよその園芸店と比較していささか小さいのも納得がいく。

庭のコンセプトは白、紫、黒、そしてグリーンのグラデーション。雪解け後の芽吹きの季節から冬枯れの季節まで、少しずつ季節をずらして開花し、四季を通じて楽しむことのできる庭を目指す。素人なりに彩りを考慮して大まかな設計図を描いてはいるものの、植物同士の相性は育ててみないとわからない。

プロのガーデンデザイナーでもその土地の土壌や気候に合わせて何度も植え替えをするというのだから、私たち素人にとってはこれから生涯をかけてトライアルアンドエラーを繰り返すライフワークとなるのだろう。

帰りの道すがらイチゴの路上販売スタンドを見つけて立ち寄ってみると、ふっくらと大きく、甘そうなイチゴが並んでいる。これまでスーパーマーケットにて見かけた際に何度か試してみたものの、まだ旬の季節にはほど遠く、酸味を感じるばかりだったけれど、一粒だけ味見をさせていただいたところ、日本の「さくらももいちご」や「あまおう」には敵《かな》わないものの、とても甘くておいしく、500gほどのパック2つ分を購入した。

EUの農業や酪農の基準は日本のそれに比べるとはるかに厳しく、不自然な品種改良は許されていない上、施肥による土壌汚染やポストハーベストによる残留農薬についても厳格な基準が設けられている。酪農についても牧場の面積当たりの頭数や牧草地帯への施肥の制限がある。ましてやアメリカのように遺伝子組み換えをすることは許されていない。お陰で路上販売のイチゴも安心して口にすることができるし、むしろフルーツが自然な甘みと酸味を保っていることが、安全の証しなのかもしれない。

帰宅後に早速夕食の支度にとりかかる。

前菜にはニーノさんの生ハムに路上販売のイチゴを添えて、ブラックペッパーを効かせた。キュウリもニーノさんのオリーブオイルとゲランドの塩、ブラックペッパーに金いりごまで和える。

レモングラスで風味を加えたココナツミルクのスープには「日本屋」にて求めたえのき茸を加え、吸い口にはパフキヌアを。メインはキャベツとしめじのアーリオオーリオスパゲティにGrüllのからすみを添えて。

ＢＧＭはチャイコフスキーの弦楽6重奏「フィレンツェの思い出」。演奏はオルフェウス室内管弦楽団。

5月13日　お料理ショーの時間がやって来ました

朝一番でJに電話をかけると、こちらに遊びに来るという。夫が彼女を迎えに行っている間に、慌てて掃除をする。

庭の花は一昨日の雨で散りがちで、美しい開花を求めて右往左往した挙げ句、Jの部屋には明るい菜の花を、リビングの古木の切れ端の上にはライラックを、古材のテーブルに飾った黒田泰蔵さんの白磁の花入れには小手毬《こでまり》を添えた。

いよいよ昼食の支度に取りかかろうとしたその時に、階下から夫の声が聞こえ、階段をJが忍び足で上ってくる音が聞こえた。

「Hallo!」と上機嫌で挨拶をするなり私をソファーに座らせ、「Meine hundert《私の100》 Schichten kleidung!《枚の重ね着!》」といつものように何枚も着込んだ洋服を脱ぎ始めて自分で自分を笑っている。

母親のDは彼女に盛夏でも薄手の帽子とネックウオーマーを欠かさないようにと言うほどで、まだ肌寒い初夏には肌着からレインジャケットまで、6~7枚のレイヤードファッションで訪れることも多く、私たちがからかうものだからJ自身もそれがおかしくて仕方ないらしい。

彼女のミドルネームを「モーツァルト、クーゲル、ショコラーデ」に変え、まるで「じゅげむ」のように長い名前で呼ぶ遊びをしているのだけれど、過剰な重ね着を茶化してタマネギを加えて「J、モーツァルト、クーゲル、ショコラーデ、ツヴィーベル《タマネギ》」と呼んでみたところ、大変ご満悦の様子だった。

ドイツ語レッスンの時間が迫っている。そして昼食の支度もまだ整っていない。料理とJとの遊びを両立させるには、一緒に料理をするしかない。パプリカとキュウリ、ラディッシュを渡し、自分でそれらを洗って料理を手伝うようにお願いした。自立心が芽生えてきた彼女は大人と同じように振る舞うことを喜び、私がメンチカツを作るべくタマネギのみじん切りをする傍らで、彼女流の「パプリカ寿司」を作り始めた。

「母の日は何をしたの？」

「朝4時に起きて、ママの朝食を作ったの。ムスリーを用意して、トマトとキュウリを切って、コーヒーを入れてね」

「Jすごいね！　早起きしてママのためにお料理したの？　それから？」

「ママにプレゼントを渡したの」

「何を？」

「おもちゃ！」

何のおもちゃかはよく聞き取れなかった。

「お昼も私がサラダを作ったの。あ、ラザニアはママが自分で作ったけど」

「ラザニア、私も大好き。食べたかった」

「うん、おいしかったよ」

パプリカの空洞にキュウリを詰めたり、キュウリにラディッシュのかけらで目をつけてみたり、思いの丈を野菜で表現するJは、私のタマネギのみじん切りを指差して、

「パパ！　見て！　ものすごい量のみじん切り！」と言ったかと思うと手元のキュウリとラディッシュをみじん切りにし始めた。

4年前には包丁を握り、ゆっくりと、しかもだいぶ大ぶりに野菜を切っていたJがみじん切りもできるようになったことに驚かされる。以前はボロネーゼソースを作るにも、Jが切ったタマネギでは大きすぎて使えず、こっそり小さく切り直していたことが何と懐かしいことか。

カメラを向けると「ハロー！　今日もTVお料理ショーの時間がやって来ました。例えば、親族を招いて特別なお料理を用意する時、こうしてキュウリやラディッシュをごく小さなみじん切りにします。キュウリで顔を作ったり、パプリカを飾ったり。もちろん器は人数分ち

ゃんと用意してくださいね」と即興演技が始まる。大切な言葉は強調し、抑揚をつけてわかりやすく視聴者に説明しようとする巧みさに唸《うな》らされ、私も一から演技を学びなおすべきではないかと考えてしまった。

「ミシュランの三つ星シェフになれるかもしれないね！」とおだてつつ、挽肉とタマネギを手で捏《こ》ねて欲しいとお願いすると、つい先ほどまでは好奇心旺盛に何でもする勢いだったのに、「Ich habe keine Zeit.《時間がないから》」と言って逃げていった。

きっと手が脂でべたつくのが嫌なのだろう。

夫はJを連れて彼女の登山用シューズを買いに行くという。父母ともに１８０㎝を超す背丈にて、Jの成長も著しく、新調した洋服も靴も、半年ほどでサイズが合わなくなってしまう。

ひとりになった隙に急いでメンチカツを形成し、衣付けまで済ませると、携帯電話が鳴った。ベルリッツのサポートセンターからの連絡で、オンラインレッスンの予定時刻を10分過ぎても現れない私の意思を確認するためだった。

取り急ぎメンチカツを揚げてしまい、彼らが帰宅した際には、温めて食べられるようにオーブンを加熱した。

今日は私がJの部屋の机を借りてオンラインレッスンをする。遅刻を詫《わ》びると、初めて出逢う年配の女性講師ガブリエラは全く意に介さないといった様子で、何事もなかったかのようにレッスンを開始した。

過去形、過去分詞の説明など、やはり熟練した講師のレッスンは理解しやすく、喩《たと》えも豊富で退屈せずに済む。旅の経験や読書の経験が豊かで、人生の紆余《うよ》曲折を乗り越え、あらゆる文化に精通している講師こそ、様々なバックグラウンドを背負う異なる生徒のニーズに合った授業ができるのだと思う。

休日の過ごし方を題材に過去形の表現を学ぶにしても、オペラやクラシックコンサートの話題に瞬時に対応し、曲目もリヒャルト・シュトラウスの「サロメ」やアルバン・ベルクの「ヴォツェック」などと言っても、ベラ・バルトークの「管弦楽のための協奏曲」やアーノルト・シェーンベルクの「浄《きよ》められた夜」などと言っても理解していただけるのはありがたい。

私にとって、今日の最も大切な文は、「Meine Stieftochter J ist schon oft geritten.《私の継娘Jはすでに何度も乗馬をしたことがあります》」だった。

授業中に夫とJが帰宅する気配があり、てっきりメンチカツとサラダの食事を済ませたもだと思っていたら、Jが私を待っていてくれた。しかも、雑草でこしらえたバッタを床にまき散らすサプライズつきで。

夫がオーブンで温め直したメンチカツをハローキティの器に盛り付けてJに供すると、彼女が不服そうな顔をしている。

てっきり、初めてのメンチカツを食べず嫌いしているのかと思いきや、彼女の不満は私たちのメンチカツに比べて、彼女のそれが小さいことだったらしく、いつもは初めての料理をイヤイヤ口にするか、手もつけずに好きなものだけ食べる彼女が、小さなメンチカツを3つペロリと平らげ、さらに追加でもうひとつ、今度は大人と同じサイズで食べたいという。

夫がオーブンにて大人サイズのメンチカツを温め直している間に、チラチラとその様子を観察し、夫のお皿からメンチカツを盗むと、自分のお皿に移してこれも瞬く間に食べてしまった。

「ミキ、女優なんかやめて料理のシェフになったらいいのに」とは、ありがたいお言葉で、新しいものをなかなか食べてくれない彼女が珍しくたくさん食べてくれたことで、これまでの日々が報われた。

この度もまた、スポーツトレーナーごっこをして、彼女の指導のもと、簡単すぎるエクササイズをいくつか繰り返すうちに彼女の帰る時間がやって来た。ようやくオープンした美容室で髪を切るのだという。

彼女を自宅へ送り届け、Dにバトンタッチすると、私たちは熟成肉や自家製のお惣菜などがおいしい精肉店Ａｕｅｒｎｉｇに立ち寄り、フィレステーキと牛肉や豚肩ロース肉の薄切りなどを求め、さらにはホワイトアスパラガスをビーフスープで煮こごりにしたズルツェ、ターフェルシュピッツのズルツェ、鹿のレバーパテなどを購入した。

こちらのオーナーがＯＲＦのニュースでインタビューに答えていたように、レストランからの注文が途絶え、個人消費だけでは経営が大変だとのこと。こうした優れたお店が倒産してしまっては困るので、微力ながらできる限り足を延ばして購入するようにしている。

実は、ハムやソーセージなどの加工食品は幼い頃からずっと苦手であったし、２０１５年にＷＨＯが加工肉に発がん性があると発表して以来、本場のドイツでもソーセージの消費量が減りつつあるとのことだったけれど、オーストリアでの暮らしが始まって以来、ウィーンのニーノさんの生ハムや、こちらＡｕｅｒｎｉｇの自家製ソーセージにズルツェなど、ひとつひとつ大切に作られたものは本当においしいことに気付き、量は控えめながら時折口にするようになったのだった。

夕食はＡｕｅｒｎｉｇのホワイトアスパラガスのズルツェにて始まり、スミイカのアヒージョに、お昼のメンチカツのタネを用いたビュレッテを食す。付け合わせは、エリンギのガーリックソテーにいんげんの塩ゆで、山芋のソテー。

ＢＧＭはヨハン・ヨハンソン。

5月14日　皆さんからのアドバイス

夫はAKHの救急医でウィーンフィルのチームドクターでもあるDr.Sterzの指示により、ウィーン市内の整形外科にて造影剤を用いたMRI検査を受けるため、出かけて行った。コロナウイルス感染を懸念して大規模な総合病院であるAKHを避け、入院病棟のないクリニックを紹介していただいたのだった。

午前8時45分にスクロップがバスを乗り継いでやって来た。ミヒャエルは残念ながら別の工事現場で脚立から落ちて脚を負傷し、今日手術を受けるという。

彼は礼儀正しく清潔好きで、モチベーションが高いため生産性が非常に高かった。庭仕事が得意で、丁寧ながらのんびりと仕事をするスクロップと比較しても、丁寧かつ勢いよく仕事をするミヒャエルの存在に助けられていた。3日間の庭仕事でお互いが足りない部分を補い合い、最高のチームワークでパフォーマンスを上げていたので、とても残念であるし、何よりもミヒャエルの身体が心配だ。

急遽《きゅうきょ》連れてきてくれたのは、彼と同じウズベキスタンから来た青年で、私たち日本人と同じモンゴロイド系の面立ちに親近感を覚える。

ザラストロにて購入した宿根草やグラスの数々が、禿《は》げ山のように土がむき出しになっていたエリアに植え付けられてゆく。

私はいつものようにドイツ語のオンラインレッスンを受けつつ、合間に2人の学生たちに指示を出し、昼食の準備をする。スクロップの友人はイスラム教徒のため豚肉なしでとのこと、メニューはツナのピザと、ステーキ、ズッキーニのサラダに決定した。

同じモンゴロイドでも、ウズベキスタンでは人口の90%以上がイスラム教徒で、ソビエト連邦の統治下で弾圧にあったものの、イスラム教が廃れることはなかったという。

昨晩の雨により、斜面は滑りやすく、指示を出しに外へ出る度に、ズルズルと滑って、靴も登山用のパンツも泥だらけになった。

今日も過去形と過去分詞を題材を変えて学ぶ。さらには職業の経験や履歴書について、求人広告などについても学ぶ。ベルリッツはビジネスシーンで用いる外国語教育に長《た》けているため、教材も必然的にそのように作られ、レッスンの進行も、ドイツ語圏で仕事をすることが決まったであろう人々に向けて作られているように見受けられる。

ゲーテ・インスティトゥートが、ドイツ語学習者を音楽家、法曹関係者、医療関係者、自動車産業やその他の技術系など多様な仕事に従事するビジネスマンを想定していることに比べると、少々ターゲットが狭い気もするけれど、ニュースを理解するのに知っておいて損はない言葉であろうから、頑張って覚えよう。

何よりも、スクロップが故郷ウズベキスタンでドイツ語教師になるべく、ドイツ文学やドイツ学などを学んでいると聴いて私ももっと励まなくてはと鼓舞された。

ＭＲＩの写真を持って帰宅した夫が庭を見て唖然《あぜん》としている。苗同士の距離が近すぎる上、雪除車が雪を除けるギリギリまで植えられており、予想していたより仕事のスピードが遅いという。

私もドイツ語の復習をしたり、原稿を書いたりで、始終付き添っていたわけではなく、確かによく見ると、苗の距離が近すぎて、将来株が大きくなると、植物の生長に支障を来《きた》しそうなほどだった。

すでに彼のｉＰｈｏｎｅには近所の数軒からメッセージが入り、「あれじゃ、植物が育たないよ」とのことだった。私たちがこのメドウガーデンプロジェクトに取り組み始めて以来、様々な方々からアドバイスをいただいたけれど、とりわけご近所の皆さんが、徒歩で、車で、通り過ぎる度に一時停止しては、ああでもない、こうでもないと、助言をくれた。

義母や義姉にも写真を送ると、庭仕事のために旅行にも行かないほどのガーデンフリークである義姉からは「苗が近すぎる！」。義母からも「私も若かりし頃にはすぐに結果を求めて近くに植えすぎて、植物を腐らせてしてしまったから、もっと離して植えなくちゃ」とのことだった。

スクロップの友人の本業はホーエンザルツブルク城の展望レストランにおける料理人だそうで、一生懸命頑張ってくれてはいたけれど、決して庭仕事を楽しんでいるようには見えなかったし、植え付けの距離が近いのは彼の担当エリアだった。掘った穴もスクロップのそれとくらべるとずいぶんと小さく、苗の根鉢が地上に覗いているものが何カ所もある。

庭仕事の精度もさることながら、溢れる情熱で次々と仕事をこなすミヒャエルがいてくれたら、一日で植えられた量は倍にもなったのではないだろうか。次回は苗を一度掘り起こして、穴の位置を再度調整しなければならないだろう。残念ながら今日一日の日当はほぼ無駄になってしまった。

夕食の前菜は鹿のレバーパテをディンケルの極薄クラッカーＤｉｎｋｅｔｓとともに。続いてれんこんのきんぴらと山芋のソテー。ズッキーニとえのき茸、庄内麩の赤だし。メインは豚肩ロースとタマネギの生姜焼きに千切りキャベツを添えて。

ＢＧＭはキャスリーン・バトルとイツァーク・パールマンによるバッハのソプラノとヴァイオリンのためのアリア集。

5月15日　雨の日の我が家

朝から一日中雨が降り、スクロップの庭仕事は延期となった。

午前中はドイツ語のオンライン授業に励み、一日のルーティーンを過去形と、過去分詞、そして再帰代名詞とともに学ぶ。同じ文法事項を何度でも繰り返すのは、忘却曲線を巧みに利用して、記憶の定着を図っているのだろう。

私の長所は新たな文法事項をすぐに理解することで、先生方にも度々褒《ほ》められるのだけれど、最大の短所がすぐに理解するものだから、わかったつもりになって復習を怠ることで、せっかく理解したことが定着しないまま脳内を通り過ぎて行き、後から慌てて調べるという愚かさで、基礎こそ丁寧に学ぶことを心がけたい。

昼食はメニューに困った時のお蕎麦で、冷蔵庫にあった挽肉とネギ、そして卵黄とお味噌を混ぜてつみれを作り、出雲《いずも》の本田商店の生蕎麦に、赤木明登さんの器と共に温かいつみれのつゆを添える。

午後はザルツブルクの園芸店マイヤーズへ向かい、昨日の植え付けにて足りなくなった苗を追加で購入する。すでにザルツブルクの人々は庭への植え付けを終えたようで、目当てのキャットミントやラムズイヤー、サルビア・ネモローサ、フェスツカ・グラウカなどが完売となり、大量に売れ残ったエキネシアとようやくみつけた三尺バーベナ、背丈のあるグラスを購入した。

雨の日は夫が家の修繕に時間を割くことが多い。今日は照明フリークの彼が、お気に入りのFLOS社のAIMランプの位置を変えると言い、マキタのドリルを持って脚立を上ると、けたたましい音を立てて天井に穴を開け始めた。夫曰く「照明を適切な位置にしつらえ、光量を絞って焦点調光にすれば、どんな家でも素敵に見える」とのことで、我が家では全ての照明器具を焦点調光できるよう、夫自ら普請したのだった。MRIを撮るためだけにウィーンまで出かけた人が首や肩に負担のかかる作業をすることに呆れたけれど、いつものごとく私の制止は効力がなかった。夫は「何もしなくていいから、勉強しなさい」と口では言うけれど、脚立の上での作業が気がかりな上、結局「悪いけれどあれを取って」、「ちょっとの間だけこれを支えて」となり、ドイツ語の復習はいつまでたっても進まない。

首や肩、手の痛みに耐えながらの夫の作業は結局日没を過ぎ、慌てて夕食の用意をすることとなった。

Auernigのターフェルシュピッツズルツェにエシャロットのみじん切りとオーストリア特産のパンプキンシードオイルを添え、パプリカのスープがそれに続く。

フィレステーキは椎茸のソテーとアスパラガスのゴマ和え、山芋のローストと共に。
BGMはベートーヴェンの弦楽四重奏1番。演奏はQuatuor Ebène。

5月16日　Jとのお料理

Jが午後に遊びに来るというので買い物に出かける。ザルツブルク旧市街の朝市に出かけようか迷ったのだけれど、昨日からレストランやカフェの営業再開が許され、恐らく多くの人々が押し寄せて駐車場の順番待ちに時間を取られるであろうことから、最寄りのスーパーマーケットで済ませることにした。

鶏の唐揚げか、タンタンサラダか、餃子《ギョーザ》か、あるいはメンチカツか、彼女の所望するものを作れるように材料を仕入れ、彼女自身が料理に参加できるように、パプリカとキュウリ、ラディッシュ、そして、デザート用にラズベリーとココナツヨーグルトを用意する。

庭に自生していた白いマーガレットをJの部屋に、テラスの古木のテーブルには行者にんにくの白い花を飾った。

今日は珍しく母親のDがJを連れてきてくれた。いつもなら送り迎えだけでも往復2時間を費やすことになり、準備や後片付けで夫も私もてんやわんやとなるものだから、片道分の時間のゆとりはありがたい。

今回は新しくなった部屋と、まだ未完成ながらこれまでとは異なる庭を見せたくてJがD

を伴って来たのだった。

到着するなり滑りやすい斜面の庭をためらいなく駆け回り、「Das ist Katzenminze!《これはキャットミントでしょう、》 Und das ist Salvia《それからこれがサルビアで、》 und das ist《あと、これは》……Miki, was ist das?《ミキ、これなんだっけ？》」「Festuca!《フエストウカ》」「Ach《あ、》 ja, Festuca!《そうそう、フエストウカ！》」とDに誇らしげに説明して歩くJは、初めてこの新しい庭を目にした際には「Furchtbar!《ひどい！》」とにべもなく言い放ったのだけれど、植物が増えて行くにつれて、どうやら彼女のお眼鏡《めがね》に適ったようで、所々に敷いた小径を横断したり、駆け上っては、滑り降りてみたりしていた。

Dが部屋を訪れようとすると、「ママはまだ来ちゃダメ！」と言って、シュタイフ社の巨大テディーベアの後ろに隠れて驚かせようとする。いつもはクールなDもJのユーモアにはとことん付き合って彼女の存在に気付かないふりを続ける。

通常はパラレルな二つの家族が一緒に時を過ごすことがJにとってはこの上なく嬉しいようで、家中の帽子を集めて私たち皆にかぶせ、ご満悦の様子。

更に「Ich tue Kimono anziehen!《私、着物を着る！》」と言って引き出しから麻の葉柄の浴衣を取り出すと、身八《みや》つ口《くち》に誤って腕を通しながら自分で着付けを始めたため、おはしょりなしのお引きずりスタイルになってしまい、助けを請われた私が着付け直して三尺帯を結んだ。

Dに「Sehr schön.《とてもきれい》」と褒められて有頂天のJは合唱をして「こんにちは！　ニーハオ！」

と言うと、くるりと回り彼女なりの日本舞踊を踊ってみせる。夫がすかさず「ニーハオは日本語じゃないよ」と訂正していたけれど。

やがて「今日はお友達の家でチョコレートを食べたから甘い物はなしでお願い」と言ってDが自宅に戻ると、Jのパーソナルトレーニングごっこが始まり、ひとしきり運動の真似事をしたところで夫が私たちを山へ連れ出した。

いつもの裏山を別のルートで登ろうと、車で5分ほどの場所へ移動すると、道なき道を歩み始める。Jが頃合いのよい木の枝を見繕ってくれたので、登山用ストックとした。

小川のせせらぎにはしゃぐJは、先日夫が購入したばかりのゴアテックスの登山シューズでバシャバシャと水中を歩く。因みに小川はドイツ語で「Ｂａｃｈ《バッハ》」で、よく知られた話ではあるけれど、あのヨハン・セバスチャン・バッハは直訳すると小川さんになる。

程なくして広葉樹の茂る足もとに、一面の行者にんにくが広がり、可憐な花を咲かせている。Jはその柔らかい葉を一枚摘み取ると、両手をすり合わせて揉み、香りを嗅いで「Das ist echter Berlauch.《これは本物の行者にんにく》」と教えてくれた。中には行者にんにくもどきがあり、誤って食べてしまうとお腹を壊すのだとか。

登り道で近所のご夫妻と遭遇し、新しい庭を褒められる。この地域の人々にとっては、不在がちで手入れの行き届いていなかった庭は庭とは認めがたかったのだろう。私が様々指示を出し、時には40kgの土をかついで斜面を登っている姿も見られていたようで、ようやく「ティロが連れてきたドイツ語の話せない不思議なアジア人」というような立ち位置から、この村の一員として認められたような安堵感を覚えた。

草むらを分け入り、ぬかるんだ道に足を取られそうになりながら歩む傍らで、Jの空想が紡ぐ物語に相槌を打つも、難しすぎてついて行けない。

様々な場所に強盗が現れ、誰が犯人か当てるゲームなのだけれど、そもそも彼女が興奮気味に早口でストーリーを語り始めると、『モモ』や『ハリーポッター』のような空想の世界なので、全く意味が理解できず、夫に助けを求めると、「僕も一言も理解できない」というほど、ザルツブルクの方言と架空の名称が入り交じる。私たちが理解できないなりに、犯人を当てずっぽうで答えると、大概不正解なのだけれど、時折正解だったりする。それでもご機嫌で壮大な物語を聞かせ、疲れた様子も見せずに山を登っていく彼女の無邪気さに救われる。

パーソナルトレーニングごっこの続きも始まり、息があがりがちな私を「Miki《ミキ》, Tempo!《速く！》」と急《せ》かしていた彼女が急な勾配で突然悲鳴を上げるので、何事かと思いきや、ナメクジを発見したようで、大きなイヌも猫も恐れない彼女が怯《おび》えている。

「私がもしも市長になったら、ナメクジを皆一箇所に集めて、ちゃんと家を買ってあげるんだ。Obdachlose《ホームレス》じゃかわいそうだし、ベトベトして気持ちが悪いから」とのこと、ドイツ語でナメクジは「Nacktschnecke《裸のカタツムリ》」なので、全てのナメクジをカタツムリにしたいらしい。

確かにナメクジは気味が悪いし、私のハーブや植栽の葉を食い散らかす蛮行にはホトホト嫌気が差すけれど、殻を捨てて裸になったナメクジにもナメクジなりの人生があるのだろう。やむを得ぬ事情で路上生活者になった人もいれば、アメリカには真っ当な職業に従事しながらも経済的な理由で車上生活を余儀なくされた人々もいる。自ら自由を求めてホームレスになった人もいるし、ヨーロッパ諸国には職業として物乞いをする人もいるということをいつの日か説明できるよう、もっとドイツ語を学ばなくては。

1時間少々で頂上につくと、眼下には湖や牧場、点在する家々が見え、はるか彼方まで見渡すことのできる眺望にJも大満足のようだった。

下りは同じ道を辿らず、山の西側から下りる。至るところに繁茂する蕗《ふき》を見て「ルバーブだ！」と言うJに「ルバーブにそっくりだけれど、フキだよ」と伝えたくても、ドイツ語で蕗をなんと言うのかわからず諦める。

往復で約2時間30分をかけて自宅へ戻ると、夕食の準備にとりかかる。Jにはお馴染みのパプリカとキュウリ、ラディッシュを渡すと、自分で洗って切り始めてくれた。私は彼女のリクエストにより、にんにくとネギ、そして挽肉を炒めてタンタンサラダを作り、同じネギと挽肉にキャベツを加えて餃子のタネを作る。

今日もTV《テーファオ》クッキングショーが始まり、Jが餃子の包み方について講義をはじめると、私は「Kameramädchen《カメラ娘》」に徹する。「皆さん、TVクッキングの時間が再びやってきました」ボウルの中の餃子のタネをカメラに向けながら、「今日は、こちらの餃子の作り方をお見せしたいと思います。まずは、餃子の皮の外周に人差し指でお水を塗ります。人差し指が一周したら、タネをその中心に載せて、皮を半分に折って、ひだを作りながら包みます。これは、タイタニック風です」とのこと、彼女にはオーソドックスな餃子が船のように見えるらしい。「今度はボンボン風も作ります。はい、このように」と語りつつ、彼女の即興でキャンディーの包み紙のように餃子の皮の端をねじり、「餃子は、あなたの好きなようにいくらでも形を変えて作ることができます。皆さんもご家庭で作ってみて下さいね。それではさようなら」と、最後の締めくくりはカメラに餃子で目隠しをして、暗転で終わるという非常に細かい芸当をさらりとやってみせるJにいつも笑わされる。

日没は午後8時過ぎで、まだ明るいうちに屋外のテラスにて食事となった。夕日が空を美しいグラデーションに染め、山の峰の輪郭が際立って見える。

Jは自作のサラダを何の調味料も添えずにバリバリと食べ、大好物のタンタンサラダも私たちの分まで食べてしまいそうな勢いだった。餃子は自作のボンボン風とタイタニック風をひとつずつ食べてくれたけれど、どうやらネギの香りが気になるらしい。それでも食べず嫌いのJが2つも食べてくれたことは大きな進歩である。「タンタンサラダの方がおいしい」と言って、彼女が再び同じ物ばかり食べる傍らで、私たち大人はJが器用に包んでくれた餃子と、色鮮やかなサラダをいただく。

日が暮れる前に、Jを自宅へ送り届け、彼女が包んだ餃子をDに少しばかり渡すと、とても喜んでくれた。

Jの来訪が重荷になり始めていた昨年に比べると、彼女の言葉をだいぶ理解できるようになってきたばかりか、私の拙いドイツ語を彼女が理解してくれるようになり、夫なしでもコミュニケーションが取れるようになったことが何よりも嬉しい。

BGMは虫の音だった。

5月17日　雑草との格闘

山の天候は変わりやすく、朝方は霧がかかっているものの、9時過ぎから晴れ間が覗くことが多い。その一方で突然の嵐に見舞われることもあり、雨が降り出す前に、と夫はロードバイクで出かけて行った。

誰もいない空間で行う朝の掃除は心地よく、鳥のさえずりが四方から聞こえる。トイレ掃除も掃除機がけもテラスの掃き掃除も洗濯も、午前中に済ませるとモチベーションが上がり、その日一日の生産性が高くなる。更には庭造りを始めたことで、草むしりが毎朝の習慣に加わり、これもまた楽しい。植物は何よりも好きで小楢や紅葉、侘助《わびすけ》など様々な鉢植えを世話したり、四季を通じて部屋になげいれの花を飾っていた一方で、草むしりのような面倒なことが苦手で、東京ではずっとマンション暮らしだった。したがって草むしりも、枯れ葉の掃き掃除も、お馴染みの管理人の方が手際よくこなすのを傍目に見つつ、毎日感謝するのみだった。

しかし、いざ草むしりを続けてみると、プチプチの気泡緩衝材をつぶすかのような楽しみに変わり、時間が瞬く間に過ぎて行く。ちょっとした瞑想《めいそう》状態とでもいうのだろうか、抜いても抜いても生えてくる雑草と黙々と格闘するのは私にとってゲーム感覚で、よそ様にこの喜びを譲るなんてもっての外だとさえ思えてくる。

近年では雑草は抜かずに根元の成長点で刈り取り、残った根が自然に退化するのに任せる方が土壌がフカフカになるという考え方や、グラウンドカバーとなる野いちごのような雑草を残して、不要なものだけを抜くと、同じ雑草でも好みのものだけが繁茂するという「選択的除草」という考え方もあるらしい。

山歩きで見かけて美しいと思っていたスギナを庭の一角で見つけた際には、ようやく我が家にも生えてきたと喜んだほどなのだけれど、雑草について様々調べたところ、どうやら植えた植物の栄養を奪う強者《つわもの》だったようで、慌ててスギナを抜き始めた。それも地下茎で果てしなくつながる厄介な雑草とのこと。つくしのうちに見つけて駆除するのもちょっとした楽しみになっている。

最近では土中でうごめくみみずにも、コガネムシなどの幼虫にもナメクジにも慣れて来た。アシナガバチやスズメバチには未だに恐怖を覚えるものの、蜜蜂が庭の花に頭を埋める姿を見ると、少しはこの地域に貢献できているという喜びを得る。

クリムトの絵画で知られるアッター湖やモンド湖、ヴォルフガング湖などを周遊して夫が帰って来たのは5時も過ぎた頃。焼いておいたカカオクッキーをかじりながら、アッター湖がいかに美しく、人気も少なくて心地よかったかを子供のように語る彼に相槌を打つ。

寸暇を惜しんで効率よく働く夫は、ティータイムをそこそこに切り上げると、庭の植栽を直し始めた。「Was machst du?《何してるの？》」という私の問いかけなど聞こえないふりをして作業をする夫と共に結局私も庭仕事をすることになる。あまりに近く植え付けられた苗を一度掘り起こし、新たな穴を掘っては再び植え付けるという作業を済ませ、明日訪れる予定のスクロップが植え付け作業をしやすいように、斜面にシャベルで浅い穴を掘り、苗のポットを仮置きした。

お互いに泥まみれになって作業をするので、洗濯物がなんと増えたこと！

夕食はアスパラガスのスチームソテーに山芋のソテー、そして昨日の残りのタネを用いて餃子を作る。

ＢＧＭはＭａｘ Ｂｒｕｃｈのクラリネットとヴィオラのための二重協奏曲ほか。演奏はＹｕｒｉ Ｂａｓｈｍｅｔ。

5月18日　痛いのに止められない庭仕事

朝一番でスクロップがやって来た。天気予報とは裏腹に快晴の空の下では汗だくで作業に励むことになる。先日来てくれた彼の友人はシェフとして勤務するホーエンザルツブルク城の展望レストランＦｅｓｔｕｎの再オープン準備で来られず、たったひとりでの作業になるという。

「シェフ？」

「そう、シェフコック」

「シェフって言っても、見習いコックさんのことだよね？」と何度も確認するも、どうやら文字通りシェフで、責任者として調理場を任されているらしい。包丁を握ったり、フライパンを振ったりすることが本業ならば、彼が手や腕を酷使する庭仕事にあまり乗り気でなかったことにもうなずける。

いつものようにドイツ語のレッスンの時間にアドビＣｏｎｎｅｃｔにアクセスすると、講師が不在で10分以上経《た》っても現れる気配がない。しびれを切らしてサポートセンターに電話をすると、今日はレッスンがないという。なんと愚かなことか、スケジュール管理が苦手な私にありがちな間違いであった。

今日一日ドイツ語から解放されたお陰で、存分に庭仕事をすることができる。スクロップが穴を掘り、私が植え付けをして肥料を遣り、土を被せる作業をすることによって、スクロップの労働力を最大限に活用し、私は穴を掘る苦労を省いて苗を植えるという最も楽しい作業をすることが叶い、非常に効率が良い。

日頃から効率重視の夫は、私たちが庭作業をしている間に街へ降りて不足していた腐葉土やバーク堆肥など合計で500kg以上を購入してきてくれた上、空《から》になった苗のポットやプラスチックケースなどを園芸店に返却すべく、きれいに整頓してくれた。指の感覚は戻りつつあるものの、重労働を避けるべきはずなのに動かずにはいられない性質は変わらない。

昼食には私たちがいつも食べているつくね蕎麦をスクロップにも提供してみた。広義には同じアジア人なのでお箸を使えるものだと勘違いしていたのだけれど、どうやらウズベキスタンではお箸を用いる習慣がないらしく、フォークとスプーンを改めて渡すことになった。

国によって、人種によって習慣が異なることは当然なのだけれど、様々な立場の人へ配慮するにはまだまだ見聞が足りないと反省した。

午前中に庭仕事に十分貢献してくれた夫は、昼食後にマウンテンバイクにまたがって家を飛び出し、どこへやら出かけて行った。

お蕎麦はスクロップに大変好評で、午後の仕事にも精を出してくれる。いくつかのグラス類は、購入した時点ですでに根鉢が大きく、石の混じった頑固な土壌に大きな穴を掘ることは、とても難儀な様子だった。

炎天下の作業にて少しでも彼のモチベーションを上げるために、水出し緑茶とアイスカフェラテを1時間おきに出し、クッキーも新たに焼いた。

ところが、少しでも参加しようと無理をして40kgの土を担いで歩き回るうちに、生来患っている左の股関節が悲鳴を上げ始めた。日頃から重い荷物を運んだり、ジャンプをしたりすることは避けるようにと言われていたにもかかわらず、筋トレで殿筋群とハムストリングスに筋肉がついたので大丈夫だろうと高をくくっていた。坐骨《ざこつ》神経痛様の梨状筋の痛みと、鼠《そ》径部《けいぶ》の痛みは、無理をした際に現れる身体からの危険信号で、これが始まるとしばらくは歩いていても、座っていても、寝ていても痛みに耐えることになる。

不快な痛みを感じてもなお楽しくて止められないのが庭仕事で、夫が腕や手先の不調を感じながらもブルドーザーのごときスピードで石ころだらけの斜面を耕していた気持ちがよく理解できる。

夕食前に戻ってきた夫にはこの痛みを告げずにいた。自らも無理をして身体の限界を超えるばかりなのに、私が無理をすると叱られるので、黙っていることにしたのだ。

夕食の前菜は洋梨とミニトマト、ブロッコリーを加えたマーシュサラダ。ドレッシングはマヌカハニーとディジョンの粒マスタード、ホワイトバルサミコ、ニーノさんのオリーブオイルに鮎の魚醤とブラックペッパー。

続いて蕎麦粉のフジッリに牛肉とトマトのラグーソース。

5月19日　突然の停電と断水

今日もスクロップが定刻通りバスでやって来た。

夫はウィーンフィルの同僚でクラリネット奏者のグレゴール・ヒンターライター氏とロードバイクツアーに出かけた。

せっかくの快晴にもかかわらずモチベーションが上がらないのは、午前8時から点検のための停電が始まったばかりか、告知もなく水道までも止まってしまったため、予定していた掃除や洗濯がはかどらないからだった。

曇っていれば庭仕事がしやすいと前向きに考え、雨が降っても植物が潤うと喜び、雪が降れば美しい雪景色を堪能し、晴れれば上機嫌なのだけれど、たった一日の数時間だけでも水道と電気が止まることがこんなにも困難をもたらすとは。

電気の開通は午前11時から午後1時までで、午前11時30分からのドイツ語のオンラインレッスンの前に庭仕事をしつつ、昼食のための下ごしらえをし、スクロップにアイスカフェラテを作り、ようやく自分のお茶を淹《い》れようとすると、すでに停電は始まっていた。

台詞を覚える作業やドイツ語学習の折にカフェインで脳味噌を覚醒させることに慣れてし

まい、お茶なしでドイツ語の授業を受けることはバッテリーがわずかとなったコンピューターを騙し騙し使うようなものだった。

さらには停電によりwifiが使用できず、テザリングでiPhoneと繋ぐも、AdobeConnectのご機嫌がよろしくなく、大好きな講師アンゲラとの会話がブツブツと途切れる。

サポートの女性によると時期によってAdobeConnectとブラウザーの相性が変わるそうで、先日まではFirefoxとの相性が良かったものの、その蜜月は解消され、この頃ではGoogleChromeとの相性が良いらしく、「今すぐブラウザーを変えて下さい」とのこと。すでにAdobeとブルートゥースヘッドフォンAirPodsとの相性が悪く、ドイツ語レッスンのためにヘッドセットを購入したこともあり、Adobeの不便さに嫌気が差し、授業中にブラウザーをインストールする気にもなれず、一度ログアウトしてAdobeに再接続することで急場をしのいだ。

休憩中には電気の開通時間ギリギリに慌ててパスタを茹で、チキンのトマトソースとドライオレガノを添えてスクロップに出すと、次の授業が始まってしまった。

過去形で、「着替えた」「掃除をした」「髪を梳《と》かした」などと日常生活に即した言葉を学びつつも、頭がぼーっとしており、授業の進度はあまりはかばかしくない。熱心な講師アンゲラを失望させてしまったのではないかと気がかりだったけれど、集中力がない日の課題は復習で挽回するしかない。

　レッスン後に冷めたパスタをひとりで平らげると、スクロップとともに庭仕事に携わる。股関節の痛みは昨日より酷く、2ダース分の苗が入った箱を運ぶことが辛く感じられたものの、キャットミントやサルビア・ネモローサなどが少しずつ開花しはじめ、美しい植物で庭が覆われて行くことが励みとなって、ついつい無理をしてしまった。

　夫は、ずいぶん遠出をしたようで、午後8時を過ぎてようやく戻ってきた。日焼けした顔にキラキラと眼を輝かせて帰ってくることが私にとっても幸せで、身体の許す限り好きなスポーツに励んで欲しいと願っている。

　夕食はベビーリーフのサラダにホワイトアスパラガスやミニトマト、ゴールドキウイを添えて、蕎麦つゆにホワイトバルサミコと練りゴマを加えたゴマドレッシング仕立てで始まり、メインは大きな耐熱皿にビオの鮭とパプリカ、ミニトマト、茹でたいんげん、ズッキーニを並べて香草パン粉焼きにしたものの、ディンケルのパン粉にオリーブオイルを混ぜることを忘れてサクサクに焼き上がらず、ボソボソとした食感になってしまった。

5月20日　カゼインアレルギー

スクロップをバス停へ迎えに行き、彼を自宅前で下ろすと、そのままザルツブルクの街へ向かい、夫は家電ショップを、私は信頼のおけるオーガニックスーパーマーケットＢａｓｉｃを訪れた。

Ｂａｓｉｃの生鮮食品は鮮度が良く、野菜やハーブ、乾物などの種類も通常のスーパーマーケットと比較して豊富なため、料理のモチベーションが上がる。

蕎麦粉のパスタや玄米パスタなど、糖質制限にもグルテンフリーにも対応しており、ドイツのＡＲＣＨＥ社の梅干しや八丁味噌に、しらたきまで購入できることが大変ありがたい。クッキーの材料も、ココナッツシュガーにアルガンオイル、蕎麦粉に栗やひえの全粒粉、ひまわりの種にヘンプシードなど、安全な商品が手に入る。

こちらではプラスチック廃止についても真剣に取り組まれており、ナッツやパスタ、子供の虫歯予防のグミなどがセルフサービスの瓶詰め形態で販売されていたり、野菜もビニール袋ではなく、紙袋に詰めることになっている。有料のレジ袋を購入するお客さんは稀で、各々ショッピングバッグや籐《とう》や柳のバスケットを持参することはもはや当たり前の習慣となっており、男性がかわいらしいバスケットに野菜や果物を詰めて帰ることも決して珍しくない。

とは言え、仕事を持つ女性が退社後に慌てて買い物する度に、瓶を繰り返し持って来ることは難しいだろうし、ましてや経済的にゆとりがなく、移動の手段がバスと徒歩、あるいは自転車だけの人が重い瓶を持って帰ることは現実的ではないだろうから、プラスチック廃止を実践できるのは一部のゆとりある人々か、「エコのためなら死ねる」と思えるような人に限られることがもどかしい。

一昔前まではオーガニックや自然食品というと、生真面目で融通が利かないイメージで、私も周囲から面倒な変わり者扱いをされていたけれど、今や食品が安全であることは当然のことであり、特別なことでも何でもないといった雰囲気で、お店のロゴやパッケージのデザインも明るく、手に取りやすくなっていることは喜ばしい。

通常のキャベツよりも柔らかくて繊細な味のするとんがり帽子のようなシュピッツコール、しいたけ、ビオのリンゴにイチゴ、ブルーベリー、無添加の生ハムにラム肉などを購入すると、待ちぼうけを食って痺《しび》れを切らす夫と合流し、もう一軒だけスーパーマーケットに立ち寄る。

ＭＥＲＫＵＲは私がいつも利用するＢｉｌｌａの上位版といったところだろうか。ビオの糖質制限かつグルテンフリーのナッツがふんだんに練り込まれたパンを購入できること、蕎麦粉のパスタが入手可能なこと、そしてオーストリア国内でも珍しくA2ミルクを販売していることが特徴である。

私も夫もカゼインアレルギーを抱えており、大好きな牛乳により夫はお腹を下し、私は蕁《じん》麻《ま》疹《しん》を患う。したがって、私は豆乳やココナッツミルク、オーツ麦のミルクに、夫は羊乳や山羊乳、あるいはそれらと同様にA2カゼインを含むA2牛乳に代替策を求めた。

同じカゼインでも伝統的な乳牛のA2ミルクはアレルゲンとなり辛く、ヨーロッパでもわずかな酪農家がA2ミルクを産出するブラウンスイス牛を飼育しているという。欧米では多くの人々が乳糖不耐症を抱え、ラクトースフリーの牛乳が当たり前にスーパーマーケットに陳列されているのだけれど、この乳糖不耐症も実はA1カゼインアレルギーの誤解であることも多く、A2ミルクが普及すれば、多くの人々の不調が解消される可能性があるという。

残念ながらブラウンスイスのA2牛乳の需要はホルスタインと比較して少なく、酪農家にとっては経済的負担が大きいそうで、そう簡単にA2牛乳が普及するとは思えないけれど、アレルギーを抱える私たちにとっては、A2牛乳や羊乳や山羊乳の発見は朗報だった。

自宅に戻ると、ドイツ語のレッスンに間に合うよう、昼食の支度に取りかかる。

スクロップの生まれたウズベキスタンではアジアとペルシャ、ロシアの文化が入り交じり、ボルシチやロシア風餃子ペリメニなどを食す一方で、モンゴルの遊牧民のように羊を食する習慣もあり、穀物食の多い彼《か》の地では、ペルシャから伝達されたサモサや、プロフと言われる牛肉と人参とお米を炊き込んだ日本のピラフのようなものを頻繁に食べるという。

この度は、スクロップに敬意を表して私なりのプロフを作ってみることにした。圧力鍋でにんにくのみじん切りとタマネギのみじん切りを炒め、細かく刻んだパプリカ、いんげんに牛肉の細切れを加えてさらに炒め、玄米とセミドライトマトのオリーブオイル漬けを一緒に炊き込む。お米2合に対してお醤油を大さじ3杯とゲランドの塩を小さじ1杯ほど。蓋をして圧力をかけて炊き上げる。

さて、昼食のプロフは、私はおいしいと思ったけれど、残念ながら夫には塩気が足りないと不評だった。おいしくないものを無理して食べたりはしないかわりに、なぜおいしいと感じなかったのかと改善すべき点をさり気なく言ってくれる上、好みに適《かな》った際には「とてもおいしい、ありがとう」と喜びを表現してくれることは助かっている。

肉体労働に勤しむスクロップはなおのことお塩が必要であろうとソルトミルを渡すと、「このままでもとてもおいしいから塩は必要ないよ!」とのことで、一安心した。

食後にはすでにヴィオラの練習と庭仕事の手伝いを済ませた夫がロードバイクで出かけて行った。

今日のドイツ語の講師はライプツィヒ出身で、夫君の博士号取得に伴ってイギリスで暮らすクラウディアで、ベルリッツの数多《あまた》いる講師の中でも3本の指に入る素晴らしい先生だった。

恐らく私より10歳ほど若いその女性は、話題が豊富でユーモアに溢れ、コロンビア人の夫君とともにコロンビアで6年間も生活したこともあるとのことで、彼女自身もスペイン語を学習中にて、語学学習の困難さがよく理解できるようで、重要なフレーズを強調して伝えてくれるため、言葉が記憶に残りやすい。ドイツ語で彼女のような人のことを「ｕｎｔｅｒ《ウンター》ｈａｌｔｓａｍ《ハルトザム》」と表現するようで、愉快でもてなし上手のクラウディアとのレッスンは、時の過ぎるのが瞬く間に感じられた。

夕食は山の丘陵の彼方に沈み行く夕日を眺めながら大根のステーキで始まった。サラダにはイチゴを加え、濃厚なバルサミコクリームとオリーブオイル、ゲランドの塩にてドレッシングを。サルビアの葉を効かせたサルティンボッカはいつもなら仔牛肉で作るのだけれど、この度はＢａｓｉｃにて求めたラムのもも肉を用いてみたところ大成功。付け合わせにはいんげんのゴマ和えとセミドライトマトのオリーブオイル漬け、ズッキーニの香草パン粉焼き。

ＢＧＭは虫の音。

5月21日　久しぶりに他所行きの服を着て

「果てしない庭仕事の新たな扉をついに開けてしまったね」というメッセージが、夫の同僚のホルン奏者セバスチャンから届いた。宿根草から栄養を奪い、無尽蔵に増える雑草をしばらくは毎日抜くようにとのことだった。

幸い午前中は南西に面した庭に家屋が影を落とし、日除けの必要なく草むしりに励むことができる。スギナは今日もそこかしこに新たな芽を覗かせ、ハコべやその他の雑草も次から次へと姿を現す。こうして草むしりができるのもつかの間で、ウィーンで夫の仕事が再開すれば久しく家を空けることになり、宿根草の株間から雑草がはびこることは容易に想像がつく。

夫は同僚のティンパニ奏者アルヴィンと共に、リンツ周辺を走るべく車にロードバイクを積んで出て行った。

今日もクラウディアとドイツ語のレッスン。過剰なアクセスによりエラーの多いアドビコネクトだけれど、全てのレッスン過程が録音されている上、講師の残したノートも表示されているため、忘れてしまったフレーズや教科書には書かれていない単語にいつでもアクセスできることが、ありがたい。

　体調についての描写を学ぶにあたり、「咳が出る」「高熱がある」「インフルエンザ」「頭痛」などという単語と共に「Der Männerschnupfen《男のくしゃみ》」という新しい言葉を皮肉たっぷりに教えてくれたのがクラウディアだった。

「女性はたとえ高熱があろうとも、癌《がん》で闘病中でも朝には何とか起き上がって子供の世話をしたり、食事を作ったりするでしょう？　でもね、男の人ってちょっとくしゃみが出たくらいですぐに、『あぁ、もうダメだ』とか『死ぬ』とか言って寝込むの。私の夫もいつもそう。これをデアメナーシュヌプフェンと言います」と、メナーシュヌプフェンをゆっくりと囁《ささや》き声で強調すると、ケラケラと笑っていた。

　確かに、昔から「女性は出産を経験するから痛みに強い」と言われているけれど、ドイツ語の「男のくしゃみ」を調べれば調べるほど、誰もがそれをおもしろおかしく表現し、「Der Männerschnupfen」というタイトルの歌まで歌われていたり、「男のくしゃみ」を逆手に取ったコミカルな点鼻薬のコマーシャルまで存在していた。

　ものの本によると、男性は苦痛を誇示する傾向にあり、風邪気味なくらいで幼児返りするのは、それによって「二次的利益」つまり「注目」と「援助」を得ることができるからだぞうで、確かに、私は少々の痛みなら人に言うまでもないと思っているけれど、夫は少々の痛みでも眠れないほど苦しんだりしている。「男のくしゃみ」が演技なのか心因性の症状なのか、あるいは男女で免疫力の差異があるのか、真面目に研究をしているグループもあるほどで、その結果、風邪やインフルエンザの罹患《りかん》率は男性の方が高く、こと新型コロナウイルスに関しては男性の致死率が圧倒的に高いとのこと。「男のくしゃみ」もあながち演技だとは言い切れなくなってきている。

実は、夫が生まれた西ドイツでは政治や健康状態、経済状態についてはばかりなく話すようで、友人知人との立ち話で、彼自身のみならず、家族の健康状態（つまりは私の健康状態も含む）、さらには購入した自転車の金額や家賃まで話すことに驚き、閉口したものだけれど、彼らの周囲ではそれが当たり前らしく、何でも内密にする私たち日本人は不可解だと思われている。

一方クラウディアの生まれた東ドイツでは、健康状態が著しく悪かろうとも、「ちょっとした癌がみつかったけれど大丈夫！」といったように、軽く話す程度で、相手に窮状を訴えたりはしないのだという。

シュタージ《秘密警察》に監視され、友人知人とて心から信用できなかった東ドイツの人々は常に用心深く無愛想なのだとか。

彼女は夫君と月水金はドイツ語で会話し、火木日はスペイン語で会話し、土曜日は英語で会話をするらしい。

「あなたももしかして旦那さんとドイツ語の日を取り決めたりしてる？」

「残念ながらNein。なぜなら私の夫はこらえ性がなくて、私が文章を話し終える前に、自分で文章を完成させてしまうか、英語で話しはじめてしまうので」

「うん、わかる、私も仕事中はドイツ語の誤用に対して寛容でいられるけれど、夫にはつい厳しくなっちゃう」

彼女のレッスンは、教科書通りではなく、少々脱線するのだけれど、それが日常生活に必要な表現となっており、必ず課題に繋がるように誘導してくれることがありがたい。さらにはロールプレイの課題でも、全く見知らぬ誰かを想定しての会話ではなく、「もしもあなたが私をホームパーティーに招待してくれるなら何を手土産に持って行ったらいいかしら？」あるいは「私は来年の誕生日パーティーにミキを絶対に招待するから、何かプレゼントを持ってきてくれる？」といった具合に、同じ虚構の世界でも、とてもパーソナルで親密な雰囲気を作ってくれることで、自分事として言葉が出てくる上、会話が弾む。

オンラインレッスンを受け始めた際に戸惑ったのは、講師陣との距離感で、運悪く教科書をなぞるだけの退屈な進行しかしない講師に当たった場合、自分のことを話すことが苦手で、質問をされても言葉がうまく出てこなかったけれど、アンゲラやガブリエラ、この度のクラウディアといった講師たちは、オンラインによる隔たりを全く感じさせず話題がつきない上、学ぶことが楽しいと心の底から感じさせてくれるのだ。

昼食にはウズベキスタンのサモサへのオマージュとして春巻を作ると大変好評で、食後はスクロップと共に庭仕事に励んだ。

スクロップが穴を掘り、私が植え付けて土とバーク堆肥を被せるという作業をひたすら繰り返し、ワレモコウや三尺バーベナ、ペニセタムを最後に4月の20日から一ヶ月をかけて取り組んで来た斜面の植え付けが全て終了した。

２０１６年の冬に初めてこの家を訪れて以来、ずっと気になっていながら、手つかずのままだった庭の植栽計画が一段落し、あとは細部の調整をするのみとなった。

実際に重労働を担ってくれたのは、夫であり、スクロップやミヒャエルといった若者たちではあったけれど、ドイツ語の書籍やウェブサイトを翻訳ソフトの助けによって読み下し、誤訳だらけの文章を自分なりに解釈して必要な情報を入手するのは、なかなか骨の折れることであった。

深緑、青緑、黄緑、白緑など同じグリーンでも様々に異なる葉の色と、いずれ開花した際の花の色をランダムかつ調和を持たせて配置するために、何度も庭の前に立ち、頭の中で完成図を描いては消し、描いては消しの繰り返しだった。ｉＰａｄ上の写真に設計図のような絵を描きシミュレーションをしてみても、実際の土の状態と、植物の形状から、想い描いた場所に植えられないことも多かった。またエゴイスティックに自分の好みを貫くばかりでは諍《いさか》いのもとになるため、美に関しては一家言ある夫の好みを取り入れて想定外の配置となることも度々あった。

何よりも、色彩をランダムに配置させるのと同時に、開花時期、花後の姿もランダムになるよう計算するのは大変難儀だった。芽吹きの春にいち早く開花し、二番花を10月まで楽しむことのできるキャットミント、盛夏のザルツブルク音楽祭の時期に開花するアガスターシエ・ブラックアダー、秋風に花穂をゆらすペニセタムなどのグラス類にワレモコウ、冬枯れの姿も美しいＳｔａｃｈｙｓ Ｈｕｍｍｅｌｏなどの情報を頭にたたき込み、庭の完成図に開花した姿を季節の移ろいと共に思い浮かべるのは、交響曲を楽器の音なしに作曲するかのような感覚だったとも言えるだろうか。

夕日に染まる庭の斜面をしみじみと眺めると、一ヶ月の稽古を経て、地方も含めて50公演ほど舞台に立った後のような感慨が押し寄せる。

冬には雪が厚く積もり、夏には日照りが続いたかと思えば突然の豪雨が襲うこの土地でどれほどの植物が生き延びてくれるかは未知で、私たちが不在の間に雑草に覆われてしまうであろうことも容易に想像がつく。それこそザラストロのクリスティアン・クレスさんの提唱するBLACKBOX GARDENINGのようなものだけれど、いつしかこの場所に相応《ふさわ》しい植物がしっかりと根付き、必要以上に手を加えずとも庭が育って行ってくれることが楽しみで仕方ない。

夜にはフシュル湖に面した家族経営の小さなレストランBrunnwirtを訪れた。思えば、TBSのドラマ「病室で念仏を唱えないでください」のクランクアップが3月18日で、その夜に夫と共に馴染みの日本料理店にて食事をしたのが最後の外食だった。深夜には羽田から飛行機に飛び乗って、国境封鎖を開始したオーストリアに入国することが許されたのは奇跡に等しかった。出国の際にはANAの地上係員から「本日ドイツにて日本人が入国を拒否されたようでして」と搭乗を拒まれそうになったものの、婚姻証明書を見せ、夫の存在も示して無理矢理納得していただいたほどだったのだから。

当時東京ではロックダウンなどという言葉はまだ使われておらず、イタリアを皮切りに軍靴の音が忍び寄るかのように各国が国境を封鎖し外出禁止令を発令し始めたにもかかわらず、相変わらずの満員電車や、繁華街を出歩く人々の姿をニュースで見て心配した夫が、私を連れ戻しに来てくれた。コロナ禍による失業中の夫が、東京に滞在する選択肢もあったけれど、人口密度の高い東京の小さな部屋に留まるよりは、人気の少ない山の方がよいだろうとの判断に至った。

　まだ新型コロナウイルスが対岸の火事のように感じられていた頃、「万が一の場合には誰とも接触しなくて済むように、ザルツブルクの山中に籠《こ》もればいいね」と話していたことが、現実となってしまった。

　さて、久々に他所《よそ》行きの服(一枚ペロッと身に着ければ完成する、コーディネートいらずのジャンプスーツではあったけれど)を纏《まと》いイヤーカフをつけると、今度こそ、本当においしい人様のお料理をいただけることに胸が高鳴った。

　ところが、チャンキーヒールのパンプスを履いて歩き出してみると、数歩で股関節に激痛が走り、がに股になってしまった。もう数ヶ月間ヒールのある靴を履いていなかった上、この度の庭仕事による股関節周辺の筋肉の拘縮により、たとえ支えのあるチャンキーヒールであっても、ヒールでは歩けない身体になっていたのだった。

　したがって、たどたどしい跛行《はこう》気味の姿から、ついに夫に痛みを悟られてしまった。

「だから重い荷物は運んじゃダメだって言ったのに」と、叱られ、「どんなに痛くても真っ直ぐ歩くように心がけなさい」と、彼自身もこれまでの人生で幾度も首や肩、膝、更には股関節の故障を抱えつつも正しい姿勢で歩き、演奏をするよう努めてきた経験を踏まえて少々厳しいアドバイスをくれた。

30分ほどでBrunnwirtに辿り着き、呼び鈴を鳴らすと、内側からフェイスシールドを着けたオーナー夫人のゲルトランド・ブランドシュテッターさんがドアを開けてくれた。

いつもは8組を上限に取る客人も、新たな生活様式では席の間隔を空けて5組のみだった。それでも営業再開早々にブランドシュテッター夫妻のお店に集うのは彼らをファーストネームで呼ぶような昔馴染みの人々のようで、夫妻のような堅実で丁寧な仕事をするレストランを支えたいと思っているに違いない。

私たちも同様で、自宅から最も近いレストランというだけではなく、その日に仕入れた材料からインスピレーションを得て即興でメニューを考えるというオーナーシェフのヨハネスさんの伝統と革新を両立させた真摯《しんし》な仕事ぶりと、奥様のゲルトランドさんの気さくでチャーミングな接客が大好きなのだった。

テーブルには前菜に先立って、全粒粉を含む3種の自家製パンとヴォルフガング湖に面したビオの牧場Eislの羊のフレッシュチーズ、自家製のハーブバター、行者にんにくのクリーム、更には自家で飼育したという豚の燻製《くんせい》とレバーパテが供された。

「4月から9月まで大切に育てた豚を解体し、感謝しつつ調理するんです」とゲルトランドさんが笑顔で話すの聞いて、「食は殺生だから余すところなくいただくのよ」と懇意にしていたおそば屋さんの女将《おかみ》さんがいつもおっしゃっていたことを思い出す。

自分たちで育てた家畜を自分たちの責任で食用にする暮らしは、この地域でも連綿と受け継がれてきた伝統で、かつてベジタリアンを気取って肉食を避けていたことのある私も、その尊い営みに心動かされ、香り高き燻製も、レバーパテもありがたくいただいた。

自家製のスモーク鮭は、燻製の度合いが浅く、塩気もさり気なく、ほぼ鮭のお刺身に近い感覚で、付け合わせのベビーリーフのサラダと合わせてディルとヘンプオイルで香り付けされていた。

初夏から盛夏の時期にかけて食べられる仔牛のスウィートブレッド《胸腺や膵臓》は私の大好物で、セモリナ粉をまぶしてシュニッツェル《カツレツ》にしたスウィートブレッドと仔牛のレバーソテーには、間引き人参とアミガサダケ、ほうれん草のソテー、更にはスイートポテトのピュレが添えられていた。

次なるお皿はオマール海老《えび》のトルテリーニの下にグリーンピースペーストが敷かれ、トルテリーニの上にはオマール海老の切り身が鎮座して、刻んだコリアンダーがそれに重ねられていた。

私たちがこれまで苦手だった鱈《たら》は、ヨハネスさんの巧みな火加減でポーチド鱈となり、あのボソボソとした食感がふわっと柔らかな食感に取って代わられた。こちらはバジルのペーストとカリカリにした自家製ベーコンがわずかに添えられていた。

メインの牛もも肉のステーキは恐らく表面が高温にて焼き色よろしく調理され、中はレアで非常に柔らかい。

いずれも本当に丁寧な包丁さばきと火加減、塩加減、絶妙なハーブ遣いで、匠《たくみ》の技を感じさせつつ、あくまでも楽しむべきはお客さんであるという姿勢が伝わって来る。

オーストリアの伝統料理ももちろんおいしいのだけれど、伝統的な調理法に加えて素材そのものの良さを活かした革新的かつ繊細なお料理は、食後も胃もたれすることなく、身も心もとても軽かった。

オーストリアのレストランではBGMをかけないお店が多い。人の笑い声が聞こえる環境で食事をすることが再び叶うとは。

5月22日　夫のいない間に

夫はアルヴィンと共にオーバーエスターライヒ州のウェルツ周辺をロードバイクで行くツアーに出かけた。

朝から存分に掃除と草むしりに励み、時が経つのを忘れる。

日陰で作業をしていても、夢中で取り組むと全身に汗が滲《にじ》み、息が上がる。

「今日も意欲的だね」と近所のご夫妻に言われ、見知らぬ方からも「ついに完成したのね。ずっと楽しみにしていたから嬉しいわ」といった具合に褒められる。今まで挨拶を交わすくらいで会話をしたこともなかった人々が立ち止まっては何かしら言葉を残していってくれることが、とても嬉しくて、またもやドイツ語のレッスンに遅刻した。

幸運にも最も信頼するアンゲラとの授業で、「健康のために何をするか」というテーマだった。彼女はかつて１００kgほどあった体重をビーガンになることで減量したという。ベジタリアンにも様々な信念があるけれど、彼女は厳格なビーガンで更には大豆製品も避けているという。確かに欧米では豆乳が実は身体に悪いという研究もあり、牛乳の代替品としてアーモンドミルクやオーツ麦のミルク、キビやアワのミルク、ライスミルク、ココナツミルクなどと、多様な選択肢が用意されている。

残念ながらアンゲラの言う通り、「大豆に含まれるレクチンやサポニンがヘルシーどころか身体に害を及ぼす傾向にある」というのが最近の定説らしく、てっきり遺伝子組み換え大豆のはびこるアメリカでのみ気をつければいいものだと思っていたので、遺伝子組み換え大豆の使用が禁じられているEU圏内ならば安全だと信じていた私にとっては不都合な真実だった。

そういえば、夫と共にでかけたアルヴィンはレクチンフリー生活をしているため、トマトや玄米、大豆などを避けていると言っていたことも思い出した。

しかし、その一方で「アジア人が消費する味噌や納豆、テンペ、腐乳などの発酵大豆製品では心臓病や脳機能障害などの影響が認められなかったみたい。しかも出産したばかりの私の娘は、授乳中には大豆製品が必要だって新たな研究で読んだって言うのよ」とのこと。

ヨーロッパで流行している食事法だけでも、ビーガンに玄米菜食、糖質制限、グルテンフリー、オーソモレキュラー、パレオ、レクチンフリー、そのほかにも数え切れないほど存在しており、何を摂取すべきで何を排除すべきなのかについては、新説が発表される度に振り回されるばかりで、もはや何を信じてよいのやら。

今日は祖母となり育児にも長けているアンゲラに尋ねたいことがあった。

標準ドイツ語では「Ich packe meinen Koffer.《私は荷造りをします》」と話すべきところを、Ｊはいつも「Ich tue Koffer packen.《私はする、荷造りを》」とオーストリアの方言を使って話すのだけれど、夫はそれを標準ドイツ語に正そうとする。果たして直すべきなのか、オーストリアの方言を尊重するべきなのか私にはわかりかねる。

「確かに、ｔｕｅを間に挟むと動詞は原型で完成するから、子供にとっては楽なのね。決して美しい文章だとは言えないけれど、ｔｕｅで動詞の活用ができているからあながち間違いとも言えないの。あなたのパートナーが標準ドイツ語を望むなら、それを静観するのが一番ね。オーストリアにはオーストリア独自の文化があるのだから、それを尊重するべきだし、片方の親が標準語を話すなら、両方話せた方がいいでしょうし。つまりはどちらも正解」と、ドイツで生まれ、南アフリカで育ち、イスラエルにて暮らすアンゲラらしい多様性を認める発言に、人の生きる道そのものを教えられたような気がした。

旅をするほど、未知の文化に触れるほど、自分の価値観のみが正しい訳ではないということに気付かされる。かつてのインド旅行で学んだことも、「誰かにとっての正義が他の誰かにとっての正義とは限らない」ということだった。

ドイツではトルコからの移民が多く、その他の国々からも貴重な労働力として多くの移民を受け入れてきた歴史がある。首都ベルリンでは人口の半数以上が移民で、公立の学校では在来のドイツ人の子供たちがむしろ少数派だったりもして、ドイツ語での授業がなかなか進まないという。そうした移民たちの高い出生率により、いずれはイスラム教の政党が政権を執る可能性も否めない。互いに異なる価値観を認め、相手を尊重し合うことができれば諍いは起こらないのだろうけれど、悲しいかな人間はエゴを貫いてしまいがちである。

昼食を軽く済ませると、足りなくなったバーク堆肥を購入するべく園芸店Ｔｒａｐｐへ車を走らせる。羊や牛が草を食む牧歌的な風景が広がるこの道は、Ｄｕｒｃｈｇｅｂｌüｈｔやザラストロの存在を知らなかった頃に、バルコニーのフラワーボックスに植える花を求めて何度も往復した記憶がある。

帰りにはＴａｌｇａｕの小さなファーマーズマーケットを訪れ、野菜を少々購入した。

夕食は、Ｅｉｓｌのパプリカをまぶした羊のフレッシュチーズに始まり、味噌とトリュフオイル仕立てのサラダがそれに続き、メインはＡｕｅｒｎｉｇの熟成リブアイステーキ。付け合わせには椎茸のソテーと千切りにしたシュピッツコールとクミンのサラダ、スイートポテトのピュレ。

5月23日　無愛想で、可愛いテレフォンオペレーター

掃除を終えると、庭に自生していた桔梗《ききょう》を摘み、Jの部屋に飾る。

夫は洗車に、私は草むしりに励みつつJの到着を待つ。今日もご機嫌のJがDに連れられてやってきた。最近Dがとても協力的でありがたい。彼女の仕事の関係で手に入ったというオーストリア産のおいしいワインを携えて来てくれた上に、「今朝はJとMOCHIを作ったの！　MOCHIの粉をお湯でこねて、ゴマと蜂蜜をまぶして食べたらとってもおいしかった！　MOCHIってライスなのかしら？」と言う。DなりにJが日本の食文化に親しむことができるように導いてくれたことが嬉しくて、思わず目頭が熱くなった。

Jは早速庭の小径を上ったり下りたりし始め、開花し始めた花に顔を近づけている。珍しくよそ行きの服を着ていたDは久々に友人とのランチタイムを楽しむようでJをギュッと抱きしめキスをすると出かけていった。

私たち3人に加えて巨大なテディーベア「Herr.Bullette《Mr.ミートボール》」と共にUNOで遊ぶため、架空のコールセンターに電話をかける夫。

「もしもし、UNOを先日注文したのですが、届いていないようで、進捗《しんちょく》状況を教えていた

だけますか？」

私のオンライン授業用のヘッドセットを装着したJが返答する。

「UNOですか？　そのような注文は入っていないようです」

「いえ、確かに先週ペイパルでお支払いしたのですが」

「記録にはないので、この電話で注文しますか？」

「そうですね、ではお願いします」

「30ユーロ＋送料で合計50ユーロになります」

「ずいぶん高額ですね。割引キャンペーンはないですか？」

「残念ながらありません」

「では送料なしでお願いできませんか？」

「送料なしがいいならAmazonに電話して下さい。チューッス！」

あまりにも素っ気ない対応に、今度は私が電話をかけるフリをする。

「もしもし、そちら様の社長さんとお話しさせていただきたいのですが」

「はい、私が社長です」

「そちらにお勤めのJさんについて、電話応対があまり親切ではなかったのですが、いかが思われますか？」

「それは私もよく知っています」

　思わず夫も私も大爆笑。

「Jさんは、最近学校が始まって、スクールバスの時間に間に合うように家を出なくちゃいけなくて、宿題も沢山あって、リコーダーの練習もしなくてはいけなくて、忙しいからストレスが溜まっているんじゃないですか？」

　と自分で自分の擁護をするJ。

「そうでしたか、ではJさんに宜《よろ》しくお伝え下さい。UNOは別のお店で購入します」

　あえて無愛想な電話対応をしつつもその無愛想なテレフォンオペレーターに振り回される私たちを見てクスクスと自分で笑っているイタズラ好きのJが、厳しいリコーダーの授業に辟易《へきえき》しているのは事実で、一音でも間違えると教室の隅に立たされるのだとか。

　夫はJにプロの音楽家になって欲しいなどとは思っておらず、音楽を楽しめる人になって欲しいと願っている。もちろん本人が音楽家になることを望むならその限りではないけれど、リコーダーで一音間違えたっていいじゃないかというのが彼の考えである。

　いつだってUNOは言葉の壁を感じることなくJを楽しませることのできる便利なゲームだった。Jが5歳の時にはルール違反を厭《いと》わず、負けそうになると彼女なりのルールを新設して何が何でも勝とうとしていた。他人の持ち札を堂々と覗き見することは日常茶飯事で、スペシャルなカードの意味を曲解して負けを避けるのだった。しかし、この数年で彼女のUNOの戦略はずいぶんと巧妙になり、ルール厳守でも勝つことが多い。ズルや手加減なしでも連勝するようになると、負けも素直に認めるようになって、私たちも本気で楽しめるようになってきた。

Jの隣にはHerr.Bulletteが腰掛け、私たちのゲームを見守っている。負けそうになるとHerr.Bulletteに抱きついて、泣き言を言いつつも、挽回《ばんかい》のチャンスを虎視《こし》眈々《たんたん》と狙うJの姿に成長を見る。

昼食は初めてKinder《子供》sushi《寿司》に挑戦する。食べず嫌いのJが手巻き寿司を楽しむことができるよう、海苔《のり》の代わりにキシリトールでほんのり甘みをつけた薄焼き卵を用意して茶巾寿司風にしてみる。かつてハローキティの型抜きご飯に海苔でヒゲを描いて号泣された苦い経験により、ヨーロッパの子供たちが黒い物を絶対に食べないことを学んだのだった。

JにはKinder《子供》salat《サラダ》の担当をお願いすると、「じゃあ、山の小人サラダを作る！」と言って、昨日市場で購入したパプリカにズッキーニ、ミニトマト、人参、ラディッシュを好き放題に切り始め、パプリカの先端やズッキーニのヘタをきのこ型の家の屋根に見立て、ズッキーニとラディッシュを器用に切り張りして小人を作っていた。

彼女も好きな玄米をほんの少しだけ柔らかめに炊いて、玄米酢飯と、味付けなしの玄米と二種類をすし桶《おけ》に用意する。具はきゅうりとアボカド、そぼろ肉、ツナマヨネーズ、イクラのみ。海苔は大人用に少しだけ。生の魚を食べさせることが目的ではなく、お寿司らしきものに触れ、未体験のものにチャレンジしてくれたらそれで十分だったので、あえて鮮魚店にも行かなかった。

一緒に料理をする間、JがSiriにリクエストしたのは、義理の甥っ子たちの所属するVon Wegen Lisbethが歌う「Sushi《ズシ》」で、「君が食べたSushiなんか全く見たくないよ♪」と、Facebookやインスタグラムに何でもアップする人々への皮肉をこめたユーモラスな歌詞が聞こえて来る。因みにドイツ語において母音の前のsは／z／と発音するのでスシではなくズシになってしまう。

彼らには「Alexa, gib mir mein Geld zurück!《アレクサ、僕のお金を返してくれよ！》」という曲もあり、社会を痛烈に風刺する彼らの作風はユニークで、ドイツ語での作詞にこだわる理由にも頷《うなず》ける。

Jにとって初めての手巻き寿司体験は、裏庭の針葉樹の木陰にしつらえた古材のテーブルにて。配膳にも積極的に協力してくれるようになったJの存在は本当にありがたく、更にはテーブルの小脇に作った私のお気に入りの陰生植物の小庭を初めて見たJが「とってもきれい！」と言い放ったのは意外だった。好きな色はピンクで、夫も私も苦手なキラキラと光るラインストーンやスパンコールが大好きな彼女が、地味な陰生植物を見て喜ぶとは予想だにしなかった。

山の小人サラダはいつも以上に張り切って、3人分異なるボウルで用意してくれた。通常は調味料なしのところ、今日は珍しく、オリーブオイルに塩こしょう、そして夫の大好きなホワイトバルサミコで和《あ》えてある。どこで覚えたのか、お皿の縁に細かく切った野菜をランダムに飾る技が美しい。まぎれもなく、フルタイムの仕事を抱えながらも家で料理をし、ケーキやお菓子を手作りする母親のDが素晴らしいのだろう。

手巻き寿司の食べ方を一度見せると、Jが「パパに作ってあげる」とやる気満々だったので、今日もカメラを向けてみた。

「皆さん、今日もTV《テーファオ》ショーの時間がやって来ました。今日はSushi《ズシ》を作ります。まず、この海苔を手に取って、そこにご飯を盛り付けます」と酢飯をてんこ盛りにするJ。

「そこに、きゅうりと、ツナマヨネーズをのせて……あぁっ！」ボロボロとこぼれる具を拾いながらなんとか巻いて夫に渡すと、リアクション大きめに「う〜ん、Super! 信じられないくらいおいしい！」と褒める夫。

「ミキの具は何にする？」と私の手巻き寿司を巻き始めた彼女にイクラを所望すると、「魚の卵を食べるなんて信じられない！」と気持ち悪そうにするあたりがやはり子供で日本人の私だけがおかしな食習慣を持っていると思わせないように「パパも大好きだから、イクラのお寿司を作って！」と夫が助け船を出してくれた。

「今度は自分の分を作りなさい」と促されるままに彼女が子供用の薄焼き卵を取り上げると、真ん中に穴の空いた失敗作だった。穴空きの薄焼き卵でお寿司が嫌いになってはいけないと、すかさずきれいな薄焼き卵を渡すと、玄米の酢飯にきゅうりとそぼろをのせて包み、TVショーの撮影中であることも忘れて食べ始める。

「わぁ、卵がおいしい！　あ、でもタンタンの味がいつもと違う。でもおいしい！」と、違いのわかる女であることを自ら証明してくれた。

彼女の大好物のタンタンサラダには、にんにくとネギ、お味噌が入っているのだけれど、お醤油とみりんとココナッツシュガーだけで味付けしたそぼろも好評だった。

初めての手巻き寿司も大成功に終わり、早く遊びたくて一生懸命に片付けを手伝うJがかわいらしい。

午後のアクティヴィティーは、庭造りで余った苗の植え付けで、Jが自分の好きな苗を選び、昨年ドイツのDurchgeblühtから苗を取り寄せて実験をした小さな一角に夫がスコップで穴を掘り、Jと私が苗を植える。私の作業用の手袋をして肥料と腐葉土を混ぜ、苗を丁寧に植え付けるJは真剣そのもの。自発的に選んだ苗だからこそ、責任を持ってきちんと植えようとするのだけれど、一度植えると水遣りなどは全くしなくなるのは自宅でも同じらしく、誕生日に母方のOma《お祖母さん》からプレゼントされた家庭菜園用のレイズドベッドも、タネを蒔《ま》くだけ蒔いて、水遣りは母親のDがするはめになっているらしい。

夕方に近所のお花屋さんがバルコニーのフラワーボックスを配達してくださった。初めて迎えた夏には自分で植え付けをしてみたのだけれど、3つの理由によりプロに依頼することにした。

① 私たちが通常ザルツブルクに長期滞在するのは夏期で、そのころにはバルコニーフラワーは売れ残りの無惨な花しか手に入らない。

② 売れ残りの無惨な花から何とか観賞に堪えるものを購入したとしても、重ねて持ち運ぶことができず、園芸店を何度も往復することになる。

③ 前年のプランターを花後に返却し、4月中に注文すると、近所のお花屋さんが割引価格にしてくださるため自分で植えるよりもむしろ経済的である。

本当はハーブのみ、あるいはグリーンの葉物にわずかに白い花が入るようなフラワーボックスが好みなのだけれど、花期が長く初秋まで楽しめることと、この地域の伝統的なバルコニーフラワーに敬意を払って、白いサフィニアをお願いしていた。

ご主人自ら届けてくださったために、私たちの新しい庭が目に入ってしまい、「この道を通る楽しみが一つ増えたよ」とのことで、彼のお店で苗を求めなかったことを気まずく感じたものの、そもそも取り扱っている花の種類が異なることはご主人が最もよくおわかりであろうと開き直った。

届けられたばかりの花たちにインスパイアされたJは庭の山野草を採取し始めた。「ミキ、これは植えたお花？　それとも野生のお花？」と確認して、自生しているもののみを摘み取り、木の切り株をお花屋さんに見立てて飾ったり、以前の家主が残していったリングケーキ型のドアストッパーを花器に見立てて生けたりしてみる。小手毬を少しだけ切ってあげると、お花屋さんはさらに華やかになり、宿根草に付いていた写真付きの札も木の切り株の隙間に差し込んで、悦に入るJ。

「ミキはお客さんね。じゃ、スタート」と、彼女のかけ声によりお花屋さんごっこのはじまり、はじまり。

「Guten Tag. Willkommen!《こんにちは。いらっしゃいませ！》」

「Guten Tag. Ich suche die Blume für meine Stieftochter J.《こんにちは。継娘のJのためのお花を探しているのですが》」

「Welche Farbe möchten Sie?《何色がいいですか？》」

「J mag Pink und Violett.《Jはピンクか紫が好きなのですが》」

「Dann empfehle ich Ihnen Salvia und Katzenminze.《それならサルビアとキャットミントをおすすめします》」

店頭に並ぶ花から紫のものを取り上げると、雑草の茎できれいに束ねてくれた。

「Die gefallen mir sehr gut! Wie viel kosten diese Blumen?《とても気に入りました！おいくらですか？》」
「Sehr gerne. Das macht 5Euro.《喜んで。5ユーロになります》」
「Darf ich mit Apple Pay bezahlen?《アップルペイでもお支払い可能ですか？》」
「Wenn Sie eine Kundenkarte haben können Sie mit Apple Pay bezahlen.《メンバーズカードをお持ちでしたら、アップルペイでもお支払い可能です》」
すかさずタイル片を持ってきて「はい、これがデジタル決済用の読み取り機」と述べる夫。かくして、私は無事にお花を購入することが叶ったのだった。

Ｊとのやりとりは、彼女が容赦なく早口で話すこと以外はドイツ語の授業そのもので「ｅｍｐｆｅｈｌｅｎ《勧める》」という先週学んだばかりの言葉を理解できたことが嬉しかった。

雨が降り始め、バタバタと片付けをして家の中に入ると、夕食にはチキンライスが食べたいというＪ。

圧力鍋で炊いた玄米のチキンライスの香りがよほど気に入ったのか、キッチンの周りをうろうろして「あぁ、いい香り」と嗅ぎまくっていた。

Ｊと２人だけで夕食を済ませると、夫はＪを送りがてらザルツブルク市内の友人宅へ出かけていった。共通の友人であり、夫と私が出逢うきっかけとなったＥの誕生日に招かれていたからで、コロナ禍による人数制限で夫を含む４人の男性のみが招待された夕べに、私は動画でメッセージのみを送った。

Jと全力で過ごした日は早めに電池が切れる。夕食の後片付けもそこそこに22時には就寝してしまった。

5月24日　いよいよリハビリに

朝から掃除に励み、ひとしきり草むしりをすると、車に一週間分の荷物を積み込んでニーダーエスターライヒ州へ向かった。

夫の肩や手の不調もさることながら私の股関節の痛みも限界に達したため、クレムス・アン・デアドナウ近くの整形外科医Dr.ヌアのもとを訪ね、リハビリに時間を費やすことにしたのだった。

途中アントン・ブルックナーが眠るザンクト・フローリアン修道院に立ち寄り、ブルックナーが実際に弾いていたというヨーロッパでも有数のパイプオルガンを眺めた。大聖堂に足を踏み入れた瞬間に壮麗な寺院に響き渡るパイプオルガンの音が聞こえてきたのはオルガニストが練習をしていたからだった。

後期ロマン派のひとりとして数えられ、ベートーヴェン亡き後の音楽界を担っていたブルックナーは、幼き頃にこのザンクト・フローリアン修道院にて聖歌隊の一員となり、やがてオルガニストとして頭角を現したという。未完成の9番を含めると9つの長大な交響曲を作曲し、その作風はワーグナーの影響を受けつつもカトリック教会への帰属意識が主幹となっているという。

2年程前にグラフネック野外音楽祭にて聴いたウィーンフィルの奏でる交響曲5番にて、まだ日の沈む前から演奏が始まり、第4楽章のコントラバスの重低音が刻むリズムが心地よく響き始めるころにあたりが暗くなり、静謐な時間を芝生に座る聴衆たちと分かち合ったことを覚えている。

そしてそのブルックナーの遺体は、自身の愛したパイプオルガンの真下に埋葬されたとのこと、神に身を捧げ、才能をも捧げた音楽家にとって本望ではなかろうか。

壮麗な修道院を後にすると、1時間ほどで石垣の美しい小さな町が現れ、イタリアの小径を行くように縦横にくねる道を行くうちに森の中の静かな道に繋がり、いつしか城下町ゼンフテンブルクのヌアメディカルセンターへ辿り着いた。

ウィーン州立の総合病院AKHの整形外科に長年勤務した後に、オゾン照射療法の特許で名を馳せた御尊父の跡を継いで、この地に新たな療養型のクリニックを開設したDr.ヌアの治療は大変評判が良く、スポーツ選手や音楽家たちの来訪が絶えないばかりか、古巣のAKHの教授たちも、絶大な信頼を置いている。

コロナ禍による短縮診療中で静かなロビーにてチェックインを済ませ、荷物を解くと、徒歩圏内のゼンフテン城を見上げるレストランNiglを訪れた。ニーダーエスターライヒ州はブルゲンランド州と並ぶワインの生産地で、この度訪れたレストランもワイナリーNiglのオーナーが家族で営むオーベルジュとなっており、ご長男がシェフを務めている。伝統的なディアンドルを身に着けた若い女性と、チロルジャケットを纏った青年が給仕をするこちらのお店にてお願いしたのは、全て前菜の品。レバークヌードルスープは、レバーでこしらえたミートボールの入ったビーフスープで、オーストリア料理の中でも私の大好物に入るメニュー。ビーフタルタルもオーストリア料理には欠かせない品で、フランスで食べるビーフタルタルよりもオーストリアの方がおいしいことに数年前に初めて気付いた際には衝撃だった。メインの代わりに選んだのは、トリッパのサラダだった。

少々離れたお隣に座る老齢のカップルが、「近々結婚することになったのだけれど、15人ほどでパーティーをしたいので予約を取っていただけるかしら？」と尋ねていたことが印象的だった。ヨーロッパでは籍を入れずに事実婚の形を取るカップルが多いのだけれど、長年の事実婚の果てに結婚というよりは、最近出逢って結婚することを決めたという風情で、人生１００年時代においては70歳でこの世の春を謳歌《おうか》することも不可能ではないことを示してくれたのだった。

5月25日　オゾン療法

看護師さんによる問診を受けた際に自分でも驚いたのだけれど、ドイツ語での質問をほぼ全て理解することができた。どこから来たのか、保険適用か、自由診療か、主訴は何か、痛みの10段階評価、普段何か治療をしているか、服薬中かなど、一言一句逃さず聞き取れた訳ではないけれど、自分が長年付き合ってきた身体の不具合の専門分野にて、お互い共通認識があるので、たどたどしくはあったものの、少し前にドイツ語の授業で習った単語や表現を思いつく限り並べて、自分の症状については骨盤の形状を両手で表し、具体的にどの部分に問題があるのか伝えることができた。

体重計に乗ると3kg増えており、体重の増加も股関節の痛みに加担していることを改めて思い知らされた。

10：30からはヌア教授の診察を受けた。生来臼蓋《きゅうがい》骨形成不全による不具合があることを述べると、診察台の上でお決まりの可動域のテストとなった。痛みによって外旋と内旋の双方に制限が出ており、骨の構造と筋拘縮による左右の脚長差は2・5㎝だった。レントゲン写真を見せると、関節裂隙《れつげき》はまだ何とか持ちこたえる範囲であることから、「今は温存療法で大丈夫です。それでも将来痛みに耐えられなくなったら、オーストリアのキアリ医師が発見した骨盤骨切り術や人工関節置換術なども可能ですが、理学療法士による筋膜リリースやオゾン療法やレーザー療法、超音波など、まだまだできることはたくさんあります。何よりもここではリラックスしてください」とのことだった。これまで診ていただいた何人かの整形外科医は「すぐにでも手術をした方がいい」という考え方だったけれど、Dr.ヌアのリハビリとセルフケアで手術なしでも生涯自分の脚で歩くことを目標とする私に寄り添う方針に安心した。

オゾン療法では青白い光線の出るプローブを振り回して身体全体に照射することで、血液循環と免疫力の向上を促すという。ヌアメディカルセンターが国内外で高い評価を得たのがこのオゾン療法で、5分ほどの照射を一日に2回、毎日受けることになる。

このコロナ禍において、同性の患者と2人同時に薄暗い畳3畳ほどの部屋に入り、下着姿で立たされて交互に治療を受けることが気になったものの、オゾンは滅菌にも使われていることから、着用しているマスクの滅菌にも貢献していると思えば怖くはなくなった。青白い光を放つプローブは身体から5㎝ほど離れた距離でクルクルと振り回されており、このトリートメントが何か変化をもたらしている実感はない。オゾン特有の匂いが、ただの電波ではなさそうなことを感じさせてくれるけれど、果たしてこれで良くなるのだろうか？

超音波治療では、ゲルを媒介にプローブを当てて、クルクルと回される。痛みの生じている鼠径部ではなく、大腰筋の起始を中心にじんわりと温かい刺激が伝わり、少し効いているような気になる。

改めてもう一度オゾン療法を受けると今日の治療は終了となった。

ランチはヌアキッチンにて。レバークヌーデルスープとサルティンボッカ。

午後にはゼンフテンベルク城周辺のぶどうの段々畑を歩いた。山の斜面を石垣で補強して耕作されたぶどう畑が果てしなく広がり、曇ったり雨がぱらついたり、突然晴れ間が覗いたり、刻々と変化する空の色と畑のコントラストが美しく、数時間が瞬く間に過ぎた。

ゼンフテンベルク城の遺跡を訪れたのは夕暮れ時で、11世紀に建立されたというレンガ造りの小さなお城の残滓《ざんし》から在りし日の暮らしぶりに思いを馳せる。

夕食もヌアキッチンにて。前菜は海老とアボカド、マンゴーの一皿。キャロットジンジャースープののちにカボチャと全粒粉のパスタ。

5月26日　自分の体を労る

フルーツのみで簡単に朝食を済ませると、8時45分から治療が始まる。

まずは夫と同室でのオゾン療法で、昨日と同じ女性スタッフによるトリートメントが始まる。本当にこのようなもので改善されるのだろうかと疑問に思い、彼女に「ご自身でもオゾン療法をなさいますか？」と尋ねてみると「免疫力の向上で若返るから、私も毎月必ず受けています。私、これでも60歳なんです。でも、あなたは20歳に見えるから必要ありませんね。」「Frau. Nakatani」と欧米人がなかなか覚えられない私の名前を覚えていてくれたことに驚いたけれど、それ以上にせいぜい53〜54歳かと思っていた彼女が60歳であることに驚嘆した。

先代のヌア教授の頃から決して軽いとは言えないプローブを振り回し続けて15年になると言い、10分ごとに新たな患者を迎えても身体の軸がぶれないことにも尊敬の念しかない。

続いて超音波療法の部屋に移ると、昨日と同じ女性スタッフが担当して下さり、肌つやの良さからてっきり私より若いものと思っていたら、なんと50歳で大学を卒業したばかりのお嬢さんがいるという。この仕事を続けて30年になるけれど、毎日仕事に携われることが幸せで、これ以外の仕事は考えられないとも。

心身を酷使する仕事ゆえに何度も辞めることを考え、後悔に苛《さいな》まれたり、モチベーションを失う度に休みを取って持ち直し、「もう少しがんばってみようか」とズルズル続けて来た私とは大違いで、身勝手な己を省みて恥ずかしくなった。

理学療法は男性のセバスチャンが担当となった。まずは40分のマッサージで、マスクと下着のみで施術用ベッドの上に横たわると、驚くほど的確に筋肉の拘縮や筋膜の癒着を見つけられ、「これは酷いね、ちゃんとほぐさないと」と言われてしまった。とりわけ大腰筋と腸骨筋の拘縮が激しく、これらの起始から停止にかけてゆるめる手技を施してくれた。

確かに外出禁止令以来、ドイツ語の勉強と庭仕事、朝昼晩の食事の支度と掃除にかまけて自分の身体をいたわる時間をないがしろにしていた。少し時間のゆとりができると筋トレをしたりもしていたけれど、身体をゆるめる時間は全く足りていなかった。

靴下や靴を履く度に嫌な痛みが走り、車に乗る際にも鼠径部に激痛が走るのも、縮み過ぎた筋肉が悪さをしていたからで、手入れを怠って全身を酷使していたことに身体が悲鳴を上げたのだった。

マッサージで少し身体がゆるんだところで、セバスチャンの指導による50分間の運動療法に入る。

まずは小さなブラックロールを足の裏で転がし、足裏の筋膜をゆるめることから始まり、通常サイズのブラックロールにて腿《もも》の裏側のハムストリングス、腿の側面の外側広筋、腿の前面の大腿直筋、腿の内側の内転筋や縫工筋《ほうこうきん》などを順番にゆるめる。これが何と痛いこと。毎日少しずつゆるめていればこれほどまでに痛みを感じることはないはずなのに、しばらくサボっていた付けが回って来た。

マットの上に仰向けに横たわり、両膝を立て、膝を曲げたまま両脚を左右にゆっくりと動かし、両手も頭の方向に伸ばし、体側から足の付け根にかけてじっくり伸ばすと、ピリピリと癒着していた筋膜が剝《は》がれるような感覚がある。

いずれもシンプルで簡単なエクササイズばかりなのだけれど、真面目に行うと効果ができめんだった。

理学療法の後はレーザートリートメント。眼を保護するためのゴーグルをつけ、10分間うつぶせに寝るだけで、痛くも痒《かゆ》くも温かくもなく、これもまた治療が進んでいるという感覚に乏しいのだけれど、炎症を抑え、痛みの軽減に多大な貢献をするという。

最後に再びオゾン療法を受け、1時間の距離から毎日通っているという年配のご婦人と一緒になった。すでに通い始めて9日目だという彼女は背中の痛みがずいぶんと緩和されたといい、オゾン療法やレーザートリートメントの効果を如実に感じるという。

トリートメントが全て終了したのは11時35分で、慌てて部屋へ戻り、ドイツ語のオンラインレッスンを受講する。

今日の課題は10レッスン分の復習で、空欄のある文章を完成させるというミニテストをひたすら繰り返す。こうして何度も同じ言葉や文法を学ぶ機会があるからこそ、少しずつではあるけれど、ドイツ語を理解することができるようになってきた。自ら文章を組み立てる力はまだまだ不足しており、テンポよく会話することも苦手で、度々言葉に詰まったりもするけれど、40歳でドイツ語を初めて学び始めた際に、脳味噌が拒絶反応を起こして全く言葉が出てこなかったことを思うと、我ながらずいぶんと進歩したように思う。

以前は夫が電話で会話をしていても、誰と何を話しているのか全く想像もつかなかったけれど、今では会話のテーマが理解できるようになったのと同時に、誰と会話をしているのかも推測できるようになったので、夫が報告をしてくれる前に、先のスケジュールを把握していることもある。

アンゲラの指導により3レッスンを終えると、ギリギリ滑り込みセーフでヌアキッチンのランチに間に合った。コロナ禍による短縮営業で13時30分にはシェフがいなくなってしまうため、スタッフの親切なはからいで私の分の食事を残しておいてくれたのだった。

午後はクレムスの街へ繰り出して、評判のよいカフェCAMPUSにてオーツ麦ミルクを用いたカフェラテを楽しみ、クレムスの隣街シュタイン・アン・デア・ドナウの小さな路地を歩いた。石畳の敷き詰められた小路を歩くと、ほぼ全てのお店が休業中もしくは短縮営業により閉まっていた。お隣のデュルンシュタインやバッハウ渓谷を目がけて押し寄せる観光客の視界には入らないであろうこの小さな街は、この地域の人々が気兼ねなく訪れることのできるエリアで、12〜13世紀の古い建物も残存している。

閑散としてゴーストタウンと化した街をぶらぶらと歩くうちに日が暮れたのでヌアメディカルセンターへ戻り、ヌアキッチンにて夕食を摂った。

ビーフスープ、サラダ、豚肉のソテー。

5月27日　今日もオゾン療法

8：45より夫とともにオゾン療法。その後に超音波と続いた。超音波治療をしてくれたのは昨日と同じ女性で、シュタインに出かけたことを話すと、「それならデュルンシュタインに行かなくちゃ。とても美しい街だけれど、今は観光客がいないから」と勧めてくれた。

理学療法はセバスチャンの粋な計らいにより、運動療法をスキップして、1時間30分かけて筋膜リリースを徹底的に行うことになった。

「ファッシア・ディストーション・モデル」略して「FDM」というアメリカの医師が開発した手技療法では、組織にゆがみや癒着《ゆちゃく》が生じた箇所に親指を当て、ゆっくりと押し込みつつも、その親指で組織を引っ張るように動かすことで、正常な機能を取り戻す。

臀部《でんぶ》から膝にかけて、また膝から内腿の付け根にかけて、あるいは大腰筋の起始から停止にかけてなど、少しずつ癒着した組織をほぐしていくのだけれど、痛みで全身に力が入り肩こりが悪化しそうなほどだった。

治療のため下着の中に手を入れなくてはならない場面では、FDMの手技を図解した本をその都度見せてくれて、何をゴールとしてどうしなければならないかインフォームドコンセントがなされたことで、安心してゆだねることができた。

不思議なことに、このＦＤＭの手技によって筋膜の癒着がゆるむと、股関節の可動域が広がり、痛みが軽く感じられるため、奥歯をくいしばり、顔をしわくちゃにしても何とか耐えられるのだ。

一日の治療の仕上げは今日もオゾン療法。見知らぬ他人と一緒に薄暗く狭い部屋で下着姿をさらし、トイレ用のラバーカップの先端が剣山になったような形状のプローブを振り回される間、空港での身体チェックのように両手を広げて立たされ、「Umdrehen bitte《くるりと向きを変えて下さい》」という言葉で後ろを向いて、同じように両手を広げて立ったまま施術を受けることがおかしくて、吹き出しそうになるのを必死でこらえた。

ドイツ語のオンラインレッスンは愉快なクラウディアが担当で、旧東ドイツ人と旧西ドイツ人との間で未だに隔たりがあることについて話した。彼女は旧東ドイツのライプツィヒ出身である。バイエルン州をはじめとする旧西ドイツ側では自動車産業や製薬会社などが盛んで経済的に豊かな一方で、ドレスデンやドルトムントなど旧東ドイツ側は未だに貧しく、ものの考え方もアメリカの影響を受けた西側と、旧ソビエト連邦の影響を受けた東側では大きく異なるとのこと、東側の人間をＯｓｓｉｓ《オシス》、西側の人間をＷｅｓｓｉｓ《ヴェシス》といい、「あの人はＯｓｓｉｓだから」とか「Ｗｅｓｓｉｓなのに」などと揶揄《やゆ》することもあるのだとか。

因みに夫は東ドイツ側にベルリンの壁によって囲われ、陸の孤島として存在していた西ベルリンで生まれた旧西ドイツ人で、毎年夏に海水浴をする度に、ベルリン籍のパスポートを携帯し、国境で出国手続きをしなければならなかった苦い記憶から、不自由の象徴であったベルリンで暮らすことを拒み、修士課程ではニューヨークのジュリアードに留学し、カラヤンアカデミーでの研修後、初めて定職を得たのはスイス・ロマンド管弦楽団、そして次に移動したのはミュンヘン管弦楽団、現在はウィーン国立歌劇場管弦楽団とウィーンフィルハーモニー管弦楽団を兼任しており、将来もベルリンに戻るつもりはないらしい。

芸術振興が盛んでありながら家賃はヨーロッパの他都市と比較してリーズナブルなことから、今や世界中からアーティストたちが移住を望むベルリンは、多様性を許容し、古き文化を大切にしつつも革新を厭わない素敵な街だと思うのだけれど、生まれた時から20代半ばまで壁に囲われた中で暮らす窮屈さは、体験した者にしかわからない。

ライプツィヒも、旧東ドイツ地区では島と呼ばれており、学費や生活費が安価なことからドイツ国内からはもとよりEU諸国からも多くの学生が集まり、開かれた社会となっているという。

東側で台頭する極右政党のＡｆＤもライプツィヒでは支持率が低く、環境保護を旨とする緑の党が若者たちに支持されているらしい。

クラウディアには東ドイツ出身者特有の生真面目さというか、頑固さといったものが感じられず、むしろラテン系のように明るく屈託がない。ベルリンの壁が崩壊し東西ドイツが統一化された折に6歳だったという彼女は、旧ソビエト連邦式の学校教育を受けておらず、監視社会の窮屈さも経験していないからなのだろう。

夫はロードバイクでドナウ川周辺を行き、私は部屋でこの日記を書いて過ごす。

夕食に夫が連れ出してくれたのは、壮麗な元修道院を改装して営むレストランＳｃｈｌｏｓｓｋüｃｈｅ Ｗａｌｐｅｒｓｄｏｒｆ Ｂｌａｕｅｎｓｔｅｉｎだった。「お城のキッチン」という冠がつくにもかかわらず、そこはあくまでも修道女たちの調理場だったようで、戒律を厳格に守って暮らしていたシスターたちが高齢で次々に亡くなり、生花店Ｌｅｄｅｒｌｅｉｔｎｅｒのオーナーが買い取った一角をこちらのレストランが借りているのだとか。

禁欲的で厳格というよりは、どなたかの家の勝手口に通されて、炊事場の簡素なテーブルで最もおいしいまかない食をいただくような感覚とでも言えるだろうか。江戸時代に高貴なお方が見向きもせずゴミとして捨てられたというマグロの大トロとネギで庶民がねぎま鍋を堪能していたような感覚で密かな食事を楽しむことのできるこちらは、通常ならば２ヶ月先まで予約で埋まっているはずなのに、今宵《こよい》は私たちを含む6組のみが間隔を広く空けて着席していた。

前菜の鱒《ます》のお刺身にはグリーンアスパラガスとホワイトアスパラガス、そしてラディッシュが添えられ、あっさりとしたバジルのペーストとスプラウトで和えてある。何でもないことのようで塩加減、油の回し方が絶妙だからこその喉元をスッと通り過ぎる味に、一皿目にしてシャッポを脱いだ。

スープ皿にはイワナのお刺身とスプラウトが盛り付けられ、そこに店主が手ずから魚のスープを注いでくれる。サフランがほんのり香るいわゆる南仏のスープドポワソンなのだけれど、ルイユソースが加わるフランスのものより繊細でのど越しが大変よろしい。

旬のイチゴを用いたサラダには、サクラクレスと言われる紫色のスプラウトがほんの少しだけ飾られており、舌の奥の方で味わうとほのかにシソのような香りがしておいしかった。

メインは仔牛のソテーで、これもまたハーブ遣いとスプラウト遣いの巧みさによって完食しても身体が軽いままだった。

夫が糖質制限の掟《おきて》を破って食べるデザートのイチゴのヨーグルトムースがあまりにおいしそうで、羨ましかった。

5月28日「人間の尊厳は不可侵である」

今日もオゾン療法にて一日が始まり、超音波へと続く。

理学療法は、先に運動療法を行い、体側や腸腰筋を伸ばすストレッチを様々。股関節周辺の筋肉をストレッチしようと試みるも、そもそもの可動域が狭くて伸ばすべき箇所が伸びないことが悩みのタネだった。痛みをこらえてストレッチをすること50分。ご褒美のマッサージタイムで睡魔が襲ってきて、トリガーポイントを確認するために「ここ？痛いよね？」と何度も質問するセバスチャンに返答することが億劫だった。

レーザー照射、オゾンで締めくくると、急ぎドイツ語のレッスンへ。

クラウディアとは毎日会話をしても話題が尽きない。旅の経験が豊富で、インドを1ヶ月旅行したこともあることから、彼《か》の地での空前絶後の体験を共有できることもありがたく、笑いが絶えないのだ。

ドイツ語と英語、スペイン語にポルトガル語を操る彼女はアフリカ学を専攻したそうで、アフリカの文化や政治経済を学んだという。旧ポルトガル領のモザンビークにて数ヶ月間フィールドワークを試みたこともあり、他では得られない体験をしたことは想像に難くない。

インフラが整っておらず、水も電気もない村は当たり前、病院ですら十分な水が得られないことも少なくはないながら、現地の人々には尊厳が備わっているという。

いつも冗談をいってケラケラと笑っている彼女が教えてくれたフレーズが心にズシリと響いた。

「Die Würde des Menschen ist unantastbar.《人間の尊厳は不可侵である》」

これはドイツの基本法つまりは憲法にも含まれるフレーズであり、ナチスによるユダヤ人やロマの大量虐殺が行われた国だからこそその重みがある。そして、たとえ生活水準が低く、教育の行き届かない国においても人を大切にしてきたクラウディアの信念そのものなのだろう。

このような美しい言葉を授けた後に照れ隠しのためか「アフリカ学なんて学んじゃった割に、実際にはただキリンが好きなだけなんだけどね！」と笑い飛ばしていた。

午後は観光客の足が途絶えたデュルンシュタインの街を歩いた。通常ならば人いきれでクタクタに疲れたであろう小路を歩くのも、クルーズボートが航行しないドナウ川沿岸の遊歩道を歩くのも贅沢なひとときだった。

昨夜観たＯＲＦのドキュメンタリー番組では、中国からの観光客が消えたハルシュタットの街を扱っていた。コロナ以前にはハルシュタットなどの景勝地では一日に1万人の中国人観光客が訪れ、市民が歩く隙間《すきま》もなくなったことや、インスタグラムに掲載する写真を撮るために民家に無断で立ち入ったり、窓やドアを勝手に開閉して写真に写り込ませたりと傍若無人な振る舞いを見せたことで、苦情が噴出していたという。

一週間でヨーロッパの周辺5カ国を巡るパッケージツアーでは、大型バスで大挙して訪れる観光客がどこの国を旅しているのか理解していないことすらあるほどで、わずか数時間の滞在では旅行会社が経営するレストランでの食事をするのみでさほど地域の収入には貢献せず、疎ましい存在として語られていた。

それでも、国境封鎖により彼らの姿が街から消えると、困窮する商店主もたくさんおり、たとえひとりあたりの消費額が少なかったとしても、いかに彼らの来訪に依存していたかに気付くことになる。

「やっと静かになって数年ぶりに自宅のテラスでお茶を飲めるようになった」と安堵《あんど》するご夫妻もいれば、「早くコロナが終息してまた中国からの観光客が来られるようになってほしい」と切実に願う人もあり、コロナ施策に対する意見の違いが人々の間に分断を生じさせたように、観光地での中国人観光客に対する考え方もまた地域の人々の間に分断をもたらしている。

デュルンシュタインの街も恐らくそうした矛盾を抱える街で、丘陵地のぶどう畑と古い街並み、デュルンシュタイン城の遺跡や修道院などが静けさを保つのは私にとってはありがたかったけれど、地域の人々の胸中は複雑であろう。

夜はまだ明るいうちからランゲンロイスの街へ向かい、オーストリアを代表するワイナリーのひとつブルンデルマイヤー傘下のレストラン「Heurigenhof Bründlmayer」を訪れ、ワイナリーのジェネラルマネージャー、アンドレアス・ヴィッコフさんにお目にかかることになった。

ブルンデルマイヤーはオーガニック先進国オーストリアにおいて、早くからルドルフ・シュタイナーの提唱したバイオダイナミック農法を取り入れたビオワインの代表格で、オーストリアオリジナルの品種であるグリューナー・フェルトリーナといった白ワインが大変好評である上、ツワイゲルトやブラウ・フランキッシュ、サン・ローランといったこれらもまたオーストリアオリジナルのぶどうから造られる赤ワインが愛好家たちから親しまれている。

若かりし頃のように量を飲めなくなったこの頃では、特別なオケージョンを除くとお酒を飲むことも少なくなってしまったのだけれど、レストランにておいしい食事をいただく際に少しだけワインを楽しむこともあり、ザルツブルクのフシュル湖に面したレストランBrunnwirtにて初めてこちらブルンデルマイヤーのピノ・ノワールを口にした際に、その芳醇な香りと虚飾のない味、心地よいのど越しに魅了されたのだった。

以前パリとの往復を繰り返していた折にはワインはフランス産が一番だと思っていたものの、オーストリアに滞在するようになり、シュロス・ゴーベルスバーグにアントン・バウワー、アートナーなどに加えてこちらブルンデルマイヤーのワインを時折いただくうちに、オーストリアワインの隠れたおいしさと、コストパフォーマンスの高さに気付いてしまい、より多くの方に知られてしまったら、価格が上昇してしまうのではないかと心配している。

ヴィッコフさんがおっしゃるに、1980年代にワインの製造過程において、甘さを出す目的で本来は用いられるべきではないジエチレングリコールを用いたワイナリーがあったため、オーストリアワインは世界の市場において著しく評判を落としてしまったらしい。それゆえにブルンデルマイヤーは早くから農薬や化学肥料を使用しないオーガニック農法、とりわけバイオダイナミック農法に舵《かじ》を切り、名誉挽回に努めたという。

機械によるぶどうの収穫やルーマニアやウクライナなどからの短期労働者による収穫を行わず、自社の社員による手摘みにより、品質の良いぶどうのみを選別し丁寧に醸造するからには毎年の生産量に限りがある。ぶどうの生産から醸造、ボトリングまで全ての工程を自社で行うこちらは、フランスのシャンパーニュ地方におけるレコルタン・マニピュランのようなものだと言える。

ヴィッコフさんご自身はシュタイアーマーク州で育ち、クロイスターノイブルクの修道院に併設されている醸造学校に学び、さらにはロンドンにてワインの醸造に加えて、経営やマーケティングなどを多角的に学んだと言い、「ワインプロフェッサー」との呼び名で知られるブルンデルマイヤーのオーナー、ウィリアム・ブルンデルマイヤー氏よりワイン造りから経営までを一任されているという。

さて、私のような無粋な人間には、おいしくないワインとおいしいワインの違いくらいは理解できるものの、おいしいワインとおいしいワインの微妙な違いが理解できなかったりもするのだけれど、2015年のピノ・ノワールがおいしかったので、次に2016年の同じピノ・ノワールを試飲してみると、2015年のものと比較して酸味が強く、少々取っつきにくい印象があったので、オーガニックゆえに味が異なるものなのか、単純に気候の違いなのかヴィッコフさんに尋ねてみると、「ワインは音楽やアートと同じように、人それぞれ受け取り方が異なるものです。モーツァルトが好きな人もいるけれど、もっと実験的な音楽が好きな人もいるように、ワインにも多くの人に愛されるものと、一部の愛好家にようやく理解されるものがあります。2015年は日照もよく、ふくよかなワインとなりました。一方2016年は雨が多く日照時間は少なかったのですが、批評家たちからは2015年よりもむしろ高い評価を得ることができました」とのことだった。私が難しいと感じた2016年のワインはクラシック音楽で述べるならアーノルト・シェーンベルクやアルバン・ベルク、ベラ・バルトークのように聴衆を選ぶ音楽に喩えられ、2015年のワインはベートーヴェンの第九のように万人に愛されるものだと言える。

アートもゴッホやモネのような比較的誰が鑑賞しても楽しめる作品もあれば、ヨーゼフ・ヴォイスや李禹煥《リウーファン》さんのような挑発的かつ実験的な作品もある。

ベートーヴェンのみならず、シェーンベルクやバルトークの調性を排した音楽も楽しみたいと思うし、モネの「睡蓮」も、李禹煥さんの作品も好きなのだけれど、ワインに関しての感性は幸か不幸かまだまだ未熟だったようだ。

中国ではお茶で身上を潰すというし、日本でも茶道と香道で身代を潰すというけれど、ワインもまたしかりで、夫の知人のワインディーラーは売れるワインよりも自分の目利きで通好みのワインを抱え、コレクター魂が災いして良質なワインほど売らずに大切にセラーに保管していたがために、倒産の憂き目に遭ったという。

したがって、2015年や2017年の親しみやすいワインで、しかもせいぜい1〜2杯で満足できることはむしろ幸いだと思うことにしている。

それにしても、Heurigenhof Bründlmayerのお料理の繊細さと斬新さには驚かされ、新たなお皿が供される度に感嘆のため息が漏れた。こちらはブルンデルマイヤーが直接経営している訳ではなく「ワイナリー運営に真剣に取り組むと、レストラン経営まではとても手が回らない」という考え方から、シーフーバーさんご夫妻がブルンデルマイヤーの所有する建物を借りてレストランを営む形を取っているという。

ドイツ語でゼクトと言われるスパークリングワインを味わいながらいただいたのは自家製のグレープシードパンとトリュフを散らした自家製のレバーパテ、そして鱒のスモークに自家製ベーコン。

続いてリンゴのピクルスとカブのソテーが添えられたイワナのお刺身に合わせて白ワインのグリューナー・フェルトリーナが注がれた。リンゴのピクルスの絶妙な甘みと酸味がイワナのお刺身に冷涼感をもたらす。

グリーンピースと発酵したバターミルクの冷製スープは人生の幸せのピークに達したかのような多幸感を得た。

茹でたグリーンピースと微細に刻まれたグリーンピースのサヤ、そして、甘酸っぱいバターミルクのシャーベットが器に盛り付けられ、若きソムリエによって冷たいグリーンピースのスープが注がれた。牛乳にアレルギー反応を起こす私たちも、ヨーグルトや発酵バター、チーズなどの発酵食品は許されているので、初めていただく発酵バターミルクのシャーベットに胸が高鳴った。「シャキシャキ」、「シャリシャリ」、「ふわふわ」、「とろとろ」と食感のそれぞれ異なる食材が口の中で見事なハーモニーを奏で、忘れ難き記憶を舌に残す。

同じリースリングのワインでも古木か、新しいぶどうの木かによって味わいは全く異なる。ザルトの鉛不使用のクリスタルグラスもまたワインをおいしく味わい、食事の味を引き立てることに一役買っているようで、軽くて口当たりのよいワイングラスは、ぶどうの種類によって舌にワインが落ちる部位を緻密《ちみつ》に計算して傾斜が付けられているのだという。

わずか28歳の若さでシェフを務めるマルコ・ガングルさんは22歳で入店した当初は車の修理工になろうと考えていたものの、いつのまにか料理の世界に目覚め、調理場でメインの付け合わせを担当するようになると誰しもがその才能の開花に驚かされ、いつしか前任シェフの退任にともなってシェフに昇格することをオーナーから命じられたという。

ベジタリアンのガールフレンドの影響により、野菜料理を得意としており、この度もパプリカのペーストが敷かれたお皿にグリルしたズッキーニの皮のカップをのせ、マリネしたキヌアとスライスしたズッキーニを飾るという巧みな技を披露してくれた。

それでいて彼のお料理は押しつけがましいところが微塵《みじん》もなく、ワインの味が増幅するように物語が組み立てられており、手柄を独り占めすることなくペアリングを担当した若きソムリエに賞賛を贈ることを惜しまない。

メインの鱒には根セロリのピュレとグレープシードオイルで和えたサラダが添えられ、腹九分ほどの満腹になる手前でありながら、この上なき充足感を得ることができた。

上昇志向に囚《とら》われた28歳ならばこれでもかと技を見せつけるであろうところ、エルダーフラワーやリンゴなどの甘みや酸味、チャイブの花やセルフィーユやディルなどのハーブをさり気なく用いてあくまでも素材の味を引き出す繊細さに感激した。

苦手だった2016年のワインもピノ・ノワール種にサン・ローラン種、そしてツワイゲルト種とブリアサヴァラン、ブルソー、エポワスといった3種のチーズに合わせて、一口ずつ試飲させていただくと、常温で見事にトロトロの「ビヤンフェ」状態となった濃厚なチーズと相まって、酸味よりも甘みを感じられるようになり、ワインの奥深い扉から少しだけ光が漏れて来たような、そんな感覚を覚えた。

5月29日　見かけで判断してはいけません

朝からオゾン療法、超音波療法、そしてレーザー療法を受けた後、Dr.ヌアの再診を受ける。思えばこちらを訪れた日曜日には激痛にさいなまれながらも我慢して歩いていたはずが、いつのまにか靴下や靴を難なく履くことができるようになり、車に乗る際にも痛みを感じることがなくなっていた。股関節周辺をストレッチする際にある角度においては痛みが生じることがあるものの、老人のようだった可動域もずいぶんと拡張されたように思う。

「痛みが軽減したことは私たちにとって何よりも嬉しいことです。ストレッチと筋力の維持が大切なので、セルフケアを怠らないようにしましょう」

恐らくコロナ禍によるロックダウンにより多くの損害を被ったであろうDr.ヌアは、患者の回復を何よりも喜びとし、その姿勢に賛同したスタッフたちもまた大変高い意識で治療に取り組んでいることが窺《うかが》える。

セバスチャンの理学療法では今日も運動療法をスキップしてFDMの手技をじっくり時間をかけて施術してくれた。

彼もまた庭仕事をするそうで、「ガールフレンドに言われるがままに、あそこ、次はここって穴を掘って、レモンとかオリーブとか、トマトとか食べられるものを植えるだけだけどね」とのことで、雑草も蜜蜂のために極力抜かないようにしているのだとか。

「明日は土曜日で僕の同僚が担当するから引き継ぎをしておくね」と言って、笑顔で恐ろしい痛みを伴う悪魔のような手技を施す彼には本当に助けられた。痛みで身体をよじり、顔をしかめっ面にしながらも、終わった後には必ず身体が楽になるのだった。

オゾン療法までに時間があったため、この日記をしたためていたらうっかり時が過ぎるのを忘れて5分ほど遅刻してしまった。ところがいつも歩行器で院内を歩いていた全身にタトゥーを刻んだ女性が「まだ大丈夫、男性たちの治療が終わっていないから」と更衣室の外で待っていた。彼女は歩行器のために行動に不自由を抱えており、私が先にドアを開けることを待っていたのだった。

「怪我《けが》ですか？」

「ううん、癌なの。骨肉腫」

大腿部から膝にかけての癌だそうで、ヌアメディカルセンターには昨年12月に来て以来2度目の滞在だという。

「かなり痛みます？」

「そうね、むくみと痛みがね。でも癌はおとなしくなっているの」

「それでオゾンを？」

「そう、オゾンは癌にもいいらしいから」

2人で着衣を脱ぎ、下着姿になったところで治療室のドアが内側から開いて、いつものマダムがニコニコと笑顔を覗かせていた。

タトゥーの彼女が先に治療を始めると、手すりにつかまり、立っていることが辛そうだった。恐らく私よりも10歳ほど若いのだけれど、病を受け入れ共存しようとする姿勢が彼女を大人びて見せる。いつもなら交代で2度ずつ行う治療も、彼女が5分間続けて受けると先に退出して行った。しかし、私が治療を終えて更衣室へ戻ると、先に出たはずの彼女が「解錠してしまうとあなたのバッグが心配だったから」と言って待っていてくれた。

この国の若者たちはカフェやレストランの給仕係ですら全身にタトゥーを刻んでいることが珍しくないのだけれど、そうした人々の礼儀正しさや、環境に対する配慮に驚かされることが何度もあり、人は見かけで判断してはいけないのだということを改めて思い知らされる。

必要以上の憐憫《れんびん》の情を見せることはむしろ残酷なような気がして、あくまでも軽いインフルエンザにでも罹《かか》った患者に対するのと同じように「Gute Besserung.《お大事に》」と言うよりほかなかった。

夕方には雨雲の垂れこめるバッハハウ渓谷へドライブに行った。この地域の急な傾斜地を耕作して植えられたぶどう畑の芸術的な美しさと、それを映し出すドナウ川の雄大さは、私たちの暮らすザルツブルクにおけるアルプスの自然とはまた異なる味わいがある。人間が身体の限りを尽くして自然と向き合い、思い通りにはならない天候やぶどうの生長と駆け引きをしてきた歴史に思いを馳せると、自分たちの庭仕事の苦労が思い出されて、深い感慨に耽《ふけ》るのだった。

昨晩は結局ヴィッコフさんにご馳走になってしまったので、申し訳なく思えた私たちは再びＨｅｕｒｉｇｅｎｈｏｆ Ｂｒüｎｄｌｍａｙｅｒを訪れ、夢のようなひとときを過ごした。今日はクラッシュしたアーモンドの添えられたホワイトアスパラガスのソテーに始まり、グリーンピースの冷製スープをもう一度お願いし、冷製スープとのコントラストで温かいトマトのクリームスープが供され、最後に豚肩ロースのローストとグリーンアスパラガスをオリジナルのグレイビーソースと共にいただいた。

近年糖質制限に加えてアレルギーで食べられない食品も増えてしまったため、美食を避けるようになり、お相手のある会食も気を遣わせてしまうことが心苦しくて控えるようになっていたのだったけれど、こちらではそうした個々の体調にも配慮をしてくださるお陰で、安心して食事を楽しむことが叶い、「私たちは若い才能を信じている」とおっしゃっていたレストランのオーナーご夫妻のご慧眼《けいがん》に感服するばかりだった。

5月30日　北風と太陽

朝からオゾン療法を2回にわたり受け、初めて感電する。

ただトイレ用の吸引ラバーのようなものを振り回すだけの仕事と侮《あなど》ってはならないのは、絶妙なバランスとタイミングで決して患者にプローブが触れないようにあの60歳の女性がとり計らってくださっていたのだった。奇《く》しくも2度の施術で異なる女性が担当してくださり、「手を横に広げて下さい」との指示に従って、手を伸ばす度に、2度までもズーッと嫌な音を立てて私の指先が感電したのだった。

とは言え先代教授の往時にはより高い効果を求めてあえてプローブが身体に接することを望む患者さんも大勢いらしたそうで、ピリッと痛みが走るだけで全く問題はないのだとか。

午後にはコロナの影響で2チームに分かれていた理学療法士のチームBから心根の優しい女性が担当してくださった。

セバスチャンとは異なるアプローチながら、鼠径部の拘縮を緩めることで私の左右の脚長差が2・5㎝ほどだったのが、1・5㎝まで縮んだのだった。

セバスチャンが北風ならこちらの女性理学療法士は太陽であろうか。私の股関節は北風にも太陽にも白旗を揚げ、この一週間でずいぶんとおとなしくなってくれた。

荷物をまとめ、チェックアウトを済ませると、ブルンデルマイヤーのヴィッコフさんおすすめのレストランSchwartzにて早めの夕食を摂った。

昔ながらの田舎のレストランで、お店に足を踏み入れるなり、まるで西部劇のようにトランプゲームに興じていた常連客が頭のてっぺんからつま先までなめ回すように品定めし、「よそ者風情が何の用だ」と言わんばかりの眼差しを送ってくるようなお店なのだけれど、オーストリア屈指の伝統料理店で、何をいただいてもおいしかった。

レバークヌーデルスープも、ターフェルシュピッツのズルツエも当たり前でシンプルなお料理だからこそ、お店のレベルが表れる。仔牛の脳味噌のシュニッツェルと豚の血液入りのソーセージのシュニッツェルの二種盛りはいずれもサクサクの衣の中に、ねっとりとしたゼラチン質の仔牛の脳味噌と、旨《うま》みたっぷりの血のソーセージが包まれ、あまりのおいしさにペロリと平らげた。夫の頼んだグルスティという一品は、血のソーセージとホワイトアスパラガス、そしてジャガイモを一緒に料理したもので、糖質の高いジャガイモを避けて一口だけいただくと、止まらなくなり、ついには避けていたジャガイモ部分まで食べてしまった。

久々に糖質の高いジャガイモを口にしたお陰で急上昇した食後血糖値は膵臓が過剰に放出

するインシュリンの暴走によって急激に下がり、ザルツブルクへ向かう車中では睡魔に抗《あらが》いきれず、船を漕《こ》ぐばかりだった。

5月31日　44歳のお花娘

夫は午前中を山歩きに費やし、私は一週間の不在の間に勢いを増した雑草を抜く。

昼食はキャベツとカリフラワーのアーリオオーリオパスタにからすみを散らして食べた。

午後にはＯｍａ《お祖母さん》に連れられてＪがやってきた。Ｏｍａにも新しくなった庭を自慢して歩き、先週彼女が植え付けた宿根草も「Das ist mein Garten!《これは私の庭！》」と悦に入っていた。裏庭へＯｍａを誘うと、木陰の陰生植物を指差して「Das ist Mikis schöner Garten!《これはミキの美しい庭！》」と、まるで事情通のように説明する。

Ｏｍａが来てくれたことがよほど嬉しかったのか、次はここ、その次はあそこと見せて回るＪは、自分の部屋の番になると一足先に駆け出し、母親のＤが来たときと同じように、巨大テディーベアの陰に隠れてＯｍａを驚かそうとする。

今日はＤと一緒に生地からピザを作ったそうで、彼女が真剣にピザ生地を延ばす姿が目に浮かぶ。フルタイムの仕事を持つシングルマザーでありながら食事やお菓子を手作りするＤの努力たるやいかほどだろう。

Ｊが雨や雪に濡れて、私たちの家で着替えさせると、その次に会う際には、洗濯済みの洋服がとても丁寧にきっちりと畳まれて戻ってくるし、約束の時間には5分と遅れることがない。その上ピザも生地から作れば、ケーキやクッキーも全て手作りするのだから、Jは母親にとても恵まれたと思う。私がDと同じ立場だったらきっと家事が回らなくなって育児ノイローゼになっていたのではないだろうか。

Omaが帰りがけに「J、お行儀よく振る舞いなさい。Omaの家では何をしても許されるけれど、パパとミキの家ではちゃんとするのよ」と言い残していった。

この数年、私たちとDとの間で、Jが「ありがとう」と「ごめんなさい」を恥ずかしがらずに言えるように、そして片付けをするように導くことが課題だった。厳しい母親のD、Jを甘やかしすぎるOma、そしてその中間の私たちとの間で教育方針を巡って懸念事項がいくつかあったのだけれど、Jも小学生になってからずいぶんと成長して「ありがとう」を言えるようになったし、私たちの限界を試すことがあったとしても、はっきりと「Nein!」と立場を示すことで、許されることとそうでないことの境目を理解できるようになってきた。

さて、本日もまた庭仕事を兼ねてお花屋さんごっこをする。

夫が穴を掘り、私がお花屋さんに買い物に出かけて苗を購入すると、店主のJが夫の掘った穴まで配達をしてくれるという仕組みで、いつのまにか私がお客さんと従業員の2役を演じさせられる羽目になり、「Meine Kundin《私のお客さん》」と「Blumenmädchen《お花娘》」の二つの呼称で交互に呼ばれる。

44歳にもなって、お花娘もどうかと思うのだけれど、彼女も私を娘と呼ぶことがおかしなことだと気付いていてわざと面白おかしくしているようで、こちらも彼女の企みに乗ってみると、なんだか演技のエチュードをしているような懐かしい感覚になりつつ、彼女の鶴の一声によって、お客さんとお花娘を演じわけ、お店を訪れて注文をするなり、自ら野草を摘みに庭を歩き、摘んだお花をJに渡すと彼女が花束を作って売ってくれるというシークエンスを繰り返すのだった。

オーストリアの子供達は自宅でゲームやお人形遊びに費やす時間よりも、自然と触れ合う時間が圧倒的に多い。ウィーンのような都会ですら、自転車で10分も走ればドナウ川の支流に辿り着き、夏は泳ぐこともできれば、さらにほんの少しだけ足を延ばして森を散策することもできる。

Jも雨の日には人並みにバービーやプレイモービルで遊んだりもするけれど、快晴の日はもちろん少々の小雨くらいでは草原を歩いたり、山を登ったり、滝を見に行ったり、マウンテンバイクで森の中を駆け巡ったり、湖でサップボードに乗ったり、今日のように庭で遊んだりと、自然と戯れることを楽しむ。

山歩きをしながら、自然の中で遭遇する動物をモチーフに「パパの家の庭には野生のリスが2匹住んでいます。一匹のリスは毎日2つずつ木の実を食べますが、もう一匹は毎日3つずつ木の実を食べます。2匹合わせて、一週間でいくつの木の実が必要でしょうか？」といった算数の文章問題にJが解答したり、逆に彼女が出題して私たちが解答することもまた楽しい。

子供がうんち好きなのも万国共通で、「パパの家の屋根裏にはテンが住んでいますね。テンが毎日2回うんちをしたら1ヶ月で何回うんちをすることになるでしょうか？」と、害獣であるにもかかわらず、保護種になっているために退治することも叶わず、夜な夜な家の断熱材をかじる騒音と、発情期に発する臭いが夫の悩みのタネであるテンをモチーフにしたJの出題に、笑わされたりしている。

お花屋さんごっこで庭の斜面を何度も往復することになり、せっかくヌアメディカルセンターでゆるんだ股関節が痛みの信号を出し始めた頃、都合よく雨がぱらつき始め、Jの生花店は店仕舞いとなった。

室内に移動すると、私が本を執筆中だと知ったJが「私も本を書く！」と言うので新しいノートを一冊渡し、彼女がいつでも書き込めるようにした。「Meine Reise nach Japan《私の日本旅行記》」とタイトルを付けるので夫が「ギリシャじゃなくていいの？」と尋ねると、

「ギリシャは行ったことがないけど、日本のことはミキから時々聞いているから、想像がつくでしょう」と言って、リサとリナという架空の女の子2人が日本へ旅をするという絵本を描き始めた。私も富士山の切り絵を作って協力したり、いろいろ質問をしてみたのだけれど、自分の作業に集中したいJに、「ミキも自分の本を書いたら？」と厄介払いされてしまった。

私も自分のノートを広げて、かわいらしい洋服にハイヒールを履いたJと、下着姿に上半身裸で蝶《ちょう》ネクタイを締め、ロードバイク用の靴を履いてヴィオラを弾く夫を描くと彼女がケラケラと笑い転げ、「ミキの絵には着物を着せて！」とのご要望を賜った。

ついでに折り紙で鶴やピアノ、かぶとなどを折るとJも折り紙を始めたものの、順番通りに折るのが嫌いな彼女は自己流で形成して似たような物を作る。基礎をコツコツと学ぶような退屈なことが苦手で、すぐに自己流の応用から入りたがるのは私と同じで、運指を先生の指導通りに弾くのが嫌で私がピアノを早々に放り出したように、彼女も親指と人差し指以外の指を使いたがらず、かつてピアノ教師であった義母が忍耐強く教えても、その通りには絶対に弾かないものだからいつまでたっても上達しないのだった。

その反面、何でも自発的に考えて行動するので、いわゆる指示待ち人間とはほど遠く、失敗をしたり、多少遠回りをしたとしても、自分の人生を自ら切り拓いていってくれるだろうと期待している。

夕方になり、夫が練習するヴィオラの音を聴きながら夕食の支度を始める。Ｊの仕事はサラダとデザート用のフルーツの用意で、いつもと同じようにパプリカにきゅうり、トマト、ラディッシュを切る。

私はＪのリクエストに従って、メンチカツ用のタマネギを彼女の隣で切ろうとすると、「えぇ？　タマネギを切るの？　大丈夫？　まずはお水を飲んで！」と、なぜかお水を渡され、さらには「水泳用のゴーグルない？」と言うので、「ゴーグルは残念ながらないけどサングラスならあるよ」と答えると、「サングラスはどこ？」と言って一目散に探しに行く。「玄関の引き出しの中にある」と伝えると、何やら探し始め、結局私のサングラスではなく、夫のサイクリング用のサングラスを持ってきてくれた。「ミキ、これがあれば大丈夫だから」と渡された時には半分ほどみじん切りを終えていたけれど、Ｊがサングラスを持ってきてくれたお陰で最後まで涙が出ることなく細かいみじん切りにすることができた。

私がドイツ語を完璧に話せないことで、Ｊからは庇護《ひご》の対象だと思われている節があり、山を歩いていても、「ミキ、ここ気をつけて！」などと足もとの障害物に注意を促されるし、車や飛行機に乗るとシートベルトをきちんと締めたか確認される。足の裏に棘《とげ》が刺さった際には、ピンセットで棘を抜いた上、絆創膏《ばんそうこう》まで貼ってくれたりして、一人っ子でありながらお世話好きな一面を持っている。

タマネギを炒《いた》める間、Jの手元にも目を配ると、キンダーサラダを切り終え、なぜかお皿2つに盛り付けてある。彼女曰く、「Dieser Salat ist für uns,《これは、私たちの分で、》 und dieser ist für Papa.《これはパパの分》」とのこと、私たちの分はドレッシングなし、パパの分は、オレンジ風味のオリーブオイルと、ゲランドの塩、ホワイトバルサミコのドレッシングだった。

サラダの完成に満足したJが小玉スイカを冷蔵庫から出して切ろうとする。小玉スイカとはいえ彼女のペティーナイフでは太刀打《たちう》ちできず、四分の一のサイズに切って渡すと、ナイフを恐れることなく皮からスイカの身を切り取ってみせた。

「上手だね。すごい！」と褒めると、「でもね、ニコは一歳年下なのに、私より料理が上手で、ママの誕生日にウインナーシュニッツェルを作ってあげたんだって」という。

ニコはJの友人で彼のご両親の都合が付かない際にJの家で一晩預かったりしているらしく、ニコの家で遊ぶ際には、一日に3つずつ英語の単語を習うのだとか。「ニコは年下だから全然クールじゃない」という割に、「ニコはね、お花の名前を何でも知ってるの」とか、「ニコはお化けの退治が上手なの」と結構頼りにしているところが面白い。

メンチカツはやはり彼女に大好評で、大人と同じサイズのものを3つも平らげた。食後には自分でスイカのお皿を取りに行き、私たちにも振る舞う。日毎に自立しつつあるJが頼もしく、毎度驚かされる。

今日はDが乗馬教室のため牧場にいるといい、Jを牧場まで送り届けた。何やら最近は馬への恐怖心が芽生えてきて、乗馬教室をサボっているJだけれど、牧場に近づくと一歩手前で降ろして欲しいという。彼女には彼女なりの世界があって、私たちが立ち入れない領域もある。

以前にも2度ほど彼女がDと一緒に乗馬のレッスンをする姿を見に行ったことがあるのだけれど、それまで決して見せたことのない緊張した面持ちで、厳しい指導員の指示に従っていた。私語にうつつを抜かす子供はひとりもおらず、皆一様に前を向いて指導員の発する言葉に耳を傾ける姿は、真剣そのものだった。私たちがいることに気付いているにもかかわらず、完全に無視を決め込んで、カメラを向けても一瞥《いちべつ》もしないし、終わった後には丁寧に馬のお世話をして、馬糞《ばふん》まで片付けていた程なのに、やはり昨年の事故が原因なのか、怖くなってしまったようで、最近はDがひとりで乗馬を楽しんでいる。

自宅に戻ってから、大人だけで夕食の続きをする。ホワイトアスパラガスとグリーンアスパラガスのコンソメスープにランゲンロイスのレストランの真似をしてチャイブの花を散らしてみる。メンチカツを新たに揚げてキャベツの千切りをJが作ったドレッシングで和える。

BGMはブルックナーの交響曲8番。

6月1日　亭主元気で留守がいい

夫はロードバイクでまたもやどこかへ出かけていった。

「亭主元気で留守がいい」とはよく言ったもので、天候の良い日に自然の中を縦横無尽に駆天候の良い日に自然の中を縦横無尽に駆け巡ったあかつきには、本当に屈託のない笑顔で帰って来る上、私も夫に気遣うことなくドイツ語の勉強をしたり原稿を書いたりできるのでありがたい。

一人暮らし歴が長く、自分のことは全て自分でできる人なので、お世話をする必要は全くないと言われるけれど、同じ屋根の下に人の気配がするだけで、空腹じゃないか、喉が渇いていないかとつい気になってしまい、どうしても集中力が削《そ》がれるもので、お出かけには大賛成である。

そもそもは他人であり、国籍も言語も文化も異なる夫とこの数ヶ月一緒に過ごして致命的な喧嘩《けんか》がなかったことは奇跡に等しい。もちろん些細《ささい》な言い争いはあるものの、数分経てば仲直りできる程度のもので、嫌なことをすぐに忘れる彼の性格に感謝している。

夕食は夕焼けに染まるテラスにて。前菜に絹さやのナムルとカリフラワーのインド風サブジーを。メインはホワイトアスパラガスとグリーンアスパラガスの肉巻き。付け合わせには椎茸のソテーときゅうりのゴマ和え、蓮根《れんこん》のきんぴら。
ＢＧＭは虫の音。

6月2日　朝食の時間と昼食の時間

快晴の心地よい朝は気圧の影響で早くに目が覚める。

フルーツの朝食をテラスにて。太陽の角度によっていつでも暖かい日が差し込むように、朝食の時間と昼食の時間、ティータイム、夕食のひとときと、それぞれ場所を移動する。

朝食は夫に朝日が当たり、私は少しだけ日陰になる場所を選ぶ。

スペイン産の桃がおいしくなってきた。ブルーベリーやイチゴは圧倒的にオーストリア産のものがおいしい。とりわけシュタイアーマークのブルーベリーを初めて食べた時には感激した。日本の甘いフルーツも時折恋しくなるけれど、なければないで慣れるもので、こちらにあるものでも満足できるようになる。りんごはオーストリア産のフジりんごの歯ごたえがおいしい。夫は昨夜のうちにナッツがぎっしりと詰まった低糖質のパンを焼き、グラスフェッドのアルムバターとマヌカハニーを塗って食べている。

2匹のリスが駆け巡り、クロウタドリの声が高らかに響く。

この2ヶ月間、空から飛行機の音が消え、山岳救助隊のヘリコプターも激減したお陰で、鳥のさえずりや虫の音、風のそよぐ音がご馳走《ちそう》で、自然の音に耳を澄ますだけで十分に満たされる。

快晴の天気は洗濯物もわずか1時間ほどで乾かしてしまうので、2度も洗濯機を回すことができた。

昼食は昨晩の残りの豚バラ肉を用いてトマトソースのパスタ。サラダはエシャロットとディジョンのマスタード、マヌカハニーとオリーブオイル、ホワイトバルサミコ、鮎の魚醬にて、ベビーリーフとミニトマト、アボカド、ブロッコリー、更には桃も加えてみた。

20：30頃、ザルツブルクを後にし、ウィーンに向けて車を走らせた。5日の金曜日、コロナ禍によるロックダウン以降初めてのコンサートが開催されるのだ。

高速道路を行く道すがら、沈み行く太陽がムーン湖近くのドラフェンヴァルやヴォルフガング湖に面したシャープスバーグといった山を幻想的な淡い紅に染め、バッハウやデュルンシュタインとはまた異なる自然の美しさを放っていた。

夕食はウィーンのアパートにて、お蕎麦をさっと茹でてお腹を満たした。

BGMはカラヤン指揮、ベルリンフィルの演奏による「タイスの瞑想曲」。

6月3日　田舎に帰りたい

ウィーンの街はレストランの営業が再開したことにより、少しずつ活気が戻り始めてはいるものの、休業中のお店もまだ多く、朝はまだ静けさを保っている。

屋上のテラスには生命力の強い雑草がはびこり、部屋のオーナーが丹精した木製のレイズドベッドにも雑草が顔を覗かせ、宿根草の邪魔をしていた。当初は静かなひとときを楽しむはずが、結局JOSEPHのグルテンフリーパンもそこそこに、草むしりに勤しむことになった。

夫はウィーンフィルの楽団員がステージに上がるための必須条件であるコロナウイルスのPCR検査を受けるために出かけて行き、私は久々にスーパーや薬局が至近距離にあり、ゴミ出しも24時間OKという便利な生活を堪能する。

昼食は、夫が家族経営の小さな中華料理屋さんに案内してくれた。テラス席に腰掛けようとすると、偶然にも中国におけるクラシックコンサートやバレエ公演の興行を一手に担うウープロモーションのウーさんがご子息と一緒に昼食を摂っていらした。

ウィーンフィルの中国公演を手がけるウーさんとは、上海やマカオ、南京、ウィーンなどで何度もお目にかかっているのだけれど、中国の優秀なビジネスマンの典型と言えようか、明るく豪快で、振る舞いはスマート、誰とでも家族のように接する懐の深いコミュニケーション能力にて瞬時にイニシアチブを握り、交渉ごとにおいて負けを知らない切れ者である。

昨今オーストリアの景勝地にて問題になっているマナーの悪い観光客とは異なり、彼の周囲には教養のあるエレガントで魅力的な中国の方がたくさんいらして、そうした方々がクラシック音楽を支えていることを痛感する。

本拠地は北京ながら、現在はウィーンにお住まいで、中学生の息子さんはウーさんと同様に北京語に英語、ドイツ語が堪能な上にピアノまで弾けるという、なんとも羨ましい英才教育を受けている。中国では幼い頃からの厳しい訓練により、ラン・ランやユジャ・ワンのような世界を席巻するピアニストが育まれ、ピアノコンチェルトの公演では、ラン・ランの演奏中に彼の奏でるピアノに合わせてエアーピアノを弾いて見せたり、興奮気味に指揮者の真似事をする子供達が跡を絶たない。

このコロナ禍において、全ての公演がキャンセルとなり、ウーさんのような興行主が最も痛手を被ったであろうに、相変わらず明るく冗談を飛ばしていらしたのは空元気なのか、それともゆとりの証しなのだろうか。

それにしてもザルツブルクの山の静けさに慣れてしまったため、隣席の喫煙者の煙がとても気になる。バイクの音や排気ガスの臭いにも敏感になり、便利でなくてもよいからザルツブルクの田舎へ戻りたいと思ってしまった。

6月4日　人種差別

今日も快晴にて起き抜けから上機嫌。

その一方で、この世界は目まぐるしく変わりつつある。ウィーンでも若者たちがアメリカで警察官に殺されたジョージ・フロイドさんを悼み、人種差別に抗議する大規模なデモが行われた。

窓外からは5000人規模のシュプレヒコールが聞こえ、若者たちがプラカードを持って街を練り歩いていた。

アスパラガスやぶどうの収穫、工場での労働など、自国民だけでは人手が足りず、出生率の低下を防ぐためにも移民を必要とするEU各国が難民や移民の統合を模索している最中にて、一部のネオナチによる嫌がらせやテロ以外、露骨な差別表現を目にすることは少ないものの、私たちアジア人も差別されていることは時折感じる。

実はベルリッツの講師にもひとり無意識の人種差別をする人があり、定期的に提出する講師の評価表にて、その講師のみ平均以下と評価したところ、ベルリッツの事務局より事実関係の調査をしたいと度々連絡が来た。

当初はクレームを入れるつもりなど毛頭なく、正直に評価したのみで人種差別があったことを抗議するつもりも全くなかったのだけれど、他の講師たちをあまねくエクセレントと評価した中で、ある男性のみを平均以下と評価したことが気がかりだったようで、どうしても直接話がしたいと何度も連絡が来た。

「何か不快に感じることがありましたか？」とのことだったけれど、無意識の人種差別を人様に伝えたところで理解などしていただけないだろうと、しばらくはのらりくらりと話を逸《そ》らしていたのだけれど、「あなたの評価は私たちにとってとても大切ですし、講師陣のスキルアップのためにも忌憚《きたん》のない意見を聞かせて下さい」と押し切られ、ついに詳細を話すこととなった。

「Benutzt man in Japan Besteck?《日本ではフォークやナイフを使って食べますか?》」という質問に対し、「Ja, in Japan benutzt man Besteck.《はい、日本ではフォークやナイフを使って食べます》」と回答すると、即座に「Nein, in Japan benutzt man kein Besteck.《いいえ、日本ではフォークやナイフを使って食べません。》Dort isst man mit Stäbchen!《あちらではお箸で食べるんです！》」と厳しい口調で訂正され、ボールペンを2本使ってお箸を使う仕草をして大笑いして見せた。それも何度もお箸を見せて、「Haben Sie verstanden?《理解できましたか？》」と確認しながら大笑いしていた。

きっと本人には悪気はなく、おもしろいつもりなのだろう。そのような無意識の人種差別は珍しいことではなく、こちらも笑って返していたのだけれど、彼が暮らすリスボンにある日本料理店のメニューを見せられ、「春巻きのスイートチリソースがおいしい」とか、「スシの天ぷらがおいしい」とトンチンカンなことを言ったり、日本人に対するステレオタイプなイメージだけで自己満足のつまらない冗談を言うことが増え、挙げ句にまだ学んでいない上級者レベルの文法を用いて会話することを強いるようになった。更にはベルリッツの教材以外からも難しいテスト問題を出題して理解できない私を叱責したりするようになったし、そうした課題以外の教材を探す彼を数分間無言で待つことも多かった。書き込み問題の解答を記入中には自身の映像が写らぬようにカメラを隠してどこかへ行ってしまい、書き込みが終わってもしばらく待たされたりすることも度々あり、習熟度に合わぬ高度なレベルの会話を求められては、基礎を固めることが不可能だと思い、平均以下と評価したのだった。

それに対するベルリッツ側の対応も素晴らしく、「そのようなことは絶対に起こってはならないことですし、あなたを傷つけてしまったことを深くお詫びします。F本人とは講師としてのあり方を今一度話し合いますし、今後彼があなたのレッスンを担当することは二度とないよう、彼をあなたのリストからブロックします。もし、リクエストがあれば、希望の講師をすぐに手配しますので、名前を挙げて下さい」とのこと、ご厚意によりこの日以降のスケジュールを見直し、全て私の尊敬する講師のみでスケジュールを組み直してくださったのだった。

お陰であてがわれた講師たちは、アフリカ共和国で育ったユダヤ系ドイツ人で、現在はイスラエルに暮らすアンゲラ、ドイツで生まれ育ち、現在はご家族とともにポルトガルで暮らすガブリエラ、そして東ドイツで生まれ、アメリカ留学とモザンビークやジンバブエでのフィールドワークを経験したアフリカ学者のクラウディアと、経験豊富で視野が広く、見識のある女性たちで、もちろん人種差別をするどころか、あらゆる立場の人に哀れみと共感を示すことの出来る素晴らしい方々である。

眼下を行進する人々の中には、心底から人種差別に抗議しているアフリカ系やトルコ系の移民、そして人道的支援に熱心な白人も存在する一方で、コロナ禍による休業や失業の憂さ晴らしに出かけたのではないかと疑わしきお祭り騒ぎの向きも少なからず紛れていたようにも思えたけれど、差異を認め、多様性を許容する社会になってくれたらありがたいと密かに願う。

6月5日　念願のウィーンフィルコンサート

ブルーベリーとラズベリー、蟠桃《ばんとう》、りんごの朝食。ビタミンA、B、C、D、Eに加えて、亜鉛やヘム鉄、ビオチン、MAPプロテインなどのサプリメント、更には乳酸菌の摂取も欠かさない。

空はまたもや快晴で、自転車での往来が増える。コロナ禍によるロックダウン直後はスポーツ用品の売れ行きが硬直していたものの、一ヶ月を過ぎた頃からロードバイクやマウンテンバイクが飛ぶように売れ、工場からの出荷が滞っていたことも相まって、入手困難となっているという。

夫が雨の日に楽しむeスポーツ「Zwift」もかつてないほどに盛況で、ロードバイクでのエントリーは驚異的な数字となり、世界中の見知らぬ人々とスピードを競って楽しんでいる。

お昼は困った時のズッキーニと挽肉、ミニトマトのパスタで、ニーノさんのオリーブオイルを最後に回しかけて風味をプラスした。

今年はアルベルティーナ美術館が楽友協会の隣に近代美術館を新設し、ウィーンのアーティストたちを紹介する「The Beginning」と称する展覧会を開催中で、私たちも初めての催しを訪れてみた。

キュビズム、シュールレアリスム、ポップアートなど、世界の美術界の潮流に倣って、オーストリアのアーティストたちも様々試行錯誤してきたことが見受けられる。ヘルマン・ニッチェ、オットー・ミュール、ギュンター・ブルス、ルドルフ・シュワルツコグラーといった作家たちによるウィーン・アクショニスムの、絵画や彫刻というしばりから離れて、パフォーマンスや写真、フィルム表現、流血を伴う過激なパフォーマンスを通じて社会を風刺する活動は耽美《たんび》的な目的に基づいたものではなく、決して美しいものではなかったけれど、ナチズムの終焉《しゅうえん》による戦後を経て新たな時代を築くための変革を人々が必要としていたことが感じられる。ウィーンの画壇は拭いきれないナチズムの残り香との闘い、そして精神医学との繋がりが顕著で、絵画史の変遷はパリのポンピドゥーセンターやニューヨークのMoMAと同じ時系列のはずなのにどこか重く、暗く、そしてその陰鬱とした空気を破壊しようとするエネルギーがほとばしっていた。

思えばオペラの題材も人間の愛憎劇に親殺しや子殺し、神々の堕落が語られ、血なまぐさい物語を聴きに人々がこぞって押し寄せるのは、人間が根源的にそうしたものを嗜好《しこう》するからなのだろうか。

あるいはナチスの戦犯アイヒマンの裁判を傍聴した哲学者ハンナ・アーレントによる「悪

の陳腐さ」という表現に集約されるのだろうか。

アートが全て美しくあるべきだとは思っていないけれど、今回の展示では人々が見て見ぬふりをしてきたものを無理矢理こじ開けるような、人間の恥部や暗部をえぐり出すような作品が多く展示されており、不快にすらさせられる中で、アーノルフ・ライナーや、マルタ・ユングヴィルトといった作家たちの作品が鑑賞に堪える美しい作品であったことが救いだった。

今夜は楽友協会にてロックダウン以来初めてのウィーンフィルのコンサートが催された。「これまで二度の世界大戦でもスペイン風邪でもコンサートが中止されることはなく、人々が苦難にある時こそ、ウィーンフィルの音楽は演奏され続けて来た」と、指揮者のダニエル・バレンボイムがリハーサルで述べたという。それは「最高の幸福の瞬間にも、極度な逆境の瞬間にも私達は芸術家を必要とする」というゲーテの言葉にも重なる。

コロナウイルスのリスクを最小限に留めるため、わずか100名の聴衆のために行われるコンサートの貴重なチケットが手に入ったとのことで、私も喜び勇んで出かけた。

ヌアメディカルセンターでのリハビリのお陰で7㎝ヒールでも街を闊歩《かっぽ》することが叶い、受付にてチケットを受け取れば、久々に黄金の殿堂にて奏でられる音楽を堪能することができるはずだったのだけれど、残念ながら期待していたチケットは用意されていなかった。

「本日のチケットをご用意いただいているはずなのですが」と何度も確認したけれど、「本日はご招待のお客様とインターネットで募ったわずかなお客様のみです。残念ながらあなたのチケットはありません」と、まるで関係者のフリをして無理矢理コンサートに忍び込もうとしている執拗《しつよう》なストーカーのようになってしまったけれど、いつもは時間に正確な夫の珍しい勘違いで、本来は明日のチケットだったようで、やむなく自宅への道を歩いて帰ったのだった。

夜は大好きなベトナム料理屋さんＶｉｅｔｔｈａｏの揚げ春巻き、茄子《なす》と挽肉の炒め物、裏メニューのヨーロッパへダイのレモングラスソースをテイクアウトした。

ＢＧＭはリサ・ヴァティアシュヴィリのアルバム「City Lights」。

6月6日　ウィーンフィルコンサート、再び

楽友協会を訪れたのも、クラシックのコンサートを生で鑑賞したのも、元日のニューイヤーコンサート2020を演劇界の母である草笛光子さんとご一緒して以来だった。

昨日は受付にて大恥をかく羽目になったけれど、今日こそ本当に長い沈黙を破って行われたコンサートに耳を傾けることができた。

在住中のドイツから国境を越えてやって来たダニエル・バレンボイムの指揮により演奏されたのはモーツァルトの「ピアノ協奏曲27番」とベートーヴェンの「交響曲5番」だった。モーツァルトの最後のピアノ協奏曲はバレンボイム自身がピアノを奏でる弾き振りで、彼のためにスタインウェイが制作したという弦が平行に張られ、これもまた彼の小さめな手に合わせてオクターブの間隔をしつらえたという、鍵盤が標準よりわずかに細い特殊なピアノの前に腰掛けたバレンボイムは、いつものように暗譜で鍵盤を弾き、また全てのパートに指示を出すという匠の技を研ぎ澄まされた神経でこなしてみせる。

ピアノにて主旋律を弾くバレンボイムには次に欲しい音が先に聞こえてくるのか、絶妙なタイミングで下される指示に、オーケストラの各パートも瞬時に応え、何度も弾き慣れた音

をいつもの延長線上ではなく、今日限りの二度と再び訪れることのない瞬間に解き放つ。

幼い頃に耳から聴いた音を感覚で弾く方が好きで、読譜や正しい運指が本当に苦手だったために練習など全くせず、早々にピアノを投げ出した私は、残念ながら音楽について語る資格は全く持ち合わせていない。それでも正直に述べるなら、ベートーヴェンの交響曲5番はあまりにも陳腐な場面でBGMとして使い古され、どこでも耳にするからか、さほど好きな曲ではなかった。

ところが、第一ヴァイオリンを向かって左側に、第二ヴァイオリンを右側に配置する両翼配置でバレンボイムのような厳格で抑制の効いた指揮者による演奏を聴いてみると、ユニゾンで始まる冒頭の「ジャジャジャジャーン♪」に続く第二ヴァイオリンの「タタタターン」ヴィオラの「タタタターン」第一ヴァイオリンの「タタタターン」の部分にステレオ効果が生じ、ステージ上で音の波が大きくうねるようなドラマチックな印象を与えて、瞬時に鳥肌が立った。

あの「ジャジャジャジャーン♪」という単純に聞こえるメロディーがこれほどまでに豊かに聞こえてくるのは、楽友協会という類い希なる音響を誇るホールにて、緻密なコントロールをもって音の強弱やテンポを支配するバレンボイムの指揮によりウィーンフィルが演奏しているからにほかならず、テレビの再現フィルムの効果音として流れる「ジャジャジャジャーン♪」とは似て非なるものなのだった。

若かりし頃、篠田節子さん原作の「ハルモニア」というドラマで知的障害を持つチェリストを演じたことがあり、ジャクリーヌ・デュ・プレがチェロを奏で、夫であったダニエル・バレンボイムが指揮を執る、エルガーの「チェロ協奏曲」のCDを繰り返し聴いていたため、バレンボイムご本人の演奏と指揮を目の当たりにすると背筋が伸びる。

ザルツブルク音楽祭ではマーラーの6番など、何度かプローベを覗かせていただいたことがあり、数小節単位でオーケストラの演奏を止めるバレンボイムの指導スタイルは、万が一私が演奏者だったとしたら、あるいはバレンボイムが演劇の演出家で私が演じる側だったとしたら、とてもフラストレーションの溜《た》まる仕事と言えようけれど、彼の厳格さと、醸し出す緊張感が、ピアニッシモを極限まで小さく、まるでささやき声のように奏でさせ、クレッシェンドから続くフォルティッシモのダイナミックさをより強調して聴かせてくれることに成功しているように見受けられた。

全てのコンサートやツアーが中止となり、クラシック音楽の灯火が消えかけていた折に、生でウィーンフィルの演奏を聴くことができるとは思ってもみなかった。コロナ禍による人々の行動の変化は必然的にコンサートホールや劇場から、聴衆や観客の足を遠のかせるであろうし、公演を支えるメセナもコロナ禍の影響により控えざるを得ない企業が続出するであろうことは想像に難くない。そのような状況においてもこうして音楽が演奏され、わずか100人でホールを持て余しつつも、息を呑《の》むような瞬間を何度も味わうことができたことが夢のようだった。

心地よい余韻を胸に抱いたまま、夫の運転により私たちはノイジードル湖へ向かい、ブルゲンランド州が誇るワイン畑と周囲に広がる草原を眺めつつ散歩をし、湖に面したカフェMOLE WESTにて沈み行く夕日を眺めた。

6月7日　ベートーヴェン生誕250周年

幸運にも本日もまた楽友協会でのコンサートのチケットをいただくことが叶った。2枚のチケットのうち一枚は、ウィーンフィルのツアーを手配する小さな旅行会社を共同経営しつつ、オーストリア航空にも籍を置くAに差し上げることにした。彼女はインドネシア生まれの中国系オーストリア人で、ドイツ語が堪能な上、北京語や英語も自由自在に操る利発な女性である。3月に東京にてドラマの撮影をしていた折に、コロナ禍にてオーストリアが国境を封鎖するとの情報を逐一報《しら》せてくれたのも彼女だった。

Aがウィーンフィルのツアーに帯同したのは3ヶ月前、フランスとドイツにおけるベートーヴェンチクルスにて交響曲5番をアンドリス・ネルソンス氏が振ったミュンヘン公演が最後だったという。

ベートーヴェンは存命中も不遇の人だったというけれど、生誕250周年により、世界中でコンサートが開かれるはずだったこの年に不運にもコロナ禍の発生により、全てが中止となり、街中の至るところで演奏されるはずだったコンサートのポスターが虚しくも貼られたままになっている。

2日連続で同じコンサートを聴いても、それがウィーンフィルの演奏である限り、決して飽きることはない。ステージに向かって右手、バレンボイムの指も表情も見える位置からの鑑賞はまた一興だった。

音響効果のみで述べるなら、ステレオ効果をより緻密に味わうことの出来る正面が良いのかもしれないけれど、バレンボイムの身体に入ったような気持ちで演奏に耳を傾けると、彼の思いのままに打てば響くオーケストラとのあうんの呼吸が心地よく、「乞食と役者は3日やったらやめられない」というけれど、「乞食と指揮者は3日やったらやめられない」と言い換えてもよいのではないかと思う。読譜や作曲家の意図を歴史的背景と併せて解釈することは決して簡単ではないことは承知しているし、オーケストラと聴衆を共に制することは相当な重圧を覚悟しなくてはならないのだろうけれど、自分の振る指揮棒や投げかける視線で音の響きが変わるなんて、ひとたびそんな愉悦に浸ったら、きっと抜け出せなくなるに違いない。

昼食はAと夫を交えて久々のプラフッタにて。大好きなビーフスープとビーフタルタルを。Aと夫の揚げたてのウィンナーシュニッツェルもおいしそうだった。

彼女はロックダウン中に一人パズルに熱中したらしく、真っ黒、グレー、真っ白、ゴールドのそれぞれ無地を購入し、完成させては壊し、完成させては壊しを繰り返していたのだと自虐的に語る。

拷問で人を苦しめるには、穴を掘らせ、掘った穴を再び埋めさせて、また掘らせるといった不毛な労働を強いることが手っ取り早いとどこかで読んだことがあるけれど、Aが自らに課していた無地のパズルを完成させて壊すという作業も、それに等しいのではないだろうか。もはや病的とも言える趣味に没頭する彼女が少々心配になったものの、そんな自分自身をネタにして笑い飛ばす余力がある限り大丈夫だと信じたい。

6月8日　脳の休息

夫はティンパニのアルヴィンとクラリネットのグレゴールと共にサイクリングに出かけた。掃除と洗濯、日用品の買い物などでのんびりと時間を過ごし、ドイツ語の復習などもする。このところドイツ語の勉強が少しずつ難易度を増してきて脳が休息を必要としていたので、ウィーンに滞在中の今週はドイツ語のレッスンを全てキャンセルした。次の課題に進むことよりも復習で基礎を固めることが必要だった。

基礎練習が苦手で自己流の応用を楽しむ私でも、語学学習においては基礎が何よりも大切であることは日々の暮らしで痛感している。少しずつでもいい、長い時間をかけてでもドイツ語にてコミュニケーションが取れるように、頑張ろう。

6月9日　ノイジードル湖

車で40分ほど走り、ノイジードル湖に面したDas Fritzにて昼食を摂る。ハンガリーとの国境に隣接したこの地域では国境を越えてハンガリーから通う労働者が多く、レストランの食事もパプリカを多用したハンガリー風だった。

ドイツ、スイス、イタリア、ハンガリー、チェコ、スロバキア、スロベニア、リヒテンシュタインと、周囲を8ヵ国に囲まれるオーストリアにおいてコロナ禍のロックダウンに際して問題になったのも、国境を越えて仕事場に通う人々が仕事に通えなくなったり、仕事のために家族と離ればなれになってしまったことだった。

湖は大抵の大人なら立てば上半身が覗くほど浅いらしいのだけれど、ウィンドサーフィンやヨットが盛んで湖に浮かぶウィークエンドハウスがいくつもあり、ノイジードル湖を訪れる度にヴァカンス気分を味わうことが出来る。

快晴の空に少しずつ雨雲が近づき、稲光が見え始めた頃、湖を後にしてザルツブルクへの帰途に就いた。

夜はレイズドベッドで育てたサラダ菜を摘み、簡単なサラダと下処理をして冷凍しておいたスミイカとトマトソースのパスタ。

6月10日　Jとのお花屋さんごっこ

JがOma《お祖母さん》に連れられてやってきた。何とありがたいことに、母親のDが焼いた糖質オフのアプリコットケーキを携えて。

起き抜けに慌てて買い物に出かけたものの、Jの到着の方が早く、私たちの朝食のためにJを待たせることになってしまったのだけれど、そんな時に私たちが使う技はカフェごっこで、彼女に朝食の支度を手伝ってもらい、器への盛り付けもお願いする。彼女がSpeisekarte《メニュー》を書いている間に私はりんごや桃の皮を剝《む》き、率先してカフェラテを淹れる間、「Hin sitzen bitte!《そこに座っていて！》」と言う彼女に従って、私たちは席に座ってお客さんのように待つ。夫の羊のミルクと私の豆乳も、間違えずに使い分けて、MCTオイルも加えたカフェラテを真剣な表情で淹れてくれる。お盆にのせたフルーツとカフェラテを配膳するにあたり、片手で「ガチャン！」と音を立てるJに夫と私が同時に反応し、音を立てずにサーブできるように、もう一度やり直しをお願いし、静かに丁寧にサーブしてくれたあかつきには、

「Super! Danke für die gute Bedienung!《素晴らしい！丁寧なサービスをありがとう！》」と褒めそやし、拍手まですると、その気になっ

たJがますます丁寧にサービスをするようになってくれる。

もはや男の子はかくあるべきとか、女の子はかくあるべきという時代ではなくなったので、従順なお嫁さんになるための躾《しつけ》は全く必要ないとは思うけれど、最低限人に不快感を与えない人であって欲しいとは思う。

私たちの朝食の間、彼女は私のオンライン授業用のヘッドセットを装着してコールセンターごっこをすることで、退屈をしのぐ。

「ミキ、何か質問して」と言うので「もしもし、そろそろ学校に行きたいと思っているのですが、どちらの学校がおすすめですか？」と尋ねると、「それは市役所の仕事です。こちらはコールセンターですので、お答えできかねます。チューッス！」と電話を切られてしまった。

もう一度電話をかけ「もしもし、今日はお花を飾る時間がなかったのでお花を購入したいのですが、宅配もお願いできますか？」と述べるも、「それは近所のお花屋さんにお願いしてください。コールセンターではお花は売っていません。チュース！」と言うので、彼女が悲鳴を上げるまでくすぐり、「全然親切じゃない!!!!!」と不平を述べた。

そうだった。朝はギリギリで彼女の部屋にもリビングルームにもお花を飾るゆとりがなかったので、最近Jと私たちの間で流行しているお花屋さんごっこにて、庭の山野草を摘むことにした。

夫が木片にマキタのドリルでいくつもの穴を開けて、お花を挿すことができるようにしてくれたため、Ｊのお花屋さんもより多くのお花を取り扱うことができるようになった。雑草に紛れて美しい山野草が自生するこの庭ではお花の種類には事欠かない。Ｊと私で雨に濡れて滑りやすい庭を右往左往してはお花を摘み、Ｊが自己流で木片に開けた穴に飾り付ける。

いつでも効率の良い夫は、私たちがお花屋さんごっこに勤しむ傍らで、伸びすぎてＪの行く手を邪魔する木の枝を剪定し、切り落とした枝をお花屋さんで使えるようにとさらに小さく切ってくれた。

お花屋さんでは、メンバーズカードを携帯していると特別価格が適用され、さらには無料のお花が付いてくる。このごっこ遊びでの架空のお金の支払いが、Ｊにとっては算数の計算練習になり、私にとってはドイツ語で数字をカウントするよい練習となるので、お互いにウィンウィンなのだった。

昼食は久々に鳥の唐揚げにすることにした。食べず嫌いのＪを何とか喜ばせようと、安易な揚げ物の誘惑に負けたのだ。いつものようにＪはサラダの担当で、食卓にてまな板を二つ並べて２人で一緒に素材を切る。

調味料なしで野菜を食べるＪも最近は夫のためにドレッシングを作るようになり、今日はレモン風味のオリーブオイルとホワイトバルサミコ、ゲランドの塩、ブラックペッパーでドレッシングを入れる器にまでこだわっていた。

さて、唐揚げに添えたのは、お醤油を加えたコーンバターで、大好きな揚げ物を目の前にしたJの食欲も旺盛だった。

乱切りのパプリカに、ピーラーで薄くスライスしたきゅうり（Jいわくきゅうりチップスなのだそう）、お花の抜き型でかたどったラディッシュをバリバリと食べるのも大変よろしい。

唐揚げを9つも食べたJに「これならマクドナルドで働けるかな?」と尋ねると、「こんなにおいしい唐揚げを作れるんだからホテル・ザッハーでも働けるよ!」とありがたきお言葉を賜った。この言葉だけで、あと10年は頑張れる。

食後には車を走らせて雪解け水が流れる滝と古い水車小屋のある山を登った。ゴアテックスの登山靴をよほど気に入ったようで、滝から流れる小川にバシャバシャと入るJ。

先頭を切って道を選択し、身軽にどんどん歩いて行く彼女が突然「Hilfe!《助けて!》」と叫ぶので、何事かと思いきや、道中で出くわしたイモリのようなファイアサラマンダーに恐れをなしたのだった。黒い身体に黄色の斑点を纏うファイアサラマンダーがその柔軟な身体をくねらせて地面を這《は》いつくばる姿はとても美しく、怖がるには値しないと知るなり、

「Kameramädchen《カメラ娘》、写真を撮ってママに送って！」と翻意する彼女に負けて、思いのほか逃げ足の速いサラマンダーを必死で追いかけてカメラに収めた。

　この数年で山を歩く傍らにて名も知らぬ山野草を摘むことが趣味となった。こんな些細なことで十分幸せを感じることができるので、オーストリアでは所得税が高額で、可処分所得が低めに抑えられているにもかかわらず、クオリティーオブライフが高いと言われている。

　Jの未来図がいかなるものになるのかは計り知れないものの、少なくとも自然を身近に感じられ、水道水が飲用可能で、食料が安全、そして永世中立国であるこの国で暮らす限りはあまり心配する必要はなさそうだ。もっとも、自立心旺盛なJがオーストリアの田舎にじっと収まっていられるかどうかは定かではないけれど。

　雨に降られて下山を急ぎ、自宅にて待ちに待ったティータイム。Jの母親のDがひよこ豆の粉で作って持たせてくれたフワフワのアプリコットケーキは、お砂糖なしで煮詰めたアプリコットの甘味とほのかな酸味のみで本当においしかった。できることなら私も夫ももう一切れ食べたかったほどで、ウィーンから帰ったばかりでバタバタとしているこちらの状況を察してくれたDのさり気ない気遣いがありがたかった。

　ティータイムにも退屈すると、Jがすかさずじゃんけんをけしかけて来る。ドイツ語でじゃんけんは「Schere《はさみ》, Stein《石》, Papier《紙》」と言うそうで、自分から始めておきながら、負けが続くとゲームを止めるJは、どんなにクールな素振りを見せてもやはりまだまだ子供だ。

夕食は薄くスライスしたコールラビに、羊のフレッシュチーズを少しとイクラをのせてレモンオリーブオイルとブラックペッパーを添えた前菜と、庭から摘んだサラダ菜とスプラウト、アボカドのサラダに、ワンタンをラビオリに見立てたスープ。そしてオーブンで焼いたヨーロッパヘダイには、自家製のネギ油とお醬油のソースを合わせて食した。

6月11日　久しぶりの朝寝坊

久々に朝寝坊をした。Jが訪れた後には休息を要する。たまに預かる人様の子供相手でもこんなにエネルギーを消耗するのなら、自らのお子さんと毎日過ごす世の中の人々の苦労たるやいかほどのものだろう。

夫は管弦楽アンサンブル「フィルハーモニクス」のコンサートにてドイツのボルツエンへ出かけていった。

思えば3月の中国ツアーと4月のアメリカツアーが全てキャンセルとなってしまい、ベルリンフィルの首席コンサートマスターを務めるヴァイオリンのノア・ベンディックス、セカンドヴァイオリンを務める元フォルクスオパーのコンサートマスター、セバスチャン・ギュルトラー、ベルリンフィルのチェロ奏者シュテファン・コンツ、ウィーンフィルの首席コントラバス奏者のエーデン・ラーツ、同じくウィーンフィルの首席クラリネット奏者のダニエル・オッテンザマー、ウィーンフィルのツアーに何度も帯同しているピアノのクリストフ・トラクスラー、そしてヴィオラを奏でる夫のティロ・フェヒナーと、7人のメンバーが揃うことも久々となる。

今回のコンサートはなんとAutokino《ドライブインシアター》で行われるとのこと、主催者もこのコロナ禍においていかに感染リスクを抑えて文化の発展に貢献するべきか腐心したのだろう。聴衆は各車に据えられたラジオから彼らの演奏を聴くことになるそうで、ステージと車中のお客さんとの物理的、心理的隔たりをどのように解消するのか見物である。

私は3月19日以来、正しくは夫が私を日本まで迎えに来た3月14日以来毎日否が応でも顔を突き合わせてきた伴侶と離れてひとりザルツブルクの家を守る。

誰とも会話をしなくてよい自由な時間こそ、ヘルマン・ヘッセの随筆と詩を編纂《へんさん》した『庭仕事の愉しみ』の頁を約20年ぶりにめくってみたり、今日の世相を反映するかのようなブレヒトによる『三文オペラ』に読み耽ってみたりする。

ヘッセは色鮮やかな百日草がいたくお気に召したようで、「百日草」と題する随筆を新聞に寄稿したりしているのだけれど、「音楽的才能が蓄音機を操作することであったり、きれいにラッカーを塗った車を美の世界に入れたりするアメリカの現代人にこの程度で満足している欲のない人たちに、ためしに一度、一輪の花の死を、ローズからライトグレイへの色の変化を、この上もなく生き生きとしたものとして、刺激的なものとして、すべての生命あるものやすべての美しいものの秘密として共に体験するという芸術の授業をしてごらんなさい。彼らはびっくりするでしょう」との文章に、蓄音機どころか今やHomePodで音楽を聴くようになってしまった己を恥じ、それと同時に、彼がそうした即物的な現代人を「この程度で満足している欲のない人たち」と皮肉まじりに述べるくだりに唸らされ、自然の営みこそを芸術だととらえる視点に深い共感を覚えた。

『三文オペラ』の職業物乞いはよく知られているけれど、ヨーロッパではいたるところでこのビジネス物乞いがお勤めに励んでいる。毎朝バスで東ヨーロッパから国境を越えてやって来ては、お決まりの縄張りにて不遇の民を演じ、冬期でも素足で街路に座っては憐憫の情を誘う彼らは、その日の上がりを元締めに支払い、帰宅するという。中にはメルセデス・ベンツを乗り回す職業物乞いもいるようで、ノーブレスオブリージュを気取って施しをする際には本当に困窮した人々を見極める洞察力が必要となる。尤《もっと》もこのコロナ禍では国境を越えられず、街にも出られず、プロフェッショナルな物乞いである彼らこそ本当に援助を必要としているのかもしれず、少々気がかりではあるけれど。

夕食は、私が東京でひとり仕事に励む際に作る手抜きのまかない料理。冷蔵庫にあるだけの野菜とお肉を少々、キヌアを煮込んだスープ。パプリカパウダーと刻んだチャイブ、イタリアンパセリで香り付けをし、最後にオリーブオイルを回しかけるのみ。

ＢＧＭはクルト・ヴァイルの「三文オペラ」より「モリタート」など。

6月12日　ドイツ語レッスン再開

快晴の朝は掃除がはかどる。

11：30からは、しばらくお休みしていたドイツ語のレッスンを再開した。クラウディアの導きによりビジネス会食の手配の仕方と、「彼女は私の友人です」と「彼女は先日子供を産んだばかりです」をつなげて、「彼女は先日子供を産んだばかりの私の友人です」といった具合に関係節の組み立て方を学び、更にはバカンスの過ごし方とバカンスに何を持って行くかについて学ぶ。

ありふれたテーマゆえに一見簡単なようで、文法事項が複雑だったりするのがドイツ語学習の難しいところで、定冠詞や形容詞、人称代名詞の格変化や、文章の枠構造など、行く手には様々な罠《わな》が仕掛けられており、途中で投げ出してしまいたくなるのだけれど、Jの笑顔を思い浮かべて思いとどまるのだった。

クラウディアの暮らすイギリスではロックダウンでEU諸国に大幅な遅れを取ったため、4万人以上の死者を出し、今もなおレストランの営業が禁じられているという。あれだけの死者を出したイタリアやフランスをも凌駕《りょうが》するこの数字では、散々コロナウイルスを軽視した挙げ句に自らも病床に伏したあのお方が失策を追及されても仕方がないだろう。

お昼は熟した桃の冷製スープ。豆乳と桃と羊のフレッシュチーズにひとつまみのお塩と一片の氷を加えてミキサーにかけるだけ。あまりにも簡単でおいしいので2年前の夏に牛乳を用いてほぼ毎日桃のスープを作っていたらカゼインアレルギーを発症し、半年ほど慢性蕁麻疹に悩まされた。過ぎたるは猶《なお》及ばざるが如し。

午後は庭の木陰にてドイツ語の自習に励む。ドイツのテレビ局DWが無料で提供するオンライン学習アプリの説明が丁寧でわかりやすい。スペイン人のNicoを主人公とした動画も課題を全て網羅しつつドラマ仕立てになっているので、教科書然とした退屈さとは無縁で、楽しみながら学ぶことができる。

夫のAutokino《ドライブインシアター》コンサートは大成功だったようで、観客席の車がクラクションやライトでステージに向けて歓声を表現する映像が送られてきた。その映像たるや、まるで60年代か70年代の映画を観ているかのようで、前世紀の遺物と化したAutokinoでのコンサートがクールに見えた。

夕食は鮭のグリルと昨日の残り物のスープ。

6月13日　選択的除草

しばらくサボっていた草むしりに励む。スギナが新しい庭のそこかしこから顔を覗かせ、その萌芽を追いかける私を嘲笑《あざわら》うかのように突然大きくなっていたり、こっそりと宿根草の葉陰に隠れて群生していたりする。

インターネットにて選択的除草という記事を読んでから、全ての雑草を抜き取るのではなく、美しい花を咲かせるものや、野いちごなどの匍匐《ほふく》性の植物であまり背の高くならないもの、宿根草の邪魔をしないものは残すようにしている。

庭の木々や宿根草、グラスをまんじりと眺めてみると、オペラを鑑賞しているような感覚で、どの木がソプラノで誰がテノールなのか、宿根草に喩えると誰が当てはまるのか、想像することが楽しい。

アンナ・ネトレプコは我が家にはないけれど華やかなバラやグラジオラスだろうか、ヨナス・カウフマンは存在感のあるアリウム・ギガンテウムといったところか。私の大好きな若手ソプラノ歌手アスミック・グレゴリアンは日陰でも凛《りん》とした姿を見せるユキモチソウかアマドコロのように、現代曲を自在に歌える感性と類い希なる演技力を携えている。

昨年コム・デ・ギャルソンの川久保玲さんが衣装を担当して話題となった「オルランド」を演じたアルト歌手のケイト・リンジーはアガスターシェ・ブラックアダーが蜜蜂に蜜を採取する機会を与えるように、自我を抑えて作品に貢献する。

草むしりをする際にも、主人公のソプラノ歌手やテノール歌手を覆い隠そうとする威勢のよい草たちを演技過剰な合唱団員に喩えてご退出いただく。自身の立場をわきまえず、主旋律を歌おうと必死に背を伸ばし、美しい宿根草の邪魔をしてみたり、ソプラノやアルト、テノールに狡猾《こうかつ》に絡みついて蔓《つる》を伸ばす植物などは、調和を乱すために引き抜かれる。とは言えオペラにもリヒャルト・ワーグナーの「パルシファル」のように合唱部分が突出して美しい作品も数々ある上、モーツァルトやフォーレの「レクイエム」も合唱こそが美しい。

マーラーの交響曲2番や8番も合唱パートが印象的だった。声を振り絞った悲痛なアリアももちろん美しいものの、私自身合唱曲の全体に溶け合った声に魅了されることの多い手前、雑草にも愛着を感じ、残してあげたいのが本音だけれど、それでは宿根草たちの栄養が奪われ、根を張るチャンスが失われるため、やむなく草むしりに励むのであった。

午後は庭の木陰にてDWのオンライン学習を楽しむ。動画の主人公のNicoと共にドイツ語を学び、ビギナーとして学ぶ彼の境遇に感情移入しながら進むことができるので、ドイ

ツ語が耳にも脳にも心にもすんなりと入ってくる。無料でこのレベルの教材が提供されると
は本当にありがたい。

6月14日　たった一人の貴重な休日

低気圧により気だるさと共に目覚める。

簡単に掃除を済ませると、珍しく真面目にドイツ語の勉強。

所有冠詞の格変化が苦手なので、何度も書き、声に出して頭にたたき込む。

「mein, mein, meine, meine, meinen, mein, meine, meine, meinem, meinem, meiner, meinen, meines, meines, meiner, meiner」

これを私の、あなたの、君の、彼女の、彼の、それの、私たちの、あなたたちの、彼らのと、9種類を16通りひたすら覚える作業は億劫なのだけれど、ある意味読経のようで、いつしか心地よく思えてくる。

昨夜全てのコンサートを終えた夫は、ベルリンの実家へ立ち寄るという。

この20年以上ひとりの時間を大切にしてきたつもりだったけれど、運命のイタズラで結婚をすることになった。家族といえども血の繋がらない他人との暮らしにようやく慣れてきた頃に、こうして再びひとりの時間を過ごすこともなかなか良いもので、外国語で会話をすることがどれほど脳を疲弊させていたかに気付かされた。

空想癖のある私にとって、相手の言葉に注意深く耳を傾け、リアクションをすることは、日本語でも結構疲れるもので、英語にしろドイツ語にしろ外国語での会話から解放されて、リアクションをしない日は貴重な休日のようなものだった。

6月15日　父の日

今日もドイツ語のレッスンはない。オンライン授業は折からのコロナ禍によりご盛況で、とりわけ5月の下旬からは教え方が丁寧でわかりやすい3人の女性に絞って予約をお願いしているため、スケジュールの調整が難しいのだ。授業の遅れに焦る一方で、新たな課題に取り組む必要がなく、復習とDWのオンラインレッスンに時間を費やすゆとりが嬉しかったりもする。

DWのドラマの主人公ニコはシリアからの難民ゼルマと親しくなり、なんだかいい感じ。お堅い教材よりも今のリアルな世相を取り入れていたり、どんな家族でも抱える問題を描いていたりするこのドラマが好きだ。そして何よりもドイツ語を外国語として習得しようと励み、不慣れな外国で右往左往する登場人物に感情移入してしまう。

窓外はどんよりと曇り、シトシトと一日中降り続く雨は庭の植物の生長を促すと同時に、もれなく雑草の生長も促進する。レインジャケットを羽織り、表に出て草むしりを始めると、そこかしこに新たなスギナがその姿を現し、すました顔で居座っているではないか。

夕方にはベルリンからレンタカーにて帰ってくる夫を迎えに約3ヶ月ぶりに国境を越えて

ドイツのフライラシンへ向かった。今日からオーストリアは周辺諸国に対して国境を開放したのだった。自宅から高速道路を経て車を走らせること約30分、国境警備は跡形もなく消え去り、何の障壁もなくドイツ側へ入れたことに拍子抜けしたほどだった。

コロナ禍は収束した訳ではなく、「経済活動を維持するために下した決断を憂慮する」と、ドイツ政府にも助言をするウイルス学の権威クリスティアン・ドロステン教授はポッドキャストを通じて繰り返し述べ、マスクの着用もソーシャルディスタンスも保つようにと警鐘を鳴らしている。

国境を越えることのできる嬉しさとともに、ＥＵ圏内で人の移動が再び活発になるに連れて、これまで保たれていた人々の距離が必然的に近づくことに一抹の不安を覚える。

雨の中、Ｅｕｒｏｐｃａｒというレンタカー会社の駐車場に入ると、後続車が偶然にも夫の運転するチェコ産の車シュコーダだった。

飛行機を乗り継ぐよりはと、8時間もかけて車で戻ってきた夫は疲弊しており、夕食に用意した豚のヒレカツが少々重く感じられたようだった。

ドイツでのコンサートではソフィー・マルソー主演の「ラ・ブーム」の主題歌「Ｒｅａｌｉｔｙ」のアレンジが大変好評だったようで、Ａｕｔｏｋｉｎｏ《ドライブインシアター》に集まった車中の人々は一様にロマンチックなムードに包まれたらしい。

昨日は父の日だったため、Jが自室の引き出しに隠しておいたプレゼントを夫がようやく受け取ることとなった。

4つの小さな包みには、それぞれ、

1、Sehr leckeres Essen ohne Zucker《無糖のおいしい食べ物》
2、Das Spielzeug《おもちゃ》
3、Der Schlüsselanhänger《キーホルダー》
4、Der Brief《手紙》

と書かれており、彼女がお小遣いを貯めて購入した小さな贈り物と、絵手紙が入っていた。夫がお砂糖を避けていることをJが理解していることは素晴らしく、キーホルダーや手作りの謎のおもちゃも彼女が夢中で包む姿が目に浮かぶ。

絵手紙にはパパの全身の似顔絵を中心に、数々の音符とキッチンが描かれ、更には花瓶に生けたお花がいくつも描かれていた。彼女にとってパパと過ごす時間が、音楽と、料理と、お花と共に記憶されていることが読み取れて、自分が受け取った手紙でもないのにいたく感激した。

「Was stinkt und ist laut? Die Lösung ist der Mada!《臭くてうるさいのは？正解は、テン！》」と、屋根裏で狼藉《ろうぜき》行為を働くテンについてのクイズが出題されていたけれど、彼女もまだ遭遇したことのないテンゆえに「Ｍａ ｒｄｅｒ」と書けずに「Ｍａｄａ」と誤字があるところがかわいらしい。

そして何よりも「Weil Ich meinen Vater mag, gebe ich es dem Vater.《私はお父さんが好きだから、これをお父さんに贈ります》」と書かれていたことに、頬を緩める夫を見て、幸せな気持ちになった。

夫はユーモアに溢れ、アイディア豊富で、様々なアクティヴィティーを提供する素晴らしい父親なのだけれど、それでも本人は旅公演も多いため、Ｊと過ごす時間がなかなか取れず、「父親としての役割を果たしていないのではないか」と罪悪感に苛まれることも多いという。そんな夫の悩みが報われた父の日の絵手紙を大切に保管しようと思う。

6月16日　滞在許可証申請

朝からザルツブルクの市内へ降りていったのは、配偶者ビザ、正しくは「滞在許可証」の申請のためだった。

EUの多くの国ではシェンゲン協定を締結しており、シェンゲン域内における国境の往来に際し、国境検査を不問としている。その一方で、シェンゲン域外からの渡航者に対してはあらゆる180日間で90日間を上限に滞在が許され、90日を超えての滞在には滞在許可証が必要となる。

日本とオーストリアでは2国間で特別な協定を結び、両国民は、査証なしでも6ヶ月間の滞在が認められている。従って、オーストリアに6ヶ月間連続で滞在することは許されているものの、オーストリア以外のシェンゲン協定加盟国に滞在することは許されていない。

つまりは90日を超えてオーストリアに滞在した場合、夫のコンサートに帯同してドイツやフランス、スイスなどへ出かける際には、国境検査がなくとも滞在許可証が必要になるのだった。

1年の半分は日本で仕事をしているため、これまでオーストリアに滞在するのは6ヶ月未満のことが多く、最初の3ヶ月間で周辺国を自由に行き来し、残りの3ヶ月はこの国から出ようと思わなければ、査証なしでも不自由を感じることはなかったのだけれど、このコロナ禍にて日本から急ぎオーストリアへやって来た際に滞在許可証がなければ入国できない可能性も多分にあったことから、国境が言葉の壁と同様に目の前に迫ってくる感覚があった。

多忙によりずっと後回しにしていた滞在許可証の申請にいよいよ着手しようとあちらこちらに問い合わせてみると、私たちはザルツブルク郊外の管轄となるらしく、わざわざウィーンへ出向かずとも、ザルツブルク市内に居を構える地方行政の事務局で面会の予約を取れることとなった。

11時の約束に間に合うよう、少々早めに到着すると、わずか10名ほどが表に並んでいた。ウィーンでは数時間行列に連なって待ちぼうけを食い、ようやく問い合わせができるかと思いきや、定時に窓口が閉じられて一日が徒労に終わることもあるとのことで、田舎暮らしの利点を大いに感じる。

恐らく東欧からの移民と見られる先客たちは誰一人としてマスクを着用しておらず、「このポスターに書かれている通り、マスク着用なしでは入館できません。これくらいのドイツ語は読めますよね?」とマスク越しでもわかるほどの仏頂面に金切り声で受け付けの男性がまくしたてるのを見て、査証がすんなりと発行されるか否か不安になった。

更には彼の手元のリストにはなぜか私たちの名前が記されておらず、面会が成立するかどうか定かではなかった。

２０１５年にドイツのメルケル首相がシリアでの惨状を憂慮して「難民を歓迎します」と宣言して以来、ただでさえ移民に対してセンシティブになっていたヨーロッパでは、治安の悪化と失業率の更なる上昇を危惧した右傾化が著しく、移民排斥の潮流となっている。

フランスでも度々極右政党のルペン父娘が台頭してきたように、第二次世界大戦におけるナチズムへの反省から、極端な愛国主義を避けるよう戦後教育を徹底してきたドイツでも、ナチズムを継承しているとしか思えない極右政党ＡｆＤが躍進の途にあり、私たち外国人への風当たりは厳しさを増している。

とりわけ中東やアフリカ大陸、旧ソビエト連邦諸国からやってくる人々に対しては、言語や文化、マナーなどついてヨーロッパへの統合がなされないまま、ヨーロッパの社会保障制度やインフラのみを利用するという批判も多い。

実際にはトルコに暮らしながら、ドイツに書類上のみ空移住し、ドイツからの生活保護を受け、数多い子供達の生活費も全てドイツの税金から支給されているというような不正受給も頻発している。

また、たとえドイツに完全に移住したとしても、ドイツ語を学ばずに移民だけのコミュニティーで生活することも可能だそうで、そうした移民たちの出生率の高さから彼らに政権を奪われる脅威が間近に迫っており、査証の発行も自ずと難しくなりつつあるという。

私たち日本人は、アジア人と一括《ひとくく》りにされても困惑するばかりだけれど、欧米の人々から見れば私たちは紛れもなくアジア人で、日本人と中国人と韓国人とベトナム人の差異を見分けることができるのは、外交官かグローバルな企業に勤めるエリートか、サービス業に従事する洞察力に長けた人々か、どこかの国の諜報《ちょうほう》部員くらいであろう。

この数年で急増した中国からの観光客もヨーロッパでの移民排斥に拍車をかけている。彼らが大挙して訪れたところで、景勝地にて暮らす地元の人々にとってはさほど経済効果がなく、狭い道を占拠し、自宅の敷地内に無断で入って写真を撮るようなマナーの悪い団体観光客により日々の暮らしが脅かされることに辟易していることも確かなのだ。

ことほど左様にたとえ必要書類を全て揃えたとて、滞在許可証を発行していただけるという保証はない。ましてやヨーロッパの官公庁では日本のような笑顔やあたたかい気配りなどは望めない。担当者の機嫌次第では提出した書類をにべもなく突き返されるか、「これは私の担当ではないから他へ行ってくれ」と窓口をたらい回しにされて、結局何も得られずに帰途に就くことも覚悟しなければならない。

実は7月には仕事で東京へ戻らなくてはならず、もしそれまでに滞在許可証がいただけなければ、今の時点では再びオーストリアへ入ることは許されない。固く閉ざされた国境を目の前になすすべはなく、そうした事情を説明してみてはどうかと提案するも、夫曰く、「電話の対応は典型的な官僚気質で、こちらの事情を鑑みたり、安易なゴマすりに籠絡《ろうらく》されるようなタイプじゃないから気をつけて」とのこと、正攻法で試みるより他ない。

果たして約束の11時を30分ほど過ぎてようやく通された部屋には、オレンジ色のTシャツを着てコーヒーカップを片手に持ったSさんが笑顔で待ち構えていた。夫も私も相手への敬意を示すためによそ行きの服を纏っていたのだけれど、Sさんが想像していたような眼鏡をかけた老齢の堅物ではなく、夫と同世代かもしくはもう少々若いくらいの方で、物腰も思いのほか柔らかかったことに拍子抜けした。

Sさん曰く約束は昨日の11時だったとのこと、Sさんから送られた夫宛てのE－mailには確かに16日と記載されていたのだけれど、Sさんの手書きのメモには15日と記されていた。とは言え、ここでSさんの誤りを指摘しても何の得にもならず、約束を間違えて申し訳ないと平謝りした。

滞在許可申請書、婚姻証明書、夫の出生証明書、私の戸籍謄本、ザルツブルクの住民票、夫の保険の加入証明書を揃えて提出すると、「収入証明書は？」と尋ねられ、夫が一瞬焦りを見せる。どうやらコンサートのどさくさに紛れて収入証明書の取得を失念していたようだった。「申し訳ありません。直ちにオフィスから送らせますので、5分だけお時間をいただけますか？」と、ウィーンフィルの事務局に電話をかけると、ものの2～3分ほどで秘書のEさんがSさんへPDFで書類を送ってくれた。

公の機関にもかかわらずPDFでも書類を受け付けてくれるとは、何と鷹揚《おうよう》なこと。

日本でもこのコロナ禍で捺印《なついん》廃止が議論されていたように、この数年、欧米では契約書類や公的機関への提出書類などでも、PDF書類にサインをして、さらにそれをデータで送り返すだけで受理されることが通例となっていて、身分証明書を要するような手続きもPDFの委任状さえあれば友人知人に代行していただくことができるようになっていた。

「日本もそのようになれば無駄な時間が必要なくなり、また海外からでも主要な手続きができるようになるのに」と、もどかしい思いをしていたもので、個人的には書画に押された篆《てん》書体《しょたい》の落款《らっかん》を鑑賞することも好きであるし、印鑑を彫る職人さん方には大変申し訳ないながら、こと書類の手続きに関しては、印鑑廃止の上、電子サインを導入していただければと願っている。

因みにドイツでもオーストリアでも住民票の申請欄に宗教についての記載がある。キリスト教徒であった場合には宗教税が課され、その資金が教会の運営や修繕に費やされる。

ドイツではワイマール憲法以来教会が租税を徴収する権利が保障されており、政教分離が完全になされている訳ではないようだ。事実メルケル首相の所属政党も「キリスト教民主同盟」を名乗っており、極右政党AfDはこの件でも与党に激しく噛みついている。

夫も私も無宗教のため、宗教税が課されないことは幸いだけれど、「田舎の小さな教会の修繕はどうしているのだろうか」との疑問がこれでようやく解決された。

かくして無事に書類は受理され、Sさんのお墨付きにより2週間後にはAufenthalts《滞在》erlaubnis《許可証》がいただけることとなった。それも通常オーストリアでは1年ごとに更新のところ、ドイツ人配偶者の特例により5年ごとの更新でよいとのことだった。

これより堂々と国境を越え、また再びこの国に入国することが許される。もちろん帰属意識は変わらず日本にあるのだけれど、滞在許可証をいただくからには、もっとドイツ語を学び、こちらの歴史と文化に敬意を払い、キリスト教徒であろうが、イスラム教徒であろうが、多種多様な国々から集まる人々の異なる意見を尊重できる人間でありたいと心から思う。

午後にはリサイクルゴミ集積所へプラスチックや紙ゴミ、瓶類などを運ぶ。私たちの暮らす自治体ではゴミの収集は有料の上2週間に一度のみで、月額約40ユーロを支払う。したがって、日々ゴミの削減に取り組むより他はなく、野菜などの廃棄物は庭の隅に設けたコンポストに収集して堆肥を作り、食事は少なめに作るか、残り物はなくなるまで食べる。

ゴミの収集に出すのは、お肉や油を吸ったキッチンペーパーなど、コンポストには入れられず、リサイクルもできない品のみで、それ以外は、ガレージに分別用の容器を設けて紙ゴミ、ガラス瓶、牛乳パック類、プラスチックパック類、衣類などと分けておき、週に二回開放されるリサイクル集積所へ運搬する。

集積所では更に詳細に、段ボール類、新聞紙や雑誌などの紙、牛乳や豆乳などのパック、卵のパックと、同じ紙でも投棄する場所が異なり、プラスチック類は、ヨーグルトなどのパック、お肉やお魚のパック、洗剤類のパック、包装袋などと分かれている。木材、金属、色つきの瓶、透明の瓶と、持ち込んだゴミを分ける過程を、村の職員であるMさんが見守っている。

快晴の日はもとより、雨や雪の日でも上機嫌なMさんはリサイクルの仕事を誇りとしていらっしゃるようで、「これはもったいないから、誰かが使うよ」と、廃棄するには惜しい品を、誰でも好きなだけ持ち帰ることのできるコーナーに自ら運んで下さったりする。そればかりか、ゴミを持ち寄る人が少ない日には、自ら私たちのゴミに手を差し伸べて分別を手伝って下さったりもして、大変ありがたい。

この国の素晴らしいところは、着用しなくなった衣類の回収ボックスが至る所に設けられているところで、こうした衣類は難民や、その他の恵まれない人々のもとへ届けられることとなっている。こちらのゴミ集積所にももれなく衣類回収ボックスが設置されており、小さくなってしまったJの衣類を約半年ごとに持ち込んでいる。

いつも笑顔のMさんがいらっしゃるからこそゴミの分別を厳密にしようと思えるし、使用済みの瓶やパックを洗うことも全く苦にならない。

とは言え自宅から排出されるゴミの多さには毎回辟易させられる。たとえそれらがリサイクルされるとしても、人間ひとりが生活するだけで、環境への負荷は計り知れない。人が生きるとは何と殺生なことだろう。

6月17日 Life is too short

ドイツ語のレッスンは天気についての表現を学ぶ。東京のゲーテ・インスティトゥートでもすでに学び、同じベルリッツでもレベル2の授業で既出であったけれど、簡単で退屈だと侮っていると落とし穴に突き落とされる。

何度も同じテーマを学びつつ、これまでは「雨が降る」という表現のみだったものが「regnerisch《雨模様の》」のように新たに形容詞が加わる。文法事項も少しずつ複雑になり、「Wenn das Wetter schön ist, gehe ich wandern.《もし天気がよければ、山登りに行きます》」を「Bei schönem Wetter,《好天候の折には》 gehe ich wandern.《山登りに行きます》」のように、形容詞の変化を用いて副文をつなげる方法を学ぶ。

天気の項目が終了すると、10レッスンごとに訪れる復習の回で、ミニテストのような形で、いくつかの選択肢の中から言葉を選び、ひたすら文章の空欄を埋める作業を繰り返す。最後にロールプレイで会話のテストをして終わるのだけれど、うっかり忘れていた言葉を思い出したり、引っかけ問題につまずいたりしつつも、少しずつ習熟度が上がっていることを実感できて楽しい。

お昼は夫のリクエストによりピザを。フランスと常に国境を争っていたドイツのアルザス地方の名物フラムクーヘン（フランス側のアルザスではタルトフロンベールと言われる）用の薄い生地に、ドイツ語のレッスン中に煮込んだトマトソースと薄切りのズッキーニに山羊のチーズ、そして最後にバジルとオレガノを加えた熱々のピザはやはりおいしかった。

快晴の午後は庭の木陰にてドイツ語の復習をしつつ、うたた寝をした。撮影中には長時間の労働と台本の読み下しにより睡眠時間が極端に削られる反動からか、ザルツブルクで過ごす夏には読書をするつもりがいつのまにか睡魔に負け、惰眠を貪るばかりだったけれど、今年はこれでも結構がんばっている方だと自分を褒めてみる。

「Life is too short.」は夫の口癖で、仕事をするために仕事をしてしまっていた私に、人生を楽しむことを教えてくれたのが、この言葉だった。ヨーロッパの人々にとって仕事に勤しむ最大の理由は人生を豊かにし、楽しむためであって、仕事のために人生が犠牲になってはならないと考える。

休みの間に次の作品の台本を読み、必要とあらばお裁縫や料理、楽器の演奏など、役柄に合わせた訓練を受け、撮影に耐え得る体力作りと肌の管理に励むため、休みは休みでありながらも次の仕事のための準備に費やされる。

いざ撮影が始まれば、毎朝5時や6時に起床して仕事場へ向かい、深夜の帰宅後には台本を読むという日々が繰り返される。時折与えられる休みの日にはジムにて体力作りをしながら台詞を記憶するという作業をし、マッサージや鍼灸、歯科でのクリーニングや美容室でのヘアカットなど、定期的なメンテナンスにも時間が取られるため、一年を通して完全な休みと言える日などなかった。

しかし、ヨーロッパの人々が仕事を早めに切り上げて家族との時間を大切にしたり、「その週は旅行に出かけるから」という理由で仕事を休んだり、音信不通になったりする日常に触れ、たとえオペラやコンサートの直前であろうとも、寸暇を惜しんでロードバイクツアーに出かける夫と過ごすうちに、人生で多くのものを置き去りにしてきたことに気付かされた。

庭仕事をしたり、散歩をしたりという何でもない日常は私が数十年間犠牲にしてきたものだった。そうした日常を取り戻しつつ、この数年はドイツ語の学習が加わり、別の意味で忙しくしているけれど、この年齢でもまだ新たなことを学ぶ余地があることが嬉しい。

若かりし頃のように聞いた言葉をすぐに記憶することは叶わないものの、今までの経験から英語やフランス語とも関連付けて記憶することにより、全くゼロから外国語を学ぶよりは近道のような気もしている。

テラスでの夕食は庭のサラダ菜を用いたサラダと、イスラエル風カリフラワーのまるごとロースト。香草パン粉を纏わせて表面はカリッと、中身はジューシーにしてみる。そしてメインには七面鳥のソテー。

6月18日　自由裸体主義

早起きをして高速道路を南西方向に進む。国境開放後、今日から馴染みの家族経営の小さなスパホテルがイタリアにて営業を再開するため、リハビリと体力作りを兼ねて訪れたのだった。

天気は予報を裏切るような快晴で、今もなお雪を頂いたアルプスの山々を傍目に眺めながらの旅は心地よい。地理上の都合から途中のある区画でドイツ側に入り、キーム湖を経て再びオーストリアへ入り、スキージャンプで名高きインスブルックを通り過ぎ、コロナエピデミックの隠蔽《いんぺい》問題で注目されたイシキルもやり過ごし、約3時間半ほどでイタリア側の南チロル地方ヴィンチカウに辿り着いた。

ホテルへ向かう道すがら、クローン・ヴェノスタにて昔ながらの丸太造りの納屋が点在し、山野草が彩り豊かに開花する草原の谷を訪れ、山の雪解け水がけたたましい音と水しぶきを立てて流れる川沿いを歩いた。

盛夏には牛が草を食む姿が見られるこの辺りの標高は1200メートルほどで、ようやく気温が上がり始めたばかりとのこと、牛たちはまだ厩舎《きゅうしゃ》から出て来てはいないようだった。

真っ青な空に点在する雲は美しく、私たちの暮らすザルツブルクの田舎にも増して澄み渡る空気を吸い込むと、酸素濃度が低いはずなのに、エネルギーがみなぎる。

コロナ禍がまるで嘘のように静かで穏やかな谷を小一時間ほど散歩をすると、空腹に耐えかねてヴィンチカウのホテルへ向かった。

3食込み《フォルペンシオン》のこちらでは、昼食時にスープと数種類のパン、そして豊富なフルーツに2種のケーキが振る舞われる。本日のスープはカボチャのスープで、全粒粉のパンにオリーブオイルを付けながらおいしくいただいた。

イシキルのスキー場でのコロナエピデミック騒動にて南チロル地方の評判は急降下してしまい、営業を再開したものの宿泊客は極端に少ない。お陰でプールもサウナも閑古鳥が鳴いており、夫がマウンテンバイクにて出かける傍らで、私は貸し切り状態のスパエリアにて水中エクササイズに励み、サウナで久々に汗を流した。

冬期にはインフルエンザ罹患にて体重が激減したものの、このコロナ禍でジムに通えず、体重が戻るどころか身体を心地よく動かすことのできる平均値より4キロも増えてしまった。

オーストリアではすでにフィットネスクラブの営業が再開されてはいるものの、大事を取って来訪を控えていた。Dr.ヌアから勧められた水中エクササイズは、痛みを感じることなくトレーニングをすることが叶い、股関節が喜んでいることが如実にわかる。

何よりも貸し切り状態のサウナがありがたい。ヨーロッパ、とりわけドイツ語圏ではサウナは男女混浴で、しかも皆さん全裸をいとわないため、こちらが望まずとも男女のあれやこれやが目に入ってくるので、心からリラックスをするには至らないのだった。

ザルツブルクにて通っていたジムで初めてサウナを訪れた際には、まさか男女混浴とは知らず、誰もいないサウナを貸し切り状態で堪能していたところ、ガラス扉が突然開き、次々に裸の男性たちが入って来たことは衝撃だった。てっきり男女の領域を誤ったのかと思いきや、男性に続いて裸の女性たちもやって来て、皆さんタオルで身体を隠すわけでもなく、仲良く並んで「昨日行ったレストランのシュニッツェル、チーズ風味とかカレー風味とかいろいろあっておいしかった」とか「昨日のツールドフランス見た？　フルーム、やっぱり凄《すご》いね」などと会話をし始めたのだった。

これは恐ろしいことになったと表に出ようにも、すでに3段のサウナルームは20名ほどの男女で隙間もないほど埋め尽くされ、最上段の私が表へ出る余地は残されていなかった。

更には通りがかったスタッフが水着を着用した私に「水着は禁止だから脱いで」と促したのをこれ幸いと立ち上がろうとするも、皆さんが口々に「まぁいいから、いいから」と引き留め、隣の女性にも腕を引っ張られて再び座らされてしまった。

やがて一人の男性が下段へ下りていき、サウナストーンに手桶の水を「ジューッ」とかけて蒸気を発生させると、手にしたバスタオルを西部劇のカウボウイのごとくブルンブルンと振り回して、サウナ室の上方に集まる熱気を攪拌《かくはん》し始めた。そのタオルは、男性の周辺を回るに留まらず、サウナ室に集う全ての人に向けて「ブォン、ブォン」と闘牛士のように翻され、熱波がそれぞれの汗ばむ顔を直撃する。

さすがに前に立った男性はタオルを腰に巻いていたものの、男女ともにお尻の下にタオルを敷くのみで、皆さん開放的な姿のままひたすら熱波に耐えている。

ロウリュと言われるその儀式が一通り済むと、その場にいた人々から拍手と歓声が上がり、ようやくガラス扉が開けられて、人々がシャワー室や水風呂、休憩室に散っていったのを契機にそそくさと退出し、シャワーを浴びると慌てて洋服を着て逃げ帰ったのだった。

実はヨーロッパで裸の男女を目撃したのはこのサウナが初めてではなく、フランスではビーチで人目もはばからずに裸になり、日光浴をする男女と遭遇することは決して珍しいことではない。

そして、ウィーンでもドナウ川の支流のあるエリアはヌーディストのための解放区となっており、全裸でブラブラとご自身の身体にぶら下がったお品をさらしながらバドミントンに興じる老夫婦や、全裸で自転車を漕ぎ、公衆トイレへの道を急ぐ男性や、なぜか上半身はTシャツを着ているくせにプリプリのお尻は丸出しの男性や、美しい裸体を惜しげもなくさらす女性などが川岸に点在している。

そのエリアは歩行者もロードバイカーも通行する上、バーベキューに興じる家族さえ存在する開かれた場所で、私もこれまでサイクリングの傍らで何度も全裸の人々に遭遇し、見てはならぬと思いつつも、ついチラチラと見てしまい、危うく自転車のバランスを崩しそうになるのだった。

そのような人々はいわゆる露出狂の変態なのではなく、Freikörperkultur《自由裸体主義》、略してＦＫＫ《エフカーカー》に賛同する彼らのライフスタイルは、ドイツを筆頭に１００年以上の歴史を誇る歴《れっき》とした文化で、日照時間が少なく、ビタミンＤの体内生成が困難なヨーロッパにて、自然との繋がりを感じ、健康を保つために始まった運動で、途中ナチによって禁じられながらも、今もなおある一部の人々に支持され続けているとのことだった。

そうは言われても、サウナに入った時くらい静かにくつろぎたいもので、空室に喘ぐホテルのオーナーご夫妻には申し訳ないながら、誰一人としていない空間を存分に楽しめたことは幸いであった。汗を流してはシャワーを浴び、プールで歩くというルーティーンを繰り返すこと5回ほど。リラクゼーションルームには干し草を詰めた布団が敷かれ、この地方特有の山野草が混じった干し草の香りを味わいながら読書をし、うたた寝をすることの贅沢さはたまらない。

夕刻にマウンテンバイクツアーを終えて帰って来た夫がヴィオラの練習を始めた。何やら映画「グランド・ブダペスト・ホテル」のテーマ曲をロシアのバラライカ風に弾くためにギターのピックが必要だそうで、たまたま私のお財布の中に入っていた歯科医師の分厚い名刺を切り取ってギターのピックのように形成したところ、硬度がほどよく大変お気に召したようだった。

ロックダウン以来一日たりともヴィオラの練習を欠かしたことがなく、私にも彼ほどの勤勉さと集中力が備わっていたら、もっと早くドイツ語を学ぶことができたはずだと己の限界を悔やむ。

夕食はサラダビュッフェで始まる。これがメインディッシュでもいいと思えるくらい大好きな千切りキャベツとクミンのサラダに、チアシードとひまわりのタネを添えた。前菜はマグロのタルタルステーキ、プリモピアットは蕎麦粉のパスタラグーソース、セコンドピアットは低温調理のやわらかな仔牛。

まだ明るい夕食後は近くの森を歩いてカロリーを消費する。腰やお尻、太ももについた贅肉の重みは歩みを鈍らせ、股関節に負担をかける。明日もプールの浮力でエクササイズをしよう。

6月19日　自然との共存

朝はドイツ語のオンラインレッスンをクラウディアと共に。「決定する」という言葉を学び、一人称、二人称、三人称、複数など様々な活用変化を練習する。ベルリッツの得意領域のビジネスにおける「昇進」、「部長」、「責任」、「プレゼンテーション」、「顧客訪問」、「プロジェクトマネージャー」、「書類作成」、「契約」などといった言葉を学び、ある女性が部長に昇進することになり、どういった領域の責任を負うことになるのか、上司から指示を受けるという設定で質問がなされる。

クラウディアがビジネスマンではない私を気遣って「退屈なテーマだけれど、一応教えなくちゃいけないことになってるから、サクッとこなして次に行きましょう！」と言ってくれたのだけれど、あらゆる国籍、宗教、職業の方と会話ができるようになり、少しでも相手に理解を示すことができるようになるためには大切な項目であると伝えて、通常通り時間をかけて丁寧に学ぶこととなった。

ドイツ語学習中の娯楽についてはＮｅｔｆｌｉｘにて扱っている作品が大変ありがたく、ドイツ語のオリジナル音声を聴きながら日本語字幕で鑑賞後に、ドイツ語字幕でもう一度観ると、内容を理解した上で台詞の言い回しなどを学ぶことができる。私の好きな作品「CRIMINAL」は、取調室における刑事と容疑者の攻防戦を描いたワンシチュエーションのドラマシリーズで、ドイツ編、フランス編、スペイン編、イギリス編と、各国で3話ずつ作られている。派手なアクションやスリリングなサスペンスものというよりは、むしろ微妙な視線や言外の仕草から真実を読み取り、数々の尋問によって、相手の真意を引き出す心理的な会話劇で、語学学習者にとって最適な娯楽であり教材であると思っている。こうした作品を理解するためにも、ビジネス用語を学んでおいて決して損はない。

午後にはいつものようにサウナとプールでのエクササイズを繰り返し、リラクゼーションルームにて読書をしつつ午睡にまどろむ。

ナショナル・ジオグラフィックやニューヨークタイムズに寄稿する記者エマ・マリス氏が著した『自然という幻想：多自然ガーデニングによる新しい自然保護』という書籍を昨日から読み始めたのだけれど、生態系を保護するという大義のもとに外来種の駆逐に努め、盲目的に手つかずの自然に戻そうとする自然保護の在り方に疑問を呈するこの作品には頷ける箇所が多い。

そもそもこの地球上に存在する自然が繁栄と淘汰を繰り返してきた果ての姿であり、ヨーロッパ人が入植する以前のアメリカ大陸とて、ネイティブアメリカンによって手が加えられたはずであり、ハワイの自然にしても火山の噴火によって幾度も自然破壊が繰り返されてきた歴史を鑑みると、そもそも人間が存在する以前に本来の自然の姿が如何様であったかなど、計り知れないものであり、自然のあるべき姿を現代の人間が語ることなどできないはずだという。

しからば外来種による支配の脅威に抗うことに果てしない時間や回収見込みのない予算を費やすよりは、人間による環境破壊や地球温暖化さえも含めて自然とは変化するものであるという前提で絶滅危惧種の保護に努めたり、もっと現実的かつ建設的に自然と関わることを提唱している。

そう言えば、園芸店ザラストロのクリスティアン・クレスさんもイギリス中を旅して植物のタネを採取して来たとおっしゃっていた。手つかずの自然を信奉する方々にとっては、在来種を脅かし、生態系を乱すと批判される行為であろう。

私も、そうしてクリスティアンさんが増殖させた苗を購入し、自分の庭に植え付けたからには同罪だ。しかし、オーストリアでフジりんごが栽培されている時点で原始的な自然を守ることなど無理な話であるし、日本でアンデス由来のトマトやジャガイモが食べられる時点で、元来の生態系などとうの昔に崩壊している。

ザルツブルクの山から見下ろす景色には酪農や農業のために切り拓かれた土地が数多あり、

今や自然の一部となった牛や羊、山羊が草を食む姿すら、あくまでも人為的になされたものであることを忘れがちだった。

悲しいかな人間がこの地球上に暮らす限り、水や食料、エネルギーを消費することは避けては通れないという現実を受け入れつつ、どのように自然と共存していくのかは、永遠の命題である。

6月20日　オーケストラの団員

フルーツの朝食を済ませると、登山用のパンツにはき替え、ホテルの目の前の山を歩く。本来はひとりで湖を一周する散歩に出かけようとしたところ、夫の誘いで山歩きになったのだった。

今でこそ車の通れる道が敷かれているけれど、かつては私たちが歩く山道しかなく、人々は小一時間かけて山中の教会へ詣でていたのだという。平坦な湖一周プランから、息の上がる山道を歩くことになり、時折「疲れたから休みたい」と不平を述べつつも、やはり山の空気はおいしく、勢いよく流れる雪解け水の音もまた心地よかった。

20人ほどで一杯になるであろう小さな教会を通り過ぎてしばらく歩くとカランカランとカウベルの音が響く牧草地帯が現れ、お尻に数字を書かれた牛たちが放牧されていた。この谷は村の所有地で、近隣の酪農家が自由に放牧することを許されているため、各家が自分の牛に番号を振って個体管理をしているのだった。

こうした牧歌的な風景はクラシック音楽でも度々表現されており、カウベルの音色も用いたリヒャルト・シュトラウスの「アルプス交響曲」は、アルプスの風景を筆で描くかのように絵画的に奏でることを試みた作品として知られている。

グスタフ・マーラーも交響曲6番と7番にてカウベルを用いており、7番では何と木製の巨大なハンマーまで用いられている。私もロンドンのBBCプロムスとルツエルン音楽祭にてダニエル・ハーディングが指揮を執ったマーラーの7番を聴いたことがあるのだけれど、あのハンマーを振り下ろす姿は生の演奏で見ると衝撃的で、ある意味滑稽《こっけい》だったりもして、ついソワソワしてしまう。

いつぞや夫が演奏した際には、ハンマー担当のパーカッショニストが振り上げたハンマーが、後部の壁に激突し、慌てて振り下ろした瞬間には譜面に指示されていたような音は鳴らず、その前で演奏していたホルン奏者だかバスーン奏者だかの譜面スタンドを「バスッ！」と嫌な音を立てて直撃し、再び振り戻した際には、譜面スタンドごと持ち上がってしまい、譜面を奪われた管楽器奏者が顔面蒼白となるという大惨事で、客席も笑いを禁じ得なかったという。

オーケストラに100人からの人が存在すれば、それだけ何が起こっても不思議ではない訳で、愉快なエピソードには事欠かないはずだ。

フェデリコ・フェリーニも最後に撮影した映画「オーケストラ・リハーサル」で楽団員と指揮者の悲喜こもごもを面白おかしく描いていたし、ラデュ・ミヘイルアニュ監督の「オーケストラ！」でも、落ちぶれたハチャメチャな音楽家たちが再起する姿がユーモアと共に描かれていた。日本では三谷幸喜さんが「オケピ！」を書かれ、演出もなさっている。

世界最高峰のひとつに数えられるウィーンフィルといえども、オーストリアやドイツ、フランスのみならず東欧やロシアなど様々なバックグラウンドから集まってきた楽団員たちが一堂に会するならば、それはそれは数奇な物語の玉手箱であろう。

そして、世界で最も多忙と言われるオーケストラに所属する彼らは、一様にエクストリームな趣味を持っており、パイロットの資格を持つ人、雪山登山とバックカントリースキーを趣味とする人、ロードバイカー、マウンテンバイカー、鉄道オタク、普請道楽、読書家、機械オタク、音楽史オタク、バリスタ、美食家、ワイン愛好家など、個人の趣味の領域を多分に超えて、プロの域に入っている方の何と多いことか。

更にはウィーンフィルのコントラバス奏者を退任して医師免許を取得し、AKHにて腎臓の専門の准教授にまでなった挙げ句、楽器の練習を未だに怠らず、度々ツアーメンバーとして参加しているのも夫の友人のマンフレット・ヘッキン氏である。

時折「あなた方は狂っている」と思わず口にしそうになるのだけれど、かように常人の理解を超えた集中力と向学心を持つ方々だからこそ、難関オーディションに合格し、それから何十年と音楽を演奏し続けることができるのだろう。

快晴の空とアルプスの山々、そして牧草地帯で草を食む牛たちのなかを歩きつつ、こちらをまんじりと見つめる牛を観察してみると、牛の乳房がずいぶんと後方にぶら下がっていることに驚かされる。人間で言えば、腸の辺りに乳房が付いている感じだろうか。ザルツブルクの家のすぐ裏は牧場であるにもかかわらず、そんなことも知らなかったなんて。

空腹に耐えかねて、この地域の若者たちが毎年持ち回りで運営するというアルムレストランを訪れ、ベーコンのクヌーデルスープをいただいた。ビーフスープに自家製のベーコンとセモリナ粉を丸めたお団子が入ったスープはとてもおいしい。

午後はまたもやサウナとプールの往復で、昨日の本の続きを読むはずが、干し草の香りに誘われて惰眠を貪るばかりであった。

夜はキャベツのサラダにはじまり、ガスパチョ、蛸《たこ》のマリネ、鴨《かも》のソテー。まだ明るい夕食後の散歩が心地よかった。

6月21日　南チロル

今日は夫の誕生日で、ありがたいことに朝食の席にはテーブルデコレーションとサクランボのリキュールのギフトが置かれていた。私からはプレゼントの用意が間に合わず、夫も特に欲しいものはないというので、迷いに迷ったあげく、夫が理学療法士から薦《すす》められていたマッサージ器「ＴＨＥＲＡＧＵＮ」を注文することにした。いつぞや試してみたところ、筋膜や筋肉が緩む感覚があり、肩や首、腰の凝りがずいぶんと楽になったので、自宅にあったらいかほどのものかとずっと気になっていたのだった。

チェックアウトを済ませ、悪天候のザルツブルクへと帰る前に、快晴の空のもとマリエンブルク修道院に立ち寄る。標高１３５０ｍとヨーロッパでは最も高い位置に存在すると言われる白亜の修道院は、すでに11世紀にはベネディクト会派によってこの地方に存在し、幾度かの移転と紛争や火事による焼失を経て、19世紀に再建されたとのこと、当初は教育機関も担っていたという。

19世紀当時の建物に、現代のセンスを反映した増改築により、大変美しく整えられたこちらの修道院を訪れる度に、この地の人々の遺伝子に組み込まれた美意識に激しい嫉妬を覚える。

礼拝堂の内装も、天上のフレスコ画も壮麗な装飾が施されていながら決して華美にはならず、白を基調としてわずかにグレイとブルーグレイが用いられ、ゴールドの使用はピンポイントでといった具合に抑制が効いているからこそ、祭壇の美しさが際立つ。

南チロルを愛する理由のひとつに建築や内装、調度品、そして自然の中に点在する柵や遊興器具などまでもがイタリア的な美意識を携えていることが挙げられる。

デザインを提案する側と、それを承認し、決裁する側が同じ美意識を共有できるからこそ、公共の場でも、民間の商業施設でも、教会などの宗教施設でも徹底した美が保たれる。

つまりは、官公庁のお役人にも美意識の高さが備わっているのだと想像すると、道路の落下防止の柵に、高速道路の防音壁や土留めなど、全てにおいて自然との調和が保たれていることが納得できる。

南チロルでは同じ田舎家でもどこか洗練されていて、壁の色、建材、ドアの形、意匠のひとつひとつを取っても、オーストリア側よりもさらに美しく、それでいて人々はオーストリア的な慎ましさと心根の優しさを備えている。

食文化はイタリアとオーストリア双方の良いところを含んでおり、政治の腐敗に経済の破綻、医療崩壊さえなければ老後を過ごしたいとさえ思う場所なのだけれど、これまでも度々

EU内で問題になっていたイタリアの脆弱性《ぜいじやく》がこのコロナ禍で改めて浮き彫りになってしまったからには、こうして時折訪れるくらいが程よいのだろう。

実のところ南チロルの旗には赤と白が使われており、第一次世界大戦以降イタリアに併合されたにもかかわらず、オーストリア側への帰属意識を未だに持つ人々も多く、フランスとスペインの間に位置するバスク地方や、ドイツ、フランス間におけるアルザス地方、あるいはイギリスにおける北アイルランドのように、南チロルの独立あるいはオーストリアへの返還を望む人々が存在しているのだった。

したがって、この地域の人々はドイツ語をメインにイタリア語も話し、道路標識などはイタリア語、ドイツ語、古代ローマ語で書かれている。

マリエンブルク修道院の位置する山を少々登った先のホテルＤａｓ Ｇｅｒｓｔｌにてパセリのクリームスープと自家製マカロニのボロネーゼソースの昼食を摂り満足すると、イタリア、そしてスイス、オーストリアと3カ国にまたがるチロル地方を後にした。

途中ドイツ側へ入る国境で一時停止を求められた。いつもなら夫は風貌でドイツ人であることが一目瞭然なため、止められることはまずないのだけれど、万が一身分証明書の提示を求められた際には、私の長期滞在について弁明する必要がある。コロナ禍による帰国困難者については、超過滞在について大目に見るとのことだったけれど、実際こうしたことは担当者の気分次第であることが多く、すんなりと通れるものか心配だったものの、夫が一言「Hallo!」と挨拶をすると、「進んでよし！」とのお許しをいただけた。

やはりここでもドイツ人であることが良きに働いたようだ。

ヨーロッパでは東欧諸国はもちろんのこと、旧ユーゴスラビア諸国、トルコやインド、アフリカ大陸などからの移民たちに労働力を頼っており、様々な人種が入り乱れているのだけれど、ずっとこちらで生活していると、どこの国から来た人なのかなんとなく見分けがつくようになる。

風貌や立ち居振る舞い、言葉の発し方から日本人と中国人、韓国人、タイ人を見分けることができるように、こちらでも肌や髪、あるいは目の色、鼻の形、体型、仕草、言葉のアクセントなどで、大方見分けはつくようになり、タクシーに乗車した際には出身国に合わせて会話をすることで、コミュニケーションを円滑にするように心がけている。

トルコ系にはミマール・シナンの建築を褒め、ハンガリー系とはバルトークのハンガリー民謡について、ブルガリア系にはブルガリアンヴォイスのコンサートが素晴らしかったこと、インドの人々にはかつて敢行《かんこう》したインド旅行について、旧ユーゴスラビア圏の人々とはエミール・クストリッツァの映画の話をする。ナイジェリアの人々は頭の回転が速く、おしゃべり好きなので、ひたすら相槌を打って彼らの話を聞いていれば機嫌がいい。

彼らは私が日本人だと知ると、日本車と電化製品、そしてアニメを褒めてくれる。東京はいつか訪れてみたい都市だと誰もが口々に述べた挙げ句、日本食もどきのレストランチェーンＡＫＡＫＩＫＯを薦められるのはご愛嬌といったところか。

さて、ドイツ側の検問も無事にやり過ごし、キーム湖を傍目に再びオーストリア側に戻ると、国境管理はなく、しばらくして雨上がりの自宅へ辿り着いた。庭のサルビアが紫の花を咲かせ、アリウムもずいぶんと丈を伸ばした。白い花を咲かせるものだと思って植え付けたノコギリソウの一部が黄色だったことには少々がっかりしたものの、今年は目をつぶることにした。

到着してすぐに荷ほどきをすると、休む間もなくウィーンへ向かう。明日はウィーンフィルの選挙。経営者や理事を置かず自主運営の彼らは3年に一度、運営メンバーを選定するための投票を行うのだ。

1日に6時間を超えるドライブはさすがに堪《こた》えたようで、街の灯りがなんと眩《まぶ》しく感じられること。

6月22日　ツアーマネージャーとしての勘

ドイツ語のレッスンでは「先週末はどうでしたか？」などとの会話からはじまるのだけれど、イギリスにいるクラウディアは今もなお食料品の買い物以外に出かけることはできないという。

今日もビジネス用語のあれやこれやを学ぶ。「労働組合」、「残業」、「最善を尽くす」、「案件」、「添付書類」、「解決策」など。

更にはクラウディアと滞在許可証の話になった。彼女はコロンビアにて滞在許可証のために結婚を決めたと言う。「誰かに話すと全くロマンチックじゃないって言われちゃうけど、取りあえずコロンビアでは市民パートナーシップを締結していることになっているの」とのこと、正式な婚姻関係ではないけれど、フランスでいうパックスのように、パートナー関係を自治体に登録することにより、生計を共にしていることを証明し、財産は共有とされ、緊急時の面会が許され、必要とあらば滞在許可証を発行する効力のある制度なのだという。

しかし、ヨーロッパにおいて婚姻の届け出をしていなかったため、彼女が夏休みでドイツに帰国する際には、コロンビア国籍の夫君を帯同することはできないのだという。万が一イギリスがＥＵに留まっていたら、イギリスの学生ビザを持つ彼もドイツへ渡ることができたはずだけれど、残念ながらイギリスはＥＵ圏ではなくなってしまった上、このコロナ禍のもとでは打つ手はない。

私も結婚をするなどとは思ってもみなかったし、今でも結婚だけが全てではないと思っているけれど、この数ヶ月で容赦ない国境の存在を否が応でも意識させられ、現在の夫と家族として公式に認められることのありがたみを改めて感じることとなった。

その夫は楽友協会におけるウィーンフィルの選挙の結果、これまで通りツアーマネージャーとしてフライトの手配をしたり、各国の主催者と折衝するお役目を続けることとなったという。チャーター便を手配したり、国によっては鉄道を利用したり、バスを確保したりと100人からの楽団員に加えて希望者の家族、そして医師に秘書たち楽器を含めた移動手段と宿泊施設を確保し、スケジュールを周知したり、傷病人が出れば現地に留まらせるか、連れ帰るかによって、臨機応変に帰りの手段を変更したり、代役を立てたりといったことを差配することにやり甲斐を感じるようで、このコロナ禍では例年以上にシビアでセンシティブな仕事となることが予想されるも受けて立つ覚悟なのだろう。

実際、３月にフィルハーモニクスの中国ツアーがキャンセルになった時点で、「どの道失業ならば温暖な気候を楽しもう」とスペインのマヨルカ島へ渡った彼は、イタリアの国境が封鎖され、更にはスペインのテネリファ島も封鎖されたことをニュースで知ると、マヨルカ島も遅かれ早かれ封鎖になることを予想して、人々が帰国困難になる前にザルツブルクに戻ってJとの時間を過ごした。

そして予想通りマヨルカ島が封鎖された頃に、今度は日本に私を迎えにやって来た。

「今はまだ満員電車が当たり前に運行しているけれど、東京もいずれ絶対に封鎖されるから、その前にザルツブルクに戻ろう」とのことで、当初は沖縄へ数日間の旅行に出かける予定だったものの、オーストリアの国境も封鎖されるとの情報が入り、急遽フライトを変更して羽田発ウィーン行きの直行便に飛び乗り、ギリギリセーフでオーストリアに入国できたのも、長年のツアーマネージャーとしての勘と情報収集能力が働いたからだった。

楽友協会を居城とするヴァイオリンメーカーの方からギターのピックをいただいてきた夫は「タカタカタンタン♪タカタカタンタン♪」とバラライカ風の奏法を練習しているけれど、楽器そのものがフラットで弦が堅牢なギターのために作られた硬めのピックではヴィオラのアールと繊細な弦にそぐわず、音が出しにくい上、貴重な楽器を傷つけてしまいそうで心配だという。厚い名刺から私がこしらえたピックの方が弾力性があって良かったのだけれど残念ながら熱心な練習により全て破損してしまったのだった。

夜はDr.フーのお招きにより2区のホテルソフィテルのレストランＤａｓ Ｌｏｆｔにて夕

食を。ウィーンで街を見下ろすといったら山からの景色だけかと思いきや、街を一望できるレストランもあったとは。

Dr.フーは10歳のご子息S君を伴っており、中国とオーストリアのハーフの彼は、ドイツ語と英語を流暢に話す上、北京語も学習中だという。更にはピアノも弾くとのことで、いずれは整形外科医になりたいという。

「それなら、もし私が人工関節を入れなくてはいけなくなったら、手術をお願いね」とお世辞を言ってみたけれど、私が人工関節を必要とするかもしれない年齢の頃には、本当に彼が執刀医になっていても不思議ではない。尤も、手術をせずに生涯自分の脚で歩くことが目標ではあるけれど。

S君が食事中に退屈してゲームで遊んだりすることもなく、大人の話にも耳を傾け、それでいて子供らしいかわいらしさを失わないのはご両親の教育が良いのか、あるいは本人の資質なのだろうか。

「携帯電話持ってる?」と私が尋ねるまで、iPhoneはポケットにしまったままで、外出禁止の間はSchoolFoxという携帯アプリで先生と課題のやり取りをし、子供同士のミーティングポイントとしても利用していたことを教えてくれた。

こうした展望レストランにしては珍しく、食事がとてもおいしかった。とりわけ大好物のスウィートブレッドをローストにしてパン粉をまとわせ、グリーンピースのペーストとフライドオニオンを添えた一皿が忘れ難く、夕日に染まるウィーンの街並みと併せて素敵なひとときだった。

6月23日　糖質制限

心地よい朝。テラスの小さな紫陽花《あじさい》が咲き、ギボウシはつぼみを膨らませて開花を待っている。前回抜いた雑草たちはその姿を再び現し始め、すでに花を咲かせている。

朝食のフルーツは夫が用意してくれた。弦楽器であるヴィオラを演奏する夫は、手の怪我を恐れて2年ほど前までフルーツを切ったことなどなく、朝食にはいつも近所のベッカライの焼きたてパンを食べていた。しかし、ドイツのDr.Ｓｔｒｕｎｔｚの分子整合栄養医学《オーソモレキュラー》について書かれた書籍に触れて以来、炭水化物やお砂糖をできる限り避けるようになり、朝食はフルーツとムスリーに取って代わられた。すると私が不在の折にも自分でリンゴやキウイなどを切り始め、パンもナッツと全粒粉のパンミックスを取り寄せて自分で焼くようになって、私が管理をしなくとも食事に気をつけるようになってくれた。

激しい運動をする割に、水分補給を忘れて没頭したり、プロテインやビタミンのサプリメントを摂る習慣がなかったため、ずっと心配だったのだけれど、ある時から健康法についての書籍に熱中し、パレオやグルテンフリーなど、様々なメソッドのおいしいとこどりをして、厳密というよりはゆるやかなグルテンフリー、プロテインと野菜や果物の摂取を心がけている。

何よりも驚いたのは、ティータイムにはいつもケーキを添え、夕食後にはＥ－ｍａｉｌの返信をしながらチョコレートを毎晩１パック食べていた人が、糖質をパタリと止め、お招きにあずかったり、お手製のケーキをいただいた時以外は、甘い物に手を付けなくなったことであった。

お陰で義母やＪの母親、そしてＪのＯｍａ《お祖母さん》もノンシュガーのケーキを焼いてくれるようになったし、私も毎日ではないけれど、ノンシュガーのクッキーを焼くようになった。

お砂糖依存は薬物依存に等しいと言われ、長年の習慣を断つことはとても難しいはずだった。私も初めてお砂糖断ちをした際には、約１ヶ月間、体力の著しい低下と、情緒不安定を経験した。当時京都に滞在していた私は、百貨店のお菓子売り場を見て涙したほどだったけれど、１ヶ月を過ぎ、身体がケトン体質に変換できた頃から、糖質や炭水化物がなくてもエネルギーを創出することができるようになったし、体調もすこぶる良くなった。

時代劇のかつらを被るには増量して頬のラインに丸みを持たせた方がよく映えるので、無理してうどんやご飯を３杯も食べていたことが災いして、顔中に吹き出物が現れ、食後はいつも倦怠感に苛まれ、誰とも会話をしたくないほど不機嫌だったのもどこへやら。

甘い物を食べられないことを話すと「かわいそう」とか「お砂糖も食べないと脳が働かな

いから」などと心配されるのだけれど、お砂糖を摂らない日々がいかに快適かを知った今や、何の後悔もない。

もちろん人様がおいしそうに食べる甘いケーキを羨ましいと思うこともあるけれど、そうした姿を見て、私も脳内で甘い物を味わうことができるようになり、クリームの滑らかさやしっとりとしたスポンジ、フルーツの酸味にチョコレートの甘味、サクサクのクラストをしっかりと味わっている。

かくして夫もゆるめの糖質制限を始めたことで、白いパスタと全粒粉のパスタ、白米と玄米など、以前はいつも2種類用意していたものが、全粒粉のみ、玄米のみで済むようになり、ずいぶんと楽になった。

ドイツ語のレッスンは講師のインターネット接続が不調にてキャンセルとなった。これまでの復習をして過ごすと、結構忘れている単語があった。レッスンの録音を繰り返し聴いて記憶を定着させなくては。

夜は大好きなＶｉｅｔｔｈａｏにてテイクアウトしたパパイヤスープに春巻き、茄子と挽肉の炒め物、ヨーロッパへダイのレモングラスソースを。

6月24日　ＷＡＧＹＵ

ドイツ語のレッスンはＩｍｂｉｓｓと呼ばれる屋台のような軽食堂における典型的な食べ物がテーマだった。

ドイツ語圏では有名な「Currywurst mit Pommes」《カレーソーセジとフライドポテト》やトルコ系の「Ｋｅｂａｂ」《ケバブ》、中国系の「Gebratene Nudlen」《焼きそば》などが多く見られる。

「Was ist ein typisches Gericht eines japanischen Imbissstands?」《日本の典型的な屋台ではどんな料理がありますか？》との質問には「たこ焼き」を挙げたのだけれど、これがなかなか説明が難しく、ずいぶんと時間がかかってしまった。そもそもタコをドイツ語で何と言うのか知らず、まずは「Ｄｅｒ Ｔｉｎｔｅｎ《タ》ｆｉｓｃｈ《コ》」という言葉を教えていただくことから始めなければならなかった。

「Was ist ein typisches Gericht eines Salzburger Imbissstands?」《ザルツブルクの典型的な屋台には何がありますか？》との質問には、ザルツブルク名物という訳ではないのだけれど、「Ｗａｇｙｕ《和牛》 Ｂｕｒｇｅｒ《バーガー》」を挙げてみた。フランスやイギリスではずいぶん以前から知られていたけれど、こちらオーストリアでも少しずつ日本の食材が知れ渡り、とりわけ和牛や柚子《ゆず》などは、オーストリア料理のレストランでも用いられることが増えてきた。残念ながら本物の和牛を使用している例はわずかで、カンガルーやコアラのいる方のオーストラリア産のWAGYUであることが多いのだけれど、モーツアルトが生まれた方のオーストリアでもWAGYUを飼育する畜産農家が増えつつある。

こうした肥育農家は和牛遺伝資源の輸出が刑事罰化する以前に有精卵を仕入れた人々が大半なのだろうけれど、近年では法改正によりそれもままならなくなったため、恐らくオーストラリアやアメリカから種を輸入していると思われる。

とは言え、「WAGYUは、熱により脂肪を融解させた方がおいしいのでよく焼いて下さい」などと説明書きを添付するような生産農家もあり、私たち日本人が口にする和牛にはほど遠く、均一にサシの入ったA5ランクのようなお肉は望めない。そもそも、あの日本の和牛の飼育工程を再現しようにも、サシを入れるために行われるビタミンAの恣意《しい》的な欠乏などが厳しいEUの畜産基準に抵触するため、同じようには肥育できないのではないだろうか。

私たちの暮らすザルツブルクにもブームに乗じてWAGYUを肥育する農家があり、一度訪れてみたのだけれど、購入した500gのリブアイステーキは法外な価格の上、残念ながら脂肪の塊が多かったため、それ以来一度も購入していない。

最近は過剰にサシの入ったお肉より、赤身の方がおいしいと感じるようにもなってきたので、無理して高額な和牛もどきを購入せずともお気に入りの精肉店の熟成肉のフィレステーキで十分満足なのだ。

ただし、屋台で販売されていた5ユーロの「Ｗａｇｙｕ Ｂｕｒｇｅｒ」は夫が購入したものを一口だけ試してみると、自家製のトマトソースと相まって、とてもおいしかった。その一方で目が飛び出るほど高額なお肉を用いて、本当に5ユーロでハンバーガーが作れるものだろうかと思うと疑わしいのだけれど、とにかくおいしかったので良しとした。

ドイツ人は皆一様にソーセージとフライドポテトが好きなものだとの先入観はいただけない。講師のガブリエラは脂っこい料理は避けており、外食の折にはフライドポテトを頼むことは皆無だという。例外的に自宅ではＰＨＩＬＩＰＳのエアーフライヤーを用いたフライドポテトは好んで口にするのだとか。我が家でも購入を迷っていたエアーフライヤーがいかに便利で、オーブンよりも省エネで、おいしいか力説するガブリエラにほだされてＪのために購入を検討することにした。

夫はアルヴィンと共にロードバイクツアーへ出かけ、夕刻に帰って来た。

ヴィオラの練習で籠もるも、ギターピックによるバラライカ風の奏法は相変わらず難航しているようだった。柔らかめのプラスチックならヴィオラのアールにも馴染むのではないだろうかと思いを巡らせながら、私もこの日記をしたためる。

夜は今夜もＶｉｅｔｔｈａｏにてテイクアウトを。パパイヤのスープに春巻き、ベトナム風腸粉バインクオン、空心菜と牛肉の炒め物。ベトナム料理って、どうしてこんなにおいしいのだろう。

6月25日　都会が向かない身体

夫は所属する管弦楽アンサンブル「フィルハーモニクス」のレコーディングに先駆けたリハーサルへ出かけて行った。

ドイツ語のレッスンもなく、久々に自由な時間を満喫する。掃除や洗濯をしながらドイツ語のラジオを流し、聞き慣れた言葉をピックアップする。ラジオのニュースは発音がクリアでわかりやすい。「ユーエス　プレジデント　ドナルド・トランプ」や「ブンデスカンツラリン《連邦首相》　アンゲラ・メルケル」や、「パルラメント《議会》」「オポジチオンパッタイ《野党》」、「デモンストラチオン《デモンストレーション》」などといった言葉に注意深く耳を傾けていると、どんな主題について語られ、世の中で何が起こっているのか、おぼろげながら理解できるようになるのだった。

街をぶらぶらと歩くと、ずいぶんと人通りが増えていることに驚く。カフェのテラス席から漂う煙草の煙には咳《せ》き込んでしまい、都会が向かない身体になっていることを如実に感じる。

昼食には化学調味料を使用しない中華料理店にて、豆腐《とうふ》干絲《かんす》のサラダと行者にんにくの点心を味わい、再び街を散歩した。

夫のピックを自作するために、文具店にてプラスチックのファイルを2種類ほど購入し、ついでに格安だったノートもドイツ語学習用に10冊ほど購入した。

帰宅した夫は案の定「ピックを変えなくちゃ。ノアもセバスチャンも皆同じ問題を抱えていて、やっぱり紙をちぎって使っていた」というので、購入したばかりのファイルを見せると、「Du bist die Beste!《君は最高だ!》」とお褒めの言葉をいただいた。2冊のファイルのうち、より柔らかい方を選択した夫のために6枚ほどピックを作成し、もう一冊は、ボロボロの封筒に入れたままだった婚姻証明書や住民票などの保管に用いることにした。

夕食にはアボカドサラダに海老とトマトのパスタを。まだ明るいテラスにて食事のためBGMはなし。

6月26日　ご褒美レッスン

ドイツ語のレッスンはアンゲラと食品について学ぶ。

食べ物の名前は生存本能から誰しもが最初に憶えるものであろうし、私も食い意地が張っているため大抵の食品の名前は憶えることができた。

当初は、七面鳥の胸肉と鶏胸肉の違いがわからず、真空パックに描かれた鳥の絵柄から、長らく七面鳥を鶏肉だと勘違いしており、「オーストリアの鶏胸肉はどうしてこんなに柔らかくおいしいのだろう?」と不思議に思っていたほどだったけれど、牛、豚、鶏、仔牛、羊、七面鳥、鴨、鹿、猪の違いもいつしか理解できるようになっていた。

2時間目の授業もレストランにおける注文の仕方で、付け合わせを「Beilage《バイラーゲ》」ということを初めて知り、焼き加減を、「blutig《レア》, halbdurch《ミディアムレア》, medium《ミディアム》, durch《ウエルダン》」と段階ごとに学んだこと以外は日常ですでに使用している言葉ばかりだったので、教科書から脱線して雑談を楽しむゆとりのあるご褒美レッスンだった。

ドイツ語で飼育は「Die Züchtung《ディーツーヒトゥング》」と言うそうで、飼育から派生した「Das Zuchthaus《ダスツーットハウス》」は刑務所を意味することも学んだ。記憶を重ねることは、憶劫でもあるけれど、理解できる言葉が少しずつ増える喜びは、学習の苦しみに勝る。

そして、日本語と同様に、ドイツ語も一つの単語がいくつもの意味をなしたり、言葉を2つ繋げると新たな単語になったりすることから、全く知らない言葉でも意味を想像することができるようになってきた。

このところBluetoothのヘッドセットとAdobeConnectとの相性が悪く、会話が途切れ途切れになることが頻発し、ベルリッツのサポートスタッフからも有線のヘッドセットを購入するようにとアドバイスされていたため、レッスン後にWien Mitte駅に隣接した家電ショップMediaMarktにてドイツが誇るゼンハイザーのものを新たに購入した。「今時Bluetoothとの相性が悪いなんて」とも思うのだけれど、講師陣の言葉をクリアに聞き取れることも大切であるし、ヒアリング問題で音声を漏れなく聞き取ることも大切なので、有益な投資であったと思う。PHILIPSのエアーフライヤーは思いのほか大きかったため、今回は購入を諦めた。

オーストリアでは「顔を覆ってはならぬ」というイスラム教徒に対して厳しい法律があるにもかかわらず、この度のコロナ禍では他国に先駆けて異例のマスク着用義務が制定され、多くのエリアでマスク不使用が許可された今もなお、公共の交通機関に乗車する際にはマスクの着用が義務づけられている。

　久々に地下鉄に乗ってみたところ、顔を隠した人を本能的に恐れるこちらの人々が皆お行儀良くマスクを使用していることに驚いたけれど、清潔好きで他人に迷惑をかけず、体裁を気にするオーストリア人の気質が、日本と同様感染者の抑制に影響したのだと確信した。

　お昼にはＪＯＳＥＰＨ ＢＲＯＴのオープンカフェにてアボカドトーストをいただいた。パンはディンケルの全粒粉で、添えられたルッコラとラディッシュのサラダもおいしかった。

　リハーサルを終え、行列のできる刀削麺屋さんｒａ・ｍｉｅｎの餃子とサラダを携えて戻ってきた夫は昨日作成したピックがとても使いやすかったと喜んでいた。

「道具への投資は惜しまない」が私たちの共通の信条で、これまで何度も経験した「安物買いの銭失い」の過ちを再び犯さぬよう、今回のピックのように仕事に直結する道具はもちろん、庭仕事の道具も、掃除用具も、良質な物を長く使うことを心がけている。

6月27日　ゆるみにゆるんだ筋肉を

約4ヶ月ぶりにジムへ行き、ゆるみにゆるんだ腹筋を引き締めるべくトレーニングに励んだ。

快晴の土曜日にもかかわらず多くの人々が集うのは、皆さんよほど筋トレに飢えていたからなのだろう。用心を重ねて運動器具を消毒し、苦しいながらもマスク着用のままで動くと全身からじわりと汗が滲み出る。内転筋や殿筋群など自宅では鍛え難いエリアを集中して鍛錬し、腹筋群も、呼吸をしながら骨盤底筋、腹直筋、腹斜筋、腹横筋などと部位ごとに追い込みをかけ、腰回りは容赦なく絞る。プランクも1分間を3回試みると、体重が増えた分ずいぶんとキツく感じられた。

トレーニング中にはオーディブルの「キクタン・ドイツ語」が最適で、1・3倍速でリズミカルな単語を聞きながら筋トレと単語記憶の一石二鳥を企てる。ドイツ語は単語そのものを記憶するよりも定冠詞を記憶することが困難で、女性名詞、中性名詞、男性名詞の振り分けをリズムで憶えるようにしているのだった。

フランス語では女性名詞と男性名詞だけなのに、ドイツ語には中性名詞があることは時代の先端を行っているような気もする一方で、憶える側としては、ただでさえ単語にジェンダーがあることに四苦八苦しているのに、中性名詞まであるなんて厄介極まりない。保守的な言語学者の方々の反発は承知の上で、「いっそのこと世の潮流に従ってジェンダーなどなくしてしまって、全て中性で定冠詞を付ければいいのに」と、私のようなズボラな語学学習者は思う。

お昼はまたもやJOSEPH BROTのカフェにて、大好きなビーフタルタルでたんぱく質と鉄分を補給する。

午後にはJOSEPH BROTのサンドイッチとスイーツを携えて、夫が仲間たちと共に新譜のレコーディングをするスタジオを訪れてみた。

ウィーンの中心地から車で30分ほど、ナチ統治時代の建物の中にヨーロッパ屈指の巨大なレコーディングスタジオRosenhügelstudioが現れる。

カラヤンを始め、数々の指揮者たちがウィーンフィルなどとの録音を催行した由緒あるスタジオは素晴らしい音響を誇り、音楽家にとっても、エンジニアにとっても心地のよい最高峰のスタジオであるという。

フルオーケストラに加えて合唱団までも余裕で収容できるブースにたった7人の音楽家たちが腰掛けて楽器を奏でることができるとは何と贅沢なことだろう。

すでに午前中に2曲を録音した彼らは、本日3曲目に当たるロマの音楽を演奏中だった。インドを起源とすると言われる流浪の民ロマは、ルーマニアやハンガリーなどの東欧諸国にて独自の音楽を発展させ、まるでサーカスのように超絶技巧を駆使してヴァイオリンを早弾きして見せるのがご自慢で、ロマのエキゾチックな音楽を好んで演奏するクラシック音楽家も多い。

ハンガリーの現代作曲家ベラ・バルトークは自国の民族音楽を収集、保護し、その中にはロマが発祥とされる音楽も含まれている。また、ブラームスも民族音楽を編纂した「ハンガリー舞曲」を記しているように、ロマの音楽はもはやクラシックのレパートリーにも組み込まれていると言っても過言ではないだろう。

フィルハーモニクスはヴァイオリン2人、ヴィオラ、チェロで編成される弦楽カルテットに、コントラバス、クラリネット、そしてピアノが加わった7名のアンサンブルで、音の襞《ひだ》が幾重にも重なって美しく豊かに響く。誰もが正統派のクラシックを丁寧に演奏することが可能な上、ロマの音楽やポップ、ロックなども自在に奏でる。かしこまった紳士淑女のための厳粛な音楽を目指すつもりは全くなく、音が放たれる瞬間を彼ら自身も楽しみ、耳から伝わる音が心拍に響き、自然に踊り出したくなるような演奏を志している。

彼ら7名の呼吸が見事に一致して、演奏が盛り上がる際には大いにエネルギーを放出する一方で、饒舌《じょうぜつ》に語る音がふと止む休止符によって訪れる静けさが緊張感と渇望感を煽《あお》った挙げ句、再び音の嵐が吹き荒れるような演奏に、心躍らされ、唸らされ、笑顔にさせられる。ロマの音楽に続いて録音されたのは、マックス・ブルッフがユダヤ音楽をモチーフに作曲した「コル・ニドライ」のアレンジで、私もかつてCDを繰り返し聴いていたほど好きな曲だった。ヴァイオリンで始まるアレンジは、後に主旋律をチェロに譲り、美しくもの悲しいメロディーが奏でられる。

マスター録音のプレイバックを全員が調整室で聴き、タイミングやリズム、ハーモニーをより美しくすべく、それぞれが意見を述べ、再び体育館のようなブースに戻ると調整箇所を数カ所に区切って演奏し直すという流れは私が歌を唄っていた頃と同じだった。

尤も彼らは世界中で演奏を重ねて来たプロの音楽家たちで、私はプロの歌手を名乗るなんておこがましく、坂本龍一さんの音楽の一介のファンだったに過ぎない訳で、作詞こそ没頭して励んだものの、歌を唄うことは得意ではなく、一曲の録音に数日間を要したけれど、優れた音楽家たちが一堂に会すると、一曲を1時間少々で完成させることができるのだと知り、妙に納得した。

録音エンジニアはウィーンフィルはもちろんのこと、アナ・ソフィー・ムターとヨーヨー・マの録音などにも携わるクラシック専門の熟練した方で、7人もアーティストが集まれば、それぞれ異なる意見が出ることもあるけれど、空気が煮詰まりそうになると、上手にガス抜きをしてくださるような、懐の大きな方だった。

実はずっとヴァイオリンのキンキンとした音が苦手で、もし夫がヴァイオリニストだったらこうして一緒になることもなかっただろうと思うほど、ヴァイオリンを弾く人とは人生が交わることはないと思っていた。どちらかというと、中音部のヴィオラ、チェロやコントラバスのような低音の方が耳に心地よく、ヴァイオリンの奏でる主旋律を陰ながら支えるヴィオラやチェロ、そしてコントラバスを弾くアーティストたちの人柄の方が親しみやすく感じられていた。

楽器奏者を戦隊物のキャラクターに喩えると、ヴァイオリンやピアノは赤レンジャー、チェロは青レンジャー、ヴィオラは緑レンジャーで、コントラバスが黄レンジャーといったところだろうか？ ピアノでもソリストタイプは赤レンジャータイプだけれど、伴奏者タイプには青レンジャーも緑レンジャーも黄レンジャーも存在する気がする。例えばウィーンフィルのツアーなどにもピアノ奏者として度々参加しているフィルハーモニクスのクリストフ・トラクスラーのように。

そしてヴィオラ奏者の夫は緑レンジャー要素も携えているけれど、青レンジャーのような参謀タイプでもあり、彼のお陰で素晴らしい演奏に触れる機会が増えるにしたがって、本当に卓越した演奏家の奏でるヴァイオリンの音は、柔らかく滑らかで、琴線にそっと触れるものであることを知った。

フィルハーモニクスの第一ヴァイオリンを務めるノア・ベンディックスもその1人で、彼は美しいメロディーを繊細に丁寧に奏でるばかりか、高音部の早弾きすら軽々と滑らかにこなしてみせるものだから、黒板を爪でひっかいたような、あるいはアサリに残った砂のような不快感をまるで感じることなく、恍惚《こうこつ》の世界へと導いてくれる。

そのノアは、ヴァイオリニストでありながら、青レンジャーのような冷静さを携えており、むしろフィルハーモニクスにおける赤レンジャーはクラリネットのダニエル・オッテンザマーが担っているような気がする。チェロのシュテファン・コンツは音楽の上では青レンジャーでありながら人柄は黄色レンジャーを兼ねているように見受けられる。

コントラバスのエーデン・ラーツは期待を裏切らず黄レンジャーに徹しているけれど、ソリストとして赤レンジャーの顔を覗かせることもある。カテゴライズに苦しむのが第2ヴァイオリンのセバスチャン・ギュルトラーで、ステージ上では黄レンジャーのように振る舞うものの、その本質は理想主義の白だろうか。

本日の最後に演奏されたのは、映画「アマデウス」の主題歌となった「アマデウス」で、シンプルなメロディーが耳に残る。指揮者もなく、メトロノームやクリック音もなく、テンポやリズム感をどのように保っているのかと、コントラバスのエーデンに尋ねると、テディーベアのような大きな手を胸に当てて、「リズムやテンポはここにある。これを頼りにするだけ」と言い残して、ブースへ戻って行った。

夜はイタリアンのテイクアウトで、ヴィッテロトナート、レンズ豆のサラダ、タコのマリネに、トマトのラグーソースパスタと、シュタインピルツの入ったラビオリを。

6月28日　日曜日のザルツブルク

レコーディングをする夫をウィーンに残して1人ザルツブルクへ帰る。

ウィーン〜ザルツブルク間を運行する電車はÖBBとWestbahnの二社があり、恐らく混み合っていそうなÖBBを避け、Westbahnに乗り込むと、運良く食堂車の席が空いていた。食堂車と言っても、自動販売機とセルフサービスのパン販売があるくらいで、温かい食事が提供されるわけではないのだけれど、このコロナ禍の最中においては、自動販売機もパンの販売も休止中で、2つあるテーブルの広い座席に腰掛けたのは私ひとりだけだった。

途中の停車駅にて数人が乗車してきたものの、皆一様に食堂車を避けて普通席に乗り込んでいった。恐らくアジア人の近くに座りたくなかったのだろう。人種によって色眼鏡で見られることも時には役に立つもので、お陰でザルツブルクまで乗車券の確認以外、誰とも接することなく新たな仕事の台本を読むことができた。

ドイツ及びオーストリアでは、閉店法により、原則として日曜・祝日の小売店の営業が禁じられている。したがって日曜日のザルツブルクはとても静かで、車の往来も少ない。湖水浴や山登りに出かけた人々で混雑する道も日が長くなったためか渋滞する気配はなく、例外的に朝夕それぞれ2時間だけオープンしているHoferに立ち寄り、少量のフルーツに野菜などを購入すると、久々に静かな家に辿り着いた。

不在にしていた間に毎日雨が降り続いたようで、庭の宿根草は見事に生長し、スタキース・ハメロは濃いピンクの花を咲かせ、アガスターシェのつぼみがほころび始め、アリウム・スファロセファラムはわずかにワインレッドに染まり始めていた。

宿根草が生命力をみなぎらせる傍らでは雑草たちも大きく葉を広げ、我先にと太陽の光を浴びるべく宿根草の邪魔をし始めていた。それだけならまだしも、いくつかの宿根草は、雨の日に大活躍したらしきナメクジに食べ尽くされ、花のつぼみ諸共きれいになくなっていた。ナメクジにも食欲をそそる葉とそうでない葉があるらしく、ラムズイヤーのような起毛した葉やサルビアなどの硬めの葉が食べられた気配はなく、ギボウシやルピナス、イタリアンパセリ、フェンネルなど、やわらかな葉が好んで食べられていた。

庭の隅に隠してあるコンポストには20㎝ほどもある巨大なナメクジが鎮座し、ハーブの植え込みでは2㎝にも満たない赤ちゃんナメクジがそこかしこに張り付いており、人間のコントロールの及ばない自然の営みを甘んじて受け入れるよりほかなかった。

夕食はメランツァーネとトマト、パプリカ、ズッキーニ、タマネギでラタトゥイユを作って食す。

6月29日　山の空のご機嫌伺い

ドイツ語のレッスンはクラウディアと共にドイツ語圏のデザートについて学ぶ。

世界屈指のスイーツを誇るオーストリアに暮らしていながらお砂糖をいただけない体質の私は、彼の有名なザッハートルテすら味わったことがなく、チョコレートケーキとアプリコットジャムの味を想像するのみである。

他にも、リンツァートルテと言われる赤スグリのパイ、パラチンケンと言われるクレープや、アップルシュトゥルーデル、モーン・クーヘンと言われるケシの実のケーキ、ナッツをふんだんに用いたヌス・クーヘンなど、垂涎《すいぜん》もののスイーツが数多ある。

ベルリンの義母もイチゴのジュレを用いたエードベルントルテ、ナッツを用いたヌス・クーヘンにショコ・クーヘンなど、私たちが訪れる度に3種類のケーキを用意し、最近ではノンシュガーのクッキーまで焼いてくれる。

そもそも、トルテとクーヘンの違いなど全く知らなかったのだけれど、クーヘンはベッカライと言われるパン屋さんでも扱われる焼き菓子全般のことで、トルテはクリームやジュレなどを用いた本格的なケーキで、フランスでいうパティスリーに相当するコンディトライと言われる専門店にて扱われているとのこと。

オーストリアでは小学校でも毎週金曜日には昼食の代わりに甘いクーヘンが振る舞われるほどスイーツ文化が人々の日常に根付いている。

従って、自宅にてお菓子作りをすることも、食事を用意することと同じくらい当たり前の習慣となっており、私のようにお菓子作りが苦手な人間は分が悪い。

とは言え、苦手な分野に無駄な労力を割くよりは、Jの母親のDやOma、そして義母などの得意な人に遠慮なく甘えさせていただくのも悪くはないと思っている。

オーストリアに来てから、時々自分へのご褒美で許すのが、ハイデルベールダッチと言われる野生のブルーベリーをふんだんに使用したパンケーキで、9月の2週間ほど、期間限定のそれを、ザルツブルクのシュロス・アイゲンというレストランにて、上に振りかける粉砂糖も一緒に添えるはずのアイスクリームもなしで、お砂糖なしのブルーベリーそのものの甘味のみで味わうと、普段デザートを食べない分、とても甘く、おいしく感じられるのだった。

お昼は昨夜の残り物。

午後は雷雨が急襲し、突風がけたたましい音を立てて木々を揺らし、どしゃぶりの雨は容赦なく窓ガラスを叩きつける。天候の急激な変化によってアウトドアソファーにカバーをかけたり、パラソルを畳んだり、洗濯物をしまい込んだりといった作業にもずいぶん慣れてきた。はじめの頃は、せっかく干した洗濯物がずぶ濡れになることも度々あったけれど、山の空のご機嫌伺いも習慣になると、車を運転中に突然ヒョウが降ってきても驚かなくなった。レコーディングとビデオクリップの撮影を終えて帰って来た夫が、誕生日プレゼントのＴＨＥＲＡＧＵＮを開梱すると、開発者直筆メッセージをプリントしたものが同梱されていた。「数年前に起こしたオートバイ事故による負傷がこのＴＨＥＲＡＧＵＮ開発の母となりました。このツールによって、私の人生は劇的に変わり、痛みから解放されました。そしてこの素晴らしいツールを皆さんとシェアできることを誇りに思います」というようなことが書かれ、実体験を伴った切実な開発秘話に胸を打たれた。

夫は早速ＴＨＥＲＡＧＵＮを吟味し、アプリもインストールして、それぞれの症状別の使用法をアプリに従って試していた。驚異の回復力ですでに完治してしまった手根管症候群にも対応した使い方が紹介されていることにも大満足で「これがあれば、また庭仕事ができるかもしれない」とのたまっていた。

夕食は庭で摘んだサラダ菜とナッツ類のサラダに加えて、ただ今アイアーシュワーメル《アンズ茸》が旬の季節にて、アーリオオーリオ風のシンプルなパスタにしてみた。

6月30日　それで十分幸せなのだ

朝から工事の人々が訪れ、フィットネスルーム兼オフィスの窓を広げるべく壁に大きな穴を空け始めた。ドリルの音と、金槌の音は家中に響き渡り、とてもドイツ語のレッスンどころではない。

庭の片隅に机と椅子をしつらえて、アウトドアでオンラインレッスンを受講するも、ヘッドセットのノイズキャンセル機能が大変優秀で、講師のアンゲラには騒音がまるで聞こえないとのことだった。

今日は空港のチェックイン、ボーディング、機内サービスについて学ぶ。

大概の空港では英語表記があり、機内放送やサービスなども英語で事足りるものの、ザルツブルクから飛行機で2時間30分ほどかけてベルリンを訪れる際には、Jを伴うこともあり、「Die Sicherheitskontrolle《保安検査》」や、「gültig《有効な》」、「Bitte schnallen Sie sich an《シートベルトを締めて下さい》」、「Das Unterh《エンター》altungsprogramm《テインメントプログラム》」などといった言葉を漏らさず記憶するようにした。

昨日から使い始めたTHERAGUNが非常によく効いて、気付くと腰や股関節の痛みが消失していた。投資額に見合ったリターン、否、むしろ予想以上のリターンを得ることが叶い、未来への不安が取り除かれた。痛みから解放され、痛みがあったことを忘れることができるならそれで十分幸せなのだとつくづく思う。

昼食には困った時のつくね蕎麦を。

午後はリサイクル集積所へ瓶や缶、パック類を運び、不要となったJの小さな引き出しも持ち込んだ。Mさんは今日も上機嫌で分別を手伝ってくれた上、Jの引き出しを気に入り、自宅に持ち帰って使用するという。

実は、炭火が発がん性リスクを伴うと発表されたため、昨年からバーベキューセットをガス式に替えたのだけれど、以前使用していたバーベキューセットはMさんが同僚とバーベキューをする際に使うといって、こちらのリサイクル集積所で今も保管されている。

そして、わざわざガスグリルを購入したものの、お魚も焼き鳥も焼き肉も炭火の方がおいしいので、結局のところ日本で外食をする際には未だに炭火焼きのお店を訪れている。

出かけたついでにお茶菓子を購入すべく近所のベッカライを訪れると、アプリコットケーキにチーズケーキ、アップル・シュトゥルーデルなどがおいしそうに並んでおり、アップル・シュトゥルーデルとアプリコットケーキ、ショコ・クーヘンを求めた。

上半身裸で働く屈強な男性と、老齢の男性は2人とも熟練工で、壁は見事に取り払われ、養生シートのかけられた部屋は粉塵《ふんじん》まみれになっていた。もう1人、彼らの下請けに当たるクレーン会社の男性と3人は、エスプレッソにケーキを瞬く間に平らげると、粉砕された壁の断片をクレーンで運び出す作業に戻る。

お皿にわずかに残った粉砂糖やチョコレートのかけらが西日を受けて眩しく輝いていた。

16時に彼らが作業を終え、穴を塞ぐべくビニールシートを張って帰路に就くと、久々に往復1時間以上かけて車を走らせ、鮮魚店Grüllにて夕食の食材を調達する。

第一次世界大戦にて海を失ったオーストリアでは新鮮な魚介類を入手することはとても困難で、Grüllは、大変貴重な鮮魚店である。

こちらの名物は、独自に養殖したチョウザメのキャビアと鮭のイクラ、そしてバイエルン地方で養殖されたビオの海老、ザリガニのズルツェ《ゼリー寄せ》など。運がよければお刺身用のまぐろの赤身も手に入る。我が家では日持ちのするイクラとからすみを常備し、お魚は必要に応じて買いに出かける。今日はイクラとからすみ、ザリガニの旨みとディルの香りが効いたズルツェ、そしてスミイカと鯛を購入することにした。

夕食はザリガニのズルツェ。スミイカとアンズ茸のアヒージョに、いんげんのオリーブオイルと麻の実和え、タイのソテーココナツミルクとサフランのソース。

7月1日　ただいまヴァカンス中

朝一番でザルツブルクの街へ降り、滞在許可証を受け取るべく地方自治体の窓口を訪れる。前回金切り声でマスク着用を訴えていた男性は今日もまた、不機嫌そうに「何度言ったらわかるのでしょうか？　マスク着用の規則を厳守して下さい！」と叫んでいる。英語圏から来たらしき男性とオーストリア人男性の同性婚による配偶者ビザ申請のカップルは、Tシャツで口と鼻を覆って見せ、「これで大丈夫でしょう？」と強行突破しようとしていたけれど、残念ながら「駅の中にスーパーがあるから、マスクを購入して来なさい」と言われて渋々列を離れ、駅へ向かっていった。

約束の時間まで外で待たされること約15分ほど、前回訪れたSさんの部屋まで、わざわざ案内して下さった入り口の仏頂面の男性は、「皆さん様々な国から来て常識も異なるから、嫌われ役も必要でね」と、急に笑顔になった。

滞在許可申請の問い合わせ電話に応じていたSさんが受話器を置くと、「Frau Nakatani?」と声をかけられ、すぐさまプラスチックのカードが渡され、受領書にサインをすることとなった。「これであなたはいつでもオーストリアに帰って来ることができますよ」と温かい言葉をかけられ、このコロナ禍でも国境を越えて入国することを許されたのだと安堵したのもつかの間、「ただし、肺の検査が必要で、２ヶ月以内に保健所でレントゲンを撮って下さい」と言われて我に返った。

　検査について指示が書かれた紙を渡されたものの、私には難解で「肺のレントゲンですか？」と尋ねると「とにかく法令によって決まっていることなので、必ず検査を受けて下さい」とのこと、確かに適用される法律の番号も書かれており、肺のレントゲンということは結核の検査だろうと理解した。

　コロナウイルスの検査ならまだしも「21世紀にもなった今、結核の検査など必要なのだろうか？」といぶかしく思い、駐車した車の中で早速調べてみると、どうやら抗結核剤耐性菌なるものが蔓延《まんえん》し、少なからぬ結核患者が今もなお存在するらしく、滞在許可証の発行時に結核の検診を義務づけている国はオーストリアだけではなく、ノルウェーやニュージーランド、オーストラリアなどでも検診が行われ、日本では罹患者の多い国からの渡航者、アメリカでは永住権申請者に検査を課しているとのことだった。

　結核の検査のことが気になって、いただいた許可証を吟味することが後回しになってしまったけれど、黄緑色のＡｕｆｅｎｔｈａｌｔｓｋａｒｔｅ《滞在許可証》には確かに２０２５年まで滞在が許可された旨が記されていた。

わざわざ婚姻関係を結ばずとも夫婦同然の生活を送り、子をなすことの多いヨーロッパ人からすると、離婚した際の財産分与や養育費などの負担が大きく、結婚はリスクでしかないという。そうした経済的負担はステレオタイプに男性が担うものではなく、女性の収入が多く、男性側が少ない場合には、離婚時の財産分与で割を食うのは女性の方になる。事実自立した女性が、別れた元夫の生活費に加えて元夫の新たなパートナーを含む家族の分まで支払い続ける例もあり、そんな危険な橋をわざわざ渡らなくてもよいと考える男女は多い。私たちも夫婦別姓を貫いているし、「結婚したのはビザ取得とマイレージ共有のため」だとか、「偽装結婚です」などとうそぶいてみせたりもするけれど、こうして滞在許可証を手にしてみると、そのありがたみと重みをひしひしと感じる。

実際、世界中には事実婚関係にはあるものの、正式な婚姻届を提出していないがために、今もなお離ればなれの男女が沢山いる。もしも夫が日本に迎えに来ることなく、私の撮影が一日でも長引いていたら、私たちも婚姻関係にありながら離ればなれのままこの数ヶ月を過ごし、この先もいつ再び会えるとも知れない立場だったのだ。

滞在許可証をいただいて有頂天になったついでに、精肉店Ａｕｅｒｎｉｇへ立ち寄り、牛と豚を合い挽き肉にしていただき、ヒレとイチボの熟成肉とバーベキュー用にマリネされた七面鳥を購入した。

今日も工事は続いている。大きな窓をはめ込むための土台作りで、鉄筋が埋め込まれるという。時折部屋を覗いてみると、最大限に広げられた視界は広々として心地よく、山の峯もしっかりと見え、運動をするのには最高の眺望となっていた。

夫は今日から3週間のヴァケーションだというのに、工事の立ち会いをしつつ、朝から絶え間なく鳴る電話に応えている。コロナ禍の影響でウィーンフィルのツアーにサマーナイトコンサート、そしてフィルハーモニクスのツアーも刻々と様相が変わり、対応に追われる姿は見ていて気の毒になる。

これがフランス人だったら「ヴァカンス中だから」とビジネス用件の電話やメールには一切応答しないのだろうけれど、合理的で勤勉、かつ責任感の強いドイツ人気質はコロナ禍においても発揮され、結局自己犠牲を強いられることとなる。

昼食にはブロッコリーを加えたトマトソースで蕎麦粉のペンネを和えた。

ベッカライで購入した甘味は、ブルーベリーのパイとクリームチーズのパイ。2人の男性たちはとても丁寧かつ迅速に仕事を進め、15時には仕事を切り上げて、エスプレッソにパイを嬉しそうに味わうと、早々に帰って行った。

夕方には突如として雨雲が空を覆い隠し、先ほどまでの快晴が嘘のようだった。

Ａｕｅｒｎｉｇご自慢のお肉を用いてバーベキューを楽しむはずだったのに、どうやら屋外での食事は難しそうで、ブルンデルマイヤーのワインを開けて心なしかヴァカンス気分を味わいつつも、結局室内での夕食となった。やはり職人技の熟成肉はおいしく、霜降りなど入っていなくとも十分に柔らかく、お肉そのものの旨みがダイレクトに伝わって来る。

石垣島にて石垣牛の人工授精を担う友人曰く、「日本の和牛は日本人の技術でしか飼育できない。そっちのWAGYUは融点が高いはず」とのことで、それゆえに「脂肪のおいしさを引き出すために、よく焼いて下さい」などと注意書きがあるのだと納得した。何やら日本の和牛業界ではゲノムコントロールによってホホ肉やすね肉にまで霜降りを入れようという試みがあるらしく、長時間じっくり煮込んでようやくおいしくなるあのホホ肉やすね肉が霜降りだらけになる必要があるのだろうか？　と疑問に思いつつ、目の前の熟成肉をありがたくいただいたのだった。

7月2日　私たちの小さなサンクチュアリ

今日はJが久々にやって来る。当初は食事の支度を早めに済ませてドイツ語のレッスンを受講するつもりだったのだけれど、いよいよ窓枠と窓のはめ込みが行われる上、老朽化した屋根の葺《ふ》き替えの見積もりに大工さんのアントンも訪れるといい、そのような状況下でJが家中を右往左往するようではドイツ語学習に集中などできるはずがなく、当日キャンセルとした。

夫が古い田舎家を購入した際に改築を担当してくれたというアントンは勝手知ったるこの家の玄関の呼び鈴を鳴らすことなく、いつも突如として訪れては裏庭に面した窓をコンコンコンとノックする。

今日は予想外に早く7時30分にやって来たものだから、身支度もままならず、朝食の用意もそこそこにお茶の用意をすることとなった。

彼はザルツブルク地方でも名の知れた腕利きの大工さんで、ポルシェ一族が未来を見据えて所有する、畜産、酪農、農業、水源などをひととおり備えた村の柵も担当するほどの人物なのだけれど、私たちの小さなサンクチュアリを気に入ってくれたようで、事あるごとに片道1時間半かかる谷間の村からこちらを訪れては、不具合の生じた部分の修繕をしてくれたり、私たちが不在の折に大雪が続いた際には雪下ろしを名乗り出てくれるほど、頼りがいのある、気のいいおじさんである。

以前のオーナーの時代に据えられ、すでに機能しなくなったソーラーパネルと、度重なる大雪で朽ちかけた屋根瓦を、この地方特有の素朴な板葺き屋根に替えるべく1年前から相談していたのだけれど、折からの低金利にて建築ラッシュのここ数年、アントンは多忙を極め、この8月にようやく着手することになったのだった。

アントンと夫がああでもないこうでもないと屋根のプランを話しているうちに、どこからともなく喧嘩ごしの会話が聞こえてきて、何事かと思いきや、Ｊを連れてきたＯｍａ《お祖母さん》とアントンが方言で楽しく会話をしているのだった。

初めてＯｍａと出逢った折にはあまりに大きな声に驚き、彼女の大きな胸の谷間に顔が沈むほど力強くハグをされた際にはさらに驚いたものだったけれど、豪快で裏表のないその人柄は、Ｊを甘やかし過ぎて、文字通りお砂糖をたくさん与えること以外は愛するに値する。

さすがにＪの母親のＤも甘い物の与え過ぎには目を光らせるようになり、キシリトールやアワの粉、蕎麦粉などを渡して、ノンシュガーのケーキを作ってもらうようになったとのこと。Ｏｍａと過ごした後に度々見られ「ツッカシンドローム《砂糖症候群》」と私たちが名付けたＪの過剰な興奮も最近では見られなくなった。

　そして、とても協力的にJを送り届けてくれることには何よりも感謝している。

　実は今日もDがノンシュガーのケーキを持たせてくれるのではないかと、密かに期待していたのだけれど、残念ながらそのようなことはなく、Jと一緒にガスパチョを作りながら、「ママのアプリコットクーヘン、とってもおいしかったよね？　昨日は何を作ったの？」と尋ねると「ブルーベリー餅！」とのことで、「また今度、ママにお願いしておいしいKein Zucker《ノンシュガー》クーヘン持って来てくれたらパパも喜ぶよ！」と入れ知恵をした。果たして次回、その約束を憶えていてくれるかは定かではないけれど、「Kein Problem.《ノープロブレム》」とのことだった。そればかりか、「I like it!」と英語で話し始めたので「あなたが5歳の頃は、いつも私たちに『訳のわからない英語で話さないで』って文句ばかり言っていたよね」とからかうと、「だって、ミキがくれた英語の本で勉強しているから、私だって少しはわかるもん！」と誇らしげに言うJがかわいらしい。ところが、なにやら様子がいつもと異なる。

「Aber ich bin neidisch auf Nico.《でもね、ニコに嫉妬してるの》」

「Warum bist du neidisch auf Nico?《どうしてニコに嫉妬しているの？》」

「Weil er im Urlaub nach Kroatien fährt. Aber ich muss immer in Salzburg bleiben,《ニコはクロアチアに旅行に行けるから。でも、私はザルツブルクにずっといなくちゃいけないの、だって、》

weil ich mich in Deutsch verschlechtert habe.《ドイツ語の成績が悪かったから》」

6段階中の1が最高の成績で、Jはこれまで見事にすべて1だったのだけれど、初めてドイツ語を2に下げてしまったために、旅行の予定がキャンセルになったのだという。

DがJの将来を思って教育熱心なのは決して悪いことではないのだけれど、ドイツ語の成績が1段階下がってしまったのは私のドイツ語がデタラメだからではないだろうかと責任を感じてしまう。もし私がネイティブなドイツ語話者であれば彼女の誤りを訂正することもできたはずであるし、正しい文法で美しいドイツ語を話す人が周囲にいれば、自然と正しい言葉遣いが身につくはずだ。

Jがミキサーにかけて作ったガスパチョと、昨日のお昼の残り物のペンネにチーズをのせて焼いたグラタン、そしてビュレッテ《ミニハンバーグ》の昼食を摂りながら、Jが打ち明けてくれた悩みを夫にも話すよう、促してみた。

「Hast du gesagt, dass du auf Nico neidisch bist?《ニコが羨ましいって言っていたよね？》」

するとJが堰《せき》を切ったように、「夏休みなのにどこにも行けないし、ニコと遊べないし、ニコだけクロアチアに旅行に行くし、ドイツ語の成績は2だし、でもニコはドイツ語も英語も1だし……」と愚痴を言い始めた。

夫も困り果てて、「じゃあ、パパがベルリンに連れて行ってあげるよ」とは言ってみたものの、コロナが終息するまでは、大事を取って宿泊はなしでJの面倒を見ることを母親のDと約束していた。さらにはザルツブルクからベルリンへの直行便は運休中で、陸路では夏休みの渋滞で10時間以上もかかる。移り気なJが10時間のドライブに耐えられるはずがなく、飛行機を乗り継いでも同様に8時間ほどかかる。

ドイツでもオーストリアでも夏休みの宿題はなく、休みは存分に遊び、自然に触れる時間だという。6週間の休みの間、酪農や畜産業、農業に従事する家庭では、子供達がその作業を手伝いながら遊び、12~13歳の子供が楽しそうにトラクターを運転している姿を見かけることも度々あるのだけれど、一般的な家庭の子供達は勉学から解放されて旅行にでかけ、ひたすら遊ぶ。あるいはあえて酪農家の営むゲストハウスに長期滞在し、家族で干し草用の草を刈ったり、家畜の世話をして楽しむ家族もいるという。

実際夫は子供の頃に、そうしたゲストハウスでの田舎暮らしを一度だけ体験し、トラクターを存分に乗り回し、全身を酷使する労働すらも楽しくて仕方がなかったため、当時の夢は酪農家になることだったという。

夏休みの宿題なしでは学力が下がり、国際競争力が低下するのではないかと思いきや、ご承知の通り、ドイツ人の生産性は非常に高く、合理的かつ論理的で時間厳守の国民性は世界でも抜きん出ている。ギリシャやイタリア、スペインなど南欧の問題児と比較すると、ドイツがEUの優等生と言われるのも異論はないだろう。

Jも学校からは宿題は出されず、その代わりにDの取り決めにより自習をしなくてはならないらしい。筆記体を横一列に真っ直ぐ書けるようになること、スペルミスをなくすことが課題だと言うのだけれど「パパなんか音楽の先生に嫌われて成績は4だったのに、音楽で生活できているし、ドイツ語のプリントも紙の三分の一に解答を書いて、あとの三分の二は先生の添削用に白紙で残すルールだったけれど、先生には三分の一だけ残して三分の二のスペースに目一杯書いていたけれど、誰にも文句は言われなかったよ」と、合理性と芸術性を共に持ち合わせた夫らしく、独創性あふれるJの個性をまるごと受け止めていた。

Jはきっとオフィスにじっと座っていたり、大きな組織の中で仕事をしたりすることは苦手で、スポーツ選手か、アーティスト、あるいは料理人または社会起業家になるのではないかと密かに思っている。杓子《しゃくし》定規な職業よりも、規格外の職業の方が彼女の有り余るエネルギーと表現力豊かな個性が活かされるであろうから、いつしか彼女が天職を見つけてくれることを願っている。

昼食後にお花屋さんごっこをしていると、窓枠とそれを運ぶためのミニクレーンを載せた大きなトラックが家の前にやって来た。ところが、窓ガラスを取り扱う建材専門店から実際に作業をしてもらうべく依頼していた外注のスタッフが約束を忘れたらしく、待てど暮らせど現れず、窓ガラスを持ち上げるための特殊な吸盤がないために、今日の作業ができないという。困った夫が友人でもある建材専門店の社長Hさんに電話を入れると、会社のスタッフを急遽派遣してくださることになった。

工事スタッフは残念ながら派遣していただけなかったものの、4人のオフィス勤務の男性たちが訪れ、取り急ぎ部屋の前に荷下ろしされることになった。

クレーンでつり上げられた窓枠が空中を移動する様が興味をそそるようで、お花屋さんごっこはそっちのけで、「Super!《すごい！》」と歓声を上げるJ。

このコロナ禍で建設予定が中止になったり、人々が家の購入を控えるかと思いきや、むしろコロナ以前にも増して改築や改装が増えているそうで、工事を担うスタッフは圧倒的に不足しているのだという。

「Bleib zu Hause《ステイホーム》」により、自宅での過ごし方をより心地よくと考えるのは誰しも同じようで、私たちも窓を大きく広げてみたり、庭造りをしてみたり、屋根を葺き替えようとしてみたり、不要な物を処分したりしている。

本来ならば今日中に据えられるはずだった窓枠は、部屋の外に立てかけられ、いつまでも片づかない工事現場が見苦しい。

山の彼方に雨雲が見え始め、雨が降り出す前にと、登山シューズに履き替えた私たちは裏山を散策した。

５月には色とりどりの山野草で覆われていた牧草地帯も、すでに草を刈られ、緑のフィールドに変わっていた。さらに歩みを進め、木々が鬱蒼と茂る山に入ると、ひんやりとした空気が心地よい。Ｊは今日も空想に飽かせた物語を語り始め、彼女が作り出した架空の動物や人物の名前を必死で聞き取ろうとするも、早口過ぎてついていけない。

歩き慣れた裏山は会話をしながらでも楽に歩けるけれど、ドイツ語の山はエヴェレストよりも高く感じられる。時間をかけて焦らずゆっくりと基礎を学ぶことで、高度順応を試み、Ｊとも繊細な心の内を語り合うことができるように、この数ヶ月で学んだＡ２レベルをもう一度ゲーテ・インスティトゥートで学び直し、文法の強化を図ろうと誓った。

Ｊは夕食に再びビュレッテを食べたいという。野菜スティックを氷とともにグラスに盛り付け、味噌マヨネーズソースを添えるも、野菜には調味料など必要ないらしく、何も付けずにバリバリと大根やパプリカ、人参をかじり、ビュレッテは私たちが後ほど食べる予定だった分まできれいに平らげられてしまった。

Ｊを送り届けた足で、ザルツブルク市内のタイ料理屋さんＢａｎｇｋｏｋに立ち寄り、夕食をテイクアウトした。

前菜の盛り合わせはサテ、カイホーバイトゥーイ《鶏の揚げ物》、タイハーブのバイマックルーを混ぜ込んだ魚のすり身を揚げたもの、春巻き。スープは鶏とココナツのトムカーガイ、メインは鶏肉のイエローカレーとパッタイ。タイ米はGI値が低いので久々に白米をいただいた。「平成の米騒動」の際にはコシヒカリ調達を死守して目もくれなかったタイ米が、糖質制限により白米から遠ざかった今、これほどおいしく感じられるとは。

7月3日　夫からのご褒美デー

今日のドイツ語のテーマはロストバゲージだった。空港到着時にスーツケースが手元に届かなかった際に、どのように振る舞うべきか、荷物が届かなかった理由は何なのか、確認する方法を学ぶ。

そして、2コマ目は10回ごとの復習を兼ねたミニテスト。文章の空白を埋める作業は楽しく、忘れそうになっていた言葉を再び思い出し、引っかけ問題の巧妙な罠も嗅ぎ分けられるようになってきた。ランダムに配置された文章を順番通りに並べ替える問題も、シチュエーションを想像しながら解答するとやり甲斐が増す。

しかし、やはりベルリッツの利点は会話に特化していることで、間違いを恐れることなく会話の練習をすることができるのだけれど、まだ頭の柔らかかった頃ならまだしも、新たに学びはじめた言語を感覚だけで捉えるには、私は年齢を重ねてしまっている。ある程度長い文章を組み立てて話す力を向上させるには、どうしたって文法の基礎を固める必要があり、それにはゲーテ・インスティトゥートのメソッドが最も適していると実感する。

午後はドイツ語の復習に費やすつもりが、陽光の暖かさに眠気を誘われ庭のソファーにて午睡を。

夜は来客続きで疲れ気味だった私を気遣って、夫が車で30分ほどのＧｏｌｌｉｎｇにある大好きなレストランＤöｌｌｅｒｅｒへ連れ出してくれた。

アルプスの山をイメージしたメニューは近郊の地図の上に書かれ、クミンがほんのり香る焼きたての全粒粉パンから始まるコースは驚きに満ちた旅路だった。アミューズグールは鮮魚店Ｇｒüｌｌよりドイツはバイエルン州のビオの海老を用いたミニタコス、青リンゴのマカロン風、鱒の炙《あぶ》りなど、いずれも極小のそれらは、繊細な味付けで、オーナーシェフのＤöｌｌｅｒｅｒさんの飽くなき探求心が感じられた。白身魚サイブリングのお刺身に添えられた青リンゴの冷製スープも滋味深く、わずかに添えられた菜種油の自家製マヨネーズも絶妙な塩梅だった。塩味と酸味、甘味の組み合わせは是非とも真似したいバランスで、忘れないようしっかりと記憶に留めておこう。

焼味噌がのせられた白身魚は甘辛く、わずかにレアな部分を残した焼き加減もありがたい。

仔牛のスウィートブレッドのソテーは柔らかく、フォンドボーをベースにしたブラウンバターソースが旨みを増していた。

牛肉は低温調理にて柔らかく仕上げられ、表面はカリッと香ばしく焼かれている。

サービスも素晴らしく、ノンアルコールだった私たちにも若きソムリエが丁寧に料理の説明をしてくれた。

夫は誘惑に負けて神戸の思い出と名付けられたチョコレートのデザートを食し、私は熟成士によって大切に育てられたチーズをいただく。ブリーとコンテとロックフォール、そしてエポワスをほんの少しずつ。チーズは常温で保たれたビヤンフェで、ブリーとエポワスは程よく溶け出している。24ヶ月のコンテはもっと長く熟成したのではないかと思えるほどアミノ酸の旨みが詰まっていて、口の中で噛めば噛むほどおいしさがあふれ出す。ブリーもドライイチジクを混ぜ込んだ全粒粉のパンに添えていただくと、喜びもひとしおだった。隣で顔をしかめる夫を構わずにいただいたロックフォールは程よい辛みと臭みで、「神様の足の香り」と名高きあのエポワスも私の喉にねっとりと絡みつき、この世への名残惜しそうに胃袋に吸い込まれて行った。

この小さな町で開催されるクラシック音楽祭の主催者でもあるオーナーシェフのDöllererさんと夫が何やら話をしていたところ、サイン入りの御著書『Cuisine Alpine』をくださるとのことで、美しい写真に丁寧なレシピが添えられた辞典のような一冊をありがたく頂戴した。

限られた食材で料理をする日々にこうしたご褒美デーがあるとモチベーションが上がる。明日もがんばろう。

7月4日　うんちの後のしずく

先日残念ながら反故にされた窓枠のはめ込み作業をようやくしていただけることになった。2人の男性は当初予定していた人物ではなく、遥々チロル地方から派遣されてきた人々だった。建設業者がこの数年大繁盛で、コロナ禍によりさらに忙しくなったため、大きな仕事を優先する彼らは、私たちのお願いするような小さな仕事にはなかなか興味を示さない。誰に聞いても人が足りない、見つからないと嘆いており、かつてあふれるほど存在したらしき「領収書なしの現金払いなら請け負うよ」と悪びれもせず述べるような脱法労働者も引く手あまたで姿を消したという。

夫に立ち会いを任せた私は、新鮮で良質な食材を入手すべく、ザルツブルクの旧市街の市場へ出かけた。

明日は久々に友人を招いて我が家で食事会をする。

舌の肥えた友人が喜ぶ料理を提供するのはなかなか難しいけれど、食材くらいは誇れるものを用意しようと旧市街を歩き始めると、たまたまＡｅｓｏｐのお店を発見し、トイレ用のフレグランスがあるのではないかと立ち寄ると、マレーシアから来たという店員の女性が

「それならこれしかありません」と言って紹介して下さったのは、英語表記で「Post－Poo Drops」、フランス語表記で「Ｇｏｕｔｔｅｓ Ａｎｔｉ－Ｏｄｅｕｒｓ ｄｅ Ｍｅｒｄｅ」と書かれたショッキングな商品で、直訳すると「うんちの後のしずく」または、「うんちの匂い消し芳香剤」とのこと、美意識の高いイメージで知られたＡｅｓｏｐがまさか商品名に「うんち」と表記するとは想像だにしなかったもので、一瞬思考停止してしまった。

気を取り戻して「うんちの後のしずく」あるいは「うんちの匂い消し芳香剤」の香りを試してみると、その強烈なネーミングにはそぐわぬ芳《かぐわ》しい香りで、タンジェリンとイランイラン、マンダリンのミクスチュアは、とても爽やかで、思わず一瓶購入してしまった。

市場への道を歩きながらも「どうして『うんち』を商品名につけたのだろうか？」とか、会議では「うんちの後のしずく」の他にも「『さようならうんちの匂い』はどうだろうか？」とか、「『誰もあなたのうんちに気付かない』のほうがいいんじゃない？」などとブレインストーミングが行われたのだろうか？　とか、プロダクトデザイナーやグラフィックデザイナーはＥ－ｍａｉｌのタイトルに「うんちの臭い消し芳香剤について」などと書いていたのだろうか？　と、止めどもない空想の世界に入ってしまい、うっかり道を間違えた。

私が行きたかったのは、来訪予定のＥにかつて教えてもらった城壁の中に店を構えるＫａ

slöchlというチーズ屋さんで、ワインカーブのような半地下の一坪ほどのお店では初老の男性がイタリアのプロシュートと種類豊富なチーズを販売している。恐らく観光客向けというよりは、地元の人々が定期的に買い物に来る専門店であるにもかかわらず、私のようなよそ者にも親切なご主人が丁寧に切り分けて下さったのは、トリュフ入りのブリーと、26ヶ月熟成のコンテ、そしてウォルフガング湖のパプリカをまとった羊のフレッシュチーズ。

いよいよ市場へ足を踏み入れると、コロナ禍はどこへやら、いつもと違《たが》わず大勢の人でごった返していた。まず初めに購入したのは、アイアーシュワーメル《アンズ茸》で、私が普段スーパーで購入するものは残念ながらすでに笠が開いた大きなものだけれど、この市場では小指の第一関節ほどの小さくて上品なものが手に入る。

この国で入手できる野菜はわずか80種類ほどと言われ、竹の子にうるい、みつ葉、黄ニラなどと約150種類にも及ぶらしき日本の野菜があれば日々の献立がどれ程楽になるだろう。

スプラウトはグリーンと紫の2種類、野菜スティック用には間引き人参、ラディッシュ、きゅうり、パプリカ、ロマネスコを。にんにくは市場で購入すると皮がまだ新鮮で柔らかく、手で剝く作業がとても簡単だ。ズッキーニに、サヤインゲン、シュピッツコール、アボカド、桃、イチゴ、ブルーベリーなど、大きなエコバッグ2つでも入りきらないほどの量を購入すると、股関節にずしりと負担がかかり、駐車場までの道のりがとても長く感じられた。

オーガニックスーパーのＢａｓｉｃにも立ち寄り、いつも食べている蕎麦粉のパスタやアンチョビ、レモングラスに挽肉なども購入した。

カート置き場ではいつもお馴染みのロマの女性が腰掛け、新聞を売っているものの、誰一人として彼女の新聞を購入する者はいない。もはや新聞販売を口実とした物乞いなのだけれど、実入りがなくとも毎日同じ場所にいるということは、生活保護受給者なのか、誰かがサポートしているのだろうかと心配になる。

買い物を終えて自宅へ戻ると、さっと昼食を用意した。購入したばかりのアボカドにニーノさんのオリーブオイルと少量のバジルを加えてミキサーでペーストにし、塩こしょうのみで味を調《ととの》え、氷水で冷やしたパスタと絡める。オリーブオイルを回しかけ、Ｇｒüｌｌのイクラと軽く煎《い》った松の実を散らして完成の夏の冷製パスタは、私の手抜き料理リストの上位に入っている。

早速食卓につくつもりが、２００kgもある窓を２人の作業員ではとても持ち上げられず、夫が手助けをするも、それでも持ち上げることは叶わず、近所のＢさんに助けを乞うと、息子さんを伴って現れ、５人の男性がああでもないこうでもないと様々な方法を試した挙げ句、ようやく窓は窓枠に収まった。

昼食は幸い冷製パスタだったため、30分以上経っていたものの伸びることもなく、おいしさを保っていた。

午後のひとときは草むしりと掃除に費やす。テラスには花殻や森から飛んでくる落ち葉が溜まりやすく、ほうきで掃き掃除をすると気持ちがいい。夫も芝刈りをしたり、伸び過ぎた木の枝を剪定して来客に備える。

こうした手入れが面倒で都会のマンション暮らしを続けていたのだけれど、田舎暮らしに慣れると、かつては考えられなかったような日々の労働が楽しいと思えるようになった。むしろ、この何でもない日常が当たり前になってしまうと、都会での暮らしや過酷な仕事に戻れなくなるのではないかと一抹の不安が脳裏をよぎる。

夕食はＡｕｅｒｎｉｇのズルツェにエシャロットとパンプキンシードオイルを添えた前菜で始まり、野菜の香草パン粉焼きがそれに続いた。そしてメインはアイアーシュワーメルにブロッコリーとカリフラワーのアーリオオーリオパスタで、Ｇｒüｌｌのからすみを振りかけて食すと抜群においしい。

このところほぼ毎日テラスで夕食を摂るため、音楽を聴いていない。ＢＧＭはないものの、今日は薄暗がりに蛍の明滅が見えた。もうそんな季節になったのかと、過ぎし日々を振り返り、改めて命あることをありがたく思う。

7月5日　友人を招いての食事会

夫は朝から掃除機をかけ、窓拭きをすると、寸暇を惜しんで自転車で出かけて行った。私は友人の来訪に備えて庭の花を摘み、家の各所に生ける。食事をする予定のテラスにはクナウティア・マケドニカと西洋ノコギリソウ、いずれもワインレッドの花を飾った。

都会の家ならば張り切って完璧なしつらえで来客をもてなすことも一つの選択肢であるけれど、海抜600mの田舎にて、挨拶もドイツ語の教室で最初に習った「Guten Tag!《こんにちは！》」などと言う人はひとりもおらず、「Grüß Gott!《神のご加護を！》」と挨拶する社会で、初対面の人との会話でも「Sie《あなた》」などとかしこまった言い方はせず、出会い頭に「Du《君》」と呼びかける地域なのだから、気楽にくつろげる山小屋やアルムのような感覚で楽しんでもらえるよう、あえてテーブルクロスなどは用いず、古い木のテーブルをそのまま見せ、日本から持ち込んだ杉板の折敷《おしき》を用いるセッティングにした。

ワイングラスもロブマイヤーやザルトのようなステムのある気高きフォルムは素朴なこの家には似合わず、気兼ねなく使うことのできるリーデルのOシリーズを用いている。お陰で食洗機にもすんなりと収まり、その分大皿も同時に洗うことができている。

あまり早くに食事の支度をしても鮮度の問題があるので、ドイツ語の復習をして過ごす。このところ新しい単語がなかなか頭に入らない。語学学習をする際に必ず訪れる倦怠期で、学びたいという意欲はあるにもかかわらず、いざ机に向かうと脳がイヤイヤ期で、なかなか吸収しないものだから、「ドイツ語のしくみ」なる本を読んでみたり、他のドイツ語学習者がどのように習得したのか、ブログを読んでみたり、ドイツ語解説のＹｏｕＴｕｂｅをダラダラと流し見したりして、お茶を濁してみる。

そうこうするうちに気がつくと16時で、慌てて食事の用意に取りかかる。夏の日が長いヨーロッパでは時間の感覚が緩慢になり、空想に身を委ねた挙げ句、なすべきことの半分もなされていないことなど日常茶飯事だ。

今宵招いたのは夫と私の出逢いのきっかけを作ってくれたＥとそのパートナーであるＰで、Ｅは有機化学の博士でもあり、生化学の博士でもあり、60歳にして暇つぶしに3つ目の博士号を志して哲学の勉学に励む傍ら、世界中で深海鮫の撮影を行っては、雑誌に寄稿したりしているのだけれど、ドイツ人以上に合理的な物の考え方をする一方で、辛口のユーモアと紳士たる気遣いが魅力的な男性である。

近年話題となっているＥＳＧ投資にも積極的で、すでに3年程前には「児童労働を容認している企業や環境負荷の高い企業の株をポートフォリオから除外したんだ」と言っていた。

Ｐはドイツの公共放送ＺＤＦのジャーナリスト兼役員で、かつては日本の「あさイチ」のような番組で長年キャスターを務めていたそうで、コロナ禍においても自ら企画して取材をし、編集までした数々の医療機関の素材を放映する才媛である。あらゆる論説を独自の視点で論破するＥにも負けずに持論を主張し、時にはこちらが冷や冷やするほどの激論となっても、瞬時にかわいらしい女性に戻り、Ｅの機嫌をなだめることができるのも彼女の賢さゆえなのだろう。

裏庭のソファーにて開栓したアペリティフはニーダーエスターライヒ州にぶどう畑を構えるアントン・バウアーのゼクト《スパークリングワイン》で、舌の肥えた２人にも満足していただけた。おつまみには、山羊のチーズと桃、バジルの葉を餃子の皮で包んでオーブン焼きにしたもの。皮はパリパリで、中身はジューシーな桃ととろけたチーズという組み合わせで、日本から持参した黒文字楊枝も使わずに、手づかみでパリパリとかじっていた様子からは、喜んでいただけたように思えた。

Ｅは山登りを日課としており、近所のガイスバーグやウンタースバーグなどを一人で登っては下りてくるそうで、夫も数え切れないほどの山行を共にしている。私も３年ほど前に一度だけ、Ｅと二人でガイスバーグに登った折に、下りは小走りで進んだ方が膝への負担が軽くなることを教わった。

一昨年からEの人生に加わったPも山登りを楽しみ、読書と旅とアウトドアという趣味を共有している。

そのような二人だからこそ、こちらも気取ったおもてなしをする必要もなく、全てこのザルツブルクで入手可能な品と、日本から持ち込んだわずかな食材で賄うことができたのだった。

最後の西日を求めて席を南西のテラスに移すと、花岡隆さんのデミタスカップにアイアーシュワーメルのお味噌汁を注ぎ、吸い口にはパフキヌアとチャイブの花を散らして食事の始まりとなった。

出汁は北海道の真昆布と九州の焼あご、冬子の干し椎茸を贅沢に使い、熊本の緒方こうじ屋の米味噌で甘めのお味噌汁としたところ、干し椎茸の出汁を感じ取ったPがすかさず「これはアイアーシュワーメルの香りなの？　茸《きのこ》の香りが素晴らしい！」と褒めてくれた。

続いては市場で求めたきゅうりにラディッシュ、間引き人参、パプリカなどを、アイスキューブとともにグラスに飾った野菜スティックで、味噌だれとゴマだれ、そしてトリュフ塩を添えた。野菜スティックは簡単で見た目に美しいので、時間のコストパフォーマンスが高い。こちらはやはりEよりもPが喜んでくれた。

もうひとつ、鉄板の手抜き料理で、半分のアボカドとスプラウトを各お皿に盛り、お醤油とトリュフ入りのオリーブオイルをかけ、軽く煎ったひまわりの種か松の実を散らすという一品なのだけれど、今回は激安スーパーのＨＯＦＥＲにて買い置きしてあったトリュフのオリーブオイル漬けを添えて、ニーノさんのシチリア産オリーブオイルをかけたところ、大好評だった。

Ｊの大好物のタンタンサラダもそれに続いた。

ヨーロッパではホームパーティーの折に、その家のホストがキッチンに籠もりきりで、給仕に徹するなどということはなく、むしろホストが会話に参加することが重要とされている。とりわけドイツ語圏では正式な晩餐会《ばんさんかい》でない限り、Ｋａｌｔｅｓ Ｂｕｆｆｅｔ《カルテスビュッフェ》といって、チーズにハム、ソーセージ、スモークサーモンにパンのような火を使わずに用意する気楽なパーティー料理が主流だったりもするため、お抱えシェフがいたり、ケータリングをレストランに頼んだりする以外は、ホストが無理をして豪華な料理をすることは求められていないのだという。

そのような訳で、今回はメインをつくね蕎麦とさせていただいた。そばつゆは予め用意していたものを温めなおし、お蕎麦は出雲の本田屋さんの半生蕎麦をさっとゆでるのみ。生まれて初めてお蕎麦を体験した二人は、「なぜヌードルが冷たいの？」とか、「ヌードルにスープをかけた方が楽じゃない？」などと様々疑問が生まれたようだった。

デザートは桃とイチゴ、そして3種のチーズにＤｉｎｋｅｔｓという古代小麦の極薄クラッカー。

世界中のニュースをくまなくチェックしている彼らは、九州の豪雨による痛ましく甚大な被害についても真っ先に話題としていた。都知事選があったこともちろん知っている。話題がアメリカの選挙戦になった途端、舌鋒鋭く世界の政治批判を始める。

「トランプはアメリカ人の身の丈に合っていると思う。人口の40％は未だに天地創造説を信じているし、学校でも進化論を教えていない地域があるくらいなんだから。アメリカ人の友人が言うんだよ『トランプは大っ嫌いだけれど、これまで今ほど株価が急上昇したことはないから、嫌いだけれど、やっぱり稼がせてくれるトランプに投票すると思う』って。やっぱり皆、なんだかんだと言ってトランプのポピュリズムに毒されてるね」

「でも私の友人は、性的マイノリティーか、知識人ばかりだけれど、皆アンチトランプよ」

「そんなこと言ったって、懐が潤うなら皆トランプに投票するんだよ」

「悪魔に魂を売ってまでね」

他にもイギリスのジョンソンやファラージ、ブラジルのボルソナロやトルコのエルドアン、ポーランドのカチンスキー、ハンガリーのオルバーンなど、右派ポピュリズムの首脳陣を激しくののしるのであった。

車を運転して帰らなくてはならないEは早々に氷水出しの緑茶に切り替えたため、Pがひとりでブルンデルマイヤーのリースリングを空にしたのだけれど、それにしても「スパークリングワインを2杯も飲んだのに運転はまずいのではないか」と心配すると、ヨーロッパ人は日本人と異なり、アルコールの分解酵素を十分に備えているため、グラスに2〜3杯ならば数時間で代謝可能で、呼気の検査も全く問題なくパスするのだとか。

我が夫はそもそもあまりアルコール類を口にせず、日本を訪れた際に「ドイツよりもおいしいから」と言ってビールを楽しむ程度で、私も若かりし頃は人並みにお酒を楽しんだものだけれど、この頃は外食の際に1〜2杯のグラスワインをゆっくり飲むのがせいぜいで、一日のうちにワインボトルが空になったのは久々だった。

待宵月《まちよいづき》は煌々《こうこう》と輝き、星々の輝きは月光の眩しさに霞《かす》みがちであった。来客が帰途に就くと、夫と二人で静かな時間を過ごし、お互いの労をねぎらい合った。独身だった頃にささやかなホームパーティーを開催した際には、食事の支度も飲み物の采配も後片付けも自分ひとりでしなければならなかったけれど、率先してお酌をしたり、片付けをしてくれる人がいると、こんなに楽なものなのかと、改めてパートナーのいるありがたみを感じた。

7月6日　「帰ってきたヒトラー」

昨夜の来客により、食洗機に入りきらなかった食器が流しに残っており、朝から片付けに追われる。前日の仕事をこうして翌日に持ち越すと、朝から何だか気分が優れない。掃除も洗濯も同時にしながら、水揚げがうまくいかずにしおれてしまった花も入れ替えると、部屋に清涼な空気が流れはじめ、気分も上向きになった。

ドイツ語の授業はクラウディアが担当で、テーマは映画だった。コメディー、ドラマ、ラブストーリー、アドベンチャー、SF、アニメ、ホラー、ドキュメンタリーなど、映画の種類について学ぶ。

若かりし頃は、ジャン・リュック・ゴダールやフランソワ・トリュフォー、ジャン・ジャック・ベネックスにレオス・カラックスといったフランス映画に、フェデリコ・フェリーニ、ルキノ・ヴィスコンティ、ミケランジェロ・アントニオーニのようなイタリア映画など、ヨーロッパの作品が好きだった。ドイツのヴィム・ヴェンダースの作品ももちろん観に行った。しかしここ最近は演じるという仕事をしておりながら、いえ、演じるという虚構の世界にいるからこそ、観たいと思う映画はドキュメンタリー作品で、鋭い視点でなされる問題提起にこれまでの価値観を覆されることを求めたり、何かにひたむきに取り組む人物を追った作品に心動かされたりすることを楽しみにしている。

一方で、コメディーも大好きで、ドイツ映画の「Er ist wieder da《帰ってきたヒトラー》」はドイツ語学習を兼ねて何度も繰り返し観ては大笑いしている。自殺したはずのヒットラーが実は替え玉で、本人はアルゼンチンで生き延びていたなどという都市伝説はあるけれど、そうした都市伝説を面白おかしくモチーフにして、ヒットラーを現代に蘇らせたのがこの作品だった。

ある日ベルリンの街中で約70年ぶりに目覚めたヒットラーがドイツの敗戦を知らずに街をうろつく姿がフリーランスのテレビディレクターの目に留まり、ヒットラー風の芸風を持つコメディアンとしてテレビ番組で紹介されることになった。すると時代錯誤な命令口調で話す彼の存在は「まるで本物のヒットラーみたい！」と、視聴者を魅了し、空気を読まずに自己主張をする様が人気を博し、彼がドイツの国中を旅して民衆の声に耳を傾ける番組まで作られるというストーリーで、コミカルな物語部分と、移民や難民の受け入れに懐疑的な街の人々のリアルな意見を聞き出すドキュメンタリー部分が混在する作品は、コメディーでありながら今日の右傾化する世の現実をシビアに映し出し、かつてのナチによる侵略や大虐殺もヒットラーひとりでは決してなし得ず、民衆が求めたからこそヒットラーがヒットラーたり得たことを痛烈に描いている。

クラウディアの好きな映画はもっぱらディズニー映画だそうで、とりわけ「ライオンキング」が好きだという。6歳までは旧ソビエト式の共産主義的生活をしていたものの、東西ドイツが統合した途端アメリカのディズニーもバービーもマイケル・ジャクソンも東側になだれ込み、それまでの渇望を癒やすかのように彼女のご両親はアメリカからやってきたものをクラウディアに与えたのだという。

この東西ドイツ統一時には、実際には通貨価値の劣る東ドイツマルクを西ドイツマルクと等価であると寛大な評価をした当時のコール政権の政策により、統合のための増税を余儀なくされた西側国民からの不満が高まり、東側でも通貨統合に伴う賃金上昇により企業の倒産が相次ぎ、低い生産性に見合わぬ高賃金によって不況に喘ぐ東側と、東側のインフラ整備や社会保障のために所得に対して5・5%の連帯税を負担することに不満を抱く西側の間には見えない壁が今もなお屹立《きつりつ》しているという。

もっとも、近年では連帯税の廃止に舵を切り始めたようで、2021年からは多くの低所得者および中間層が連帯税の支払い義務を終えることにはなっているけれど、当時の西側ドイツ人にとっては、同じドイツ人でありながら、ベルリンの壁の崩壊と共に東ドイツ人という難民が押し寄せてきたような感覚を覚えたという。長年の共産主義的生活により向上心を削がれ、低い生産性が身についてしまった東ドイツの人々の存在は、ポルシェやメルセデス・ベンツ、BMWなどに代表されるような企業を擁し、比較的裕福な西ドイツの人々にとってはお荷物でしかなかったのが現実なのだ。

ベルリンの壁崩壊の映像は今も記憶にあり、世界中が歓喜した傍らで、当事者たちにとっては決して喜ばしいことばかりではなく、31年を経た今もわだかまりは残っている。

こんな話をしていると、クラウディアとの時間は瞬く間に過ぎ、一日にこなすべき課題が終わらない日もある。しかし、教科書だけでは学べないドイツの文化に触れることも、言語学習には必要な要素で、かつ、語学習得が最終的な目標なのではなく、習得した言語によって異なる文化に触れることこそがゴールであり、彼女がまさにそれを叶えてくれているのだった。

お昼は昨日のタンタンサラダの残りで玄米のおにぎりをこしらえ、アイアーシュワーメルのお味噌汁とともに。

雨降りの午後は約1年ぶりにIKEAを訪れ、急激に成長しつつあるJのためのソファーベッドを検討し、私たちも収納雑貨をいくつか求めた。

ドイツ語の復習も原稿の執筆も放り出して久々の買い物を楽しんだのだけれど、あれもこれもと物欲が湧くものかと思いきや、「まだあれが使えるから必要ないね」とか、「十分持っているから必要ないね」と、最小限の物しか購入することなく、不要な物を家に持ち込まない癖がしっかり身についていたのだった。

ずっと欲しいと思っていたものがセールになったら迷わず飛びつくだろうけれど、安価だから、セールだからという理由で物を購入することはもう卒業した。

何よりも、オンラインショッピングに慣れてしまったためか、物に溢れた店頭を歩いていると目が回り、ファブリックの質感を手で触って試したり、木目を確認したりということ以外に、実在の店舗で購入することのメリットを感じられなくなっていた。

かようにオンラインショッピングの大きなうねりに飲みこまれて、個性ある小さな小売店までもが活路を失っていくのだと思うと心苦しくもあるけれど、むしろどこでも購入できる商品ではなく、本当に顧客に必要とされる独自の商品を貫き、信念ある商いをするお店は生き残るのではないかとも思える。

夜は精肉店Ａｕｅｒｎｉｇの鹿のレバーヴーストで始まり、夫のリクエストにより昨夜と同じ餃子の皮を使用した桃と山羊チーズにバジルのスナック、アボカドとトリュフの前菜が続き、メインは千切りのパプリカと挽肉をしらたきと共に炒め煮にしたものとなった。

7月7日　ミシュラン2つ星レストラン

ドイツ語のレッスンはアンゲラと共に。彼女の暮らすイスラエルでは、コロナの第二波が猛威を振るい、ビーチでレイヴパーティーを楽しんだ若者たちの間でクラスターが発生したことが問題になっているという。

一時期テルアビブで暮らしていた友人は「イスラエルでは他人が自分のことをどう思うかなんて誰も気にしないの。だから無理なダイエットもしなくなったし、太い腕や太ももを気にせずにビキニを着てビーチに横たわるの」と言っていた。

さらには、かつてインドを旅した折に、イスラエルからのバックパッカーがとても多かったことを記憶しており、彼女たち曰く、「パレスチナとの関係も常に不安定だし、男女問わず兵役もあるから、兵役の前と兵役の後には、遊んで、遊んで、遊んで、遊びまくる」とのことだった。

その「遊んで、遊んで、遊びまくる」若者たちがこのコロナ禍においては高齢者のハイリスクグループを脅かす存在となっており、アンゲラは「彼らの浅はかさには腹が立って仕方がないけれど、その一方でそれがこの世の摂理とも言えるわね。コロナをどう捉えるかは知性の問題が関係しているから、不用意な行動をする人を誰も止められない。自分の周囲の小さな世界を安全に守るしか方法がないの。できる限りの予防策を講じて自分の家族さえ無事ならOKと思うほかないわね」とのことだった。

「今日の学習のテーマはテレビ番組と映画評だった。「わくわくする」、「素晴らしい」、「つまらない」、「失望した」、「高評価」などといった表現を学ぶ。最近どんなテレビを観たかとの質問には、昨夜ザルツブルクのレストランIkarusについてのドキュメンタリー番組を観た旨を話した。

ミシュランの2つ星を誇るこちらのレストランでは1年のうち約11ヶ月はゲストシェフによって料理が提供され、世界中から名だたるシェフが訪れては、独創的な料理でゲストを魅了する。日本からもフロリレージュのシェフ川手寛康さんがエントリーしている。メインシェフのMartin Kleinは世界中を旅してゲストシェフを探し、Ikarusのコンセプトや顧客の好みに相応しい料理を引き出すことを使命としている。メインシェフの名に驕《おご》ることなく、未知の食材や調理法にも興味を示し、新たなテクニックを学ぶことを恐れず、各国の食文化を知るためにはアジアの屋台でバッタや幼虫のスナックを食べることすら厭わない。日本からはじゅんさいやシソを持ち込むなど、各国独自の食材を用いることでオーストリアにおいて、顧客が体験したことのない味と香りを提供することを大切にしている。日本の川手シェフが提案した鮎の揚げ物に鮎の卵、そして内臓のソースを添えた一品は、新鮮な鮎をオーストリアで入手することは叶わず、湖で釣れる鱒に取って代わられ、内臓ソースはIkarusの顧客には少々難しいかもしれないとのことで控えることにはなったものの、極力ゲストシェフの創造性を尊重するという姿勢が素晴らしい。

私も2年ほど前に一度だけIkarusを訪れたことがあるのだけれど、気取らないサービスに、口の中で幾重にも重なる味のレイヤー、異なる食感、豊かな香りを味わうことのできた料理がいずれも忘れ難く、いつかもう一度訪れてみたいと思うレストランなのだけれど、いかんせん予約が取れず待ちぼうけを食っている。

ゲストシェフの招聘《しょうへい》、希少な食材の入手、40人ほどいるスタッフなどにかかるコストを考えると、オーナーの趣味としか考えられず、日本で厚生年金の保険料の半額を会社が負担するように、食事代金の半額をオーナー自ら負担してこのレストランを存続させているような贅沢な試みなのだった。

午後はドイツ語の復習と原稿の執筆に費やし、夕食は快晴の空のもと22時まで明るいテラスでバーベキューとした。

前菜は、レモングラスと生姜《しょうが》風味のココナッツスープに、茹でたカリフラワーを少量のアンチョビとガーリックオイルで和えたもの。メインのバーベキューはbioの鮭に、Auernigの熟成肉のヒレステーキ、同じくAuernigの自家製ソーセージ。

7月8日　美しいドイツ語で話すために

ドイツ語のレッスンはガブリエラと。

パーティーを催した際に主催者とゲストがどのような会話をするのか、新たな人物の紹介はどのようにすることが望ましいのか、帰り際の感謝の言葉はどのようにするかなどを学んだ。

どちらの国においても、出会い頭の挨拶と短い雑談ができれば何とかその場を持たせられるだろう。その一方で、いかなる人種、国籍、宗教に属する人をも傷つけることなく時事問題に触れ、独自の見解を述べることは難しいと感じている。

日本では「政治と宗教、野球の話はするな」と言うけれど、ヨーロッパの人々は、政治の話も宗教の話もスポーツの話も積極的にする上、各自の立場を隠すことなく堂々と主張するため、むしろ私たち日本人のように意見を主張せず、自分の立場を隠したり、相手の出方によって意見を変えるような日和見《ひよりみ》主義は信用されない。それでもフランス人やドイツ人と比較すると、オーストリア人は京都の人々のように婉曲な表現を用いることが多く、人当たりや言葉の当たりは柔らかい。もちろん、その真意を深く読み取ると、言外の主張が込められていることも多く、注意深く振る舞う必要があるのだけれど。

ガブリエラとのレッスンは彼女の忍耐力と豊富な経験によっていつも楽しく過ぎていく。ベルリッツの会話に特化したメソッドは、否が応でも言葉を発することを求められ、音読も必ず課題に含まれているため、生まれて初めてドイツ語に触れた日から比べると、ずいぶんと相手の言葉を理解することができるようになったと実感している。

その一方で、やはりJと正しいドイツ語を話すためには、文法の緻密な学習が必要だと感じ始め、この数日の間ミュンヘンのゲーテ・インスティトゥート本部に何度か問い合わせをしていた。残念ながら、ミュンヘンのゲーテ・インスティトゥートでは、私の望む個人のオンラインレッスンは行っておらず、グループレッスンか、オンライン教材による自習になるという。

しかし、スポンジが水を吸収するがごときスピードで新たな言葉を記憶できた若かりし頃のような脳ではなくなり、美しいドイツ語でJとの会話を望む私は、個人レッスンにて必要な時にいつでも質問ができる環境を必要としている。更には、ドイツ語学習だけに時間を費やすことはできず、フレキシブルにスケジュールの変更ができることが望ましい。執念深く、どうにか個人レッスンをしていただけないものかとメールを送り続け、最終的には電話をかけてみると、運良く親切な担当者に当たり、かつてゲーテ・インスティトゥートにて20年間講師を務め、現在は独立して個人で語学学校を運営する女性バーバラを紹介してくださった。

Ｚｏｏｍにて初めて会話をしたバーバラはベルリッツの熟年の講師アンゲラやチャーミングなクラウディアと同様に懐深く、外国人にドイツ語を教えることを心から楽しんでいるように見受けられた。カメラの背景には、彼女のオフィスを訪ねてきたアジア系の少女がＺｏｏｍで会話する私たちをおとなしく待つ様子が映し出され、バーバラの幅広い人種に対する慈悲深い人柄が伝わって来た。

バーバラとの文法学習は宿題も多く、週2回か多くとも3回のレッスンが推奨されるという。ベルリッツですでに学んだA2レベルをもう一度丁寧に学び直したいと考えており、いくつかの教材を提案された結果、東京のゲーテ・インスティトゥートでも用いていたＭｅｎｓｃｈｅｎをメインの教材にすることで合意した。

あと数レッスンはベルリッツで会話を学び、いずれはバーバラとの授業に切り替える。

ゲーテ・インスティトゥートの基準ではA2の学習にはA1の学習から数えて200〜350時間を費やす必要があるとされており、テストの合格基準は60％の正答で達成される。A1から数えると私は合計200時間ほどを費やしたことになり、少し試験対策の勉強をすれば60％の正答はクリアできるはずである。しかし、リーディング、ライティング、スピーキング、リスニングの全てにおいてさらなる理解を深めるためには、ギリギリ試験に受かったところで何の意味もなさない。考えずに言葉が溢れ出すようになるまで、何度でも同じ課題を学ぶことが必要なのだ。

夜はまたもやバーベキュー。山の稜線《りょうせん》に沈みつつある夕日を眺めながらの食事は何であれ最高のご馳走である。

7月9日　脳味噌の倦怠期

本日はドイツ語の授業はなく、朝一番で激安スーパーＨＯＦＥＲへ買い物に行った。

実は、以前から興味を惹《ひ》かれ、ベルリッツの講師ガブリエラにも勧められたフィリップスのエアーフライヤーが25％オフになると広告で知り、この日を待ち望んでいたのだった。アップルのエアーポッドが同じく25％オフで売りに出された際には瞬く間に売り切れてしまったため、今度こそは手に入れようと道を急いだのだった。

エアーフライヤーは幸い3つほど残っており、これからは油分過剰摂取の心配なく揚げ物好きのＪにメンチカツや唐揚げを作ることができる。

帰宅後は草むしりを楽しみ、しばらく溜めていたオンライン復習に励む。

これまではオンラインゲームのような感覚でスピーディーに復習を終わらせることを楽しんでいたのだけれど、この度は速さではなく習熟度を重視して、与えられた課題以上に書き取りと音読を繰り返してみた。

ここしばらくは脳味噌が倦怠期にて、新たな言葉を記憶することに本当に時間がかかる。

とにかく、手を動かし、口を動かして、身体を使って繰り返し、新たな言葉や表現が示すシチュエーションをリアルに想像して、記憶の関連付けを促す。

そう言えば、かつて読んだ記憶術に関する書籍から学んだテクニックにより、台本を読む際にもピンクの背景に青い文字で表示することで、右脳を活性化させ、シーンの状況や共演者の表情までリアルに想像することで記憶の定着を図っているのだった。

頭のどこかにポートを設置して、記憶すべきデータを外付けのデバイスからインストールできるようになったらありがたいと長年考えていたところ、そのような技術を実験しているグループがすでに存在するそうで、いずれ無理して記憶しなくとも、脳のCPUが劇的に向上するようになるというのだけれど、何らかの不具合によりその回路が絶たれた瞬間に、本来のアナログな思考能力に頼るしかなくなると考えると、やはり自分の小さな脳味噌をアップデートし続ける方が安全なような気もしている。

夕食は数種の茸のソテー、牛丼、お味噌汁、そして購入したばかりのエアーフライヤーで揚げたスイートポテトフライ。大量の油で揚げたものには到底及ばないものの、そこそこおいしく、これから様々試してみようと思う。

7月10日　ベルリンの義両親を訪ねて

スポンテニアスな夫の発案により、Jを伴ってベルリンの義両親を訪ねることになった。一昨日に夫が義母に電話をかけた際に「今年の夏休みは直行便がないから来訪は難しいかもしれない」と伝えたところ、いたく悲しんだそうで、急遽昨日の午後に意を翻してJに意向を伝えると、「ベルリン！！！！！　やった〜！！！！　夏休みの旅行に行ける！！！！」と喜んだそうで、注意深いDを何とか説得して、特別にお泊まりを許してもらったと言う。

手土産の用意もないまま慌てて荷造りをし、義母にも突然私たちの食事やスイーツを用意する負担をかけてまで陸路の旅を強行することになったのだった。

8時間以上のドライブに果たしてJが耐えられるものか心配ながら、簡単に掃除をし、戸締まりをして家を後にした。

朝一番で終業式を終え、成績表を受け取ったJはOmaとカフェにて朝食を楽しむ学期ごとの儀式も終えてご機嫌だった。

小さなスーツケースに加えて3匹の猫のぬいぐるみと枕、エアークッション、ブランケット、そして子供用の百科事典と一冊の本を持ち込んだJと私たちは、2つのルールを取り決めた。

①　あとどれくらいでベルリンに到着するかは尋ねないこと。

②「fuchtbar《最悪》」のようなネガティブな言葉は使わないこと。

Jは学校の勉強からも、リコーダーの練習からも解放され、宿題のない自由な夏休みを謳歌し始めた。

　走り始めて30分ほどは百科事典のページをめくりながら、Jがドイツ語の単語を教えてくれた。いつでもナンバーワンあるいはリーダーになりたいJは私にドイツ語を教えなくてはならないと思っているらしく、内臓の画を指さしながら、ひとつひとつ、「Magen《胃》」、「Darm《腸》」「Niere《腎臓》」などと声に出して教えてくれるのだけれど、最初は勢いよく単語を並べていた彼女も未知の臓器の発音にはずいぶんと戸惑い、ドイツ語教師役を演じていたはずが、「Wie heißt das?《これ何て言うの？》」とドイツ語がおぼつかない私にまで尋ねる次第だった。

　オーストリアからドイツへの国境では一時停止を求められ、Jが慌ててカード式の身分証明証を取り出し、私も発行されたばかりの滞在許可証を提出する気満々だったけれど、私たち3人の顔を確認した途端ものの見事に通行許可が出され、身分証明書を提出するまでには至らなかった。

　周知の通りドイツの高速道路は速度制限がなく、誰も彼も猛スピードで走行するため、何度同じ道を走っても不安が絶えない。ベルリンへの長距離を極力短時間で達成するために、最も左側の車線とそのすぐ右隣の車線を往き来しながら次々に追い越しをする夫でも、後ろから超高速で追い上げるスポーツカーには何度も道を譲る。とりわけポルシェのツーリングクラブに出くわしてしまうと、新幹線より速いのではないかと思えるスピードで、何台もの車が通り過ぎるものだから、恐ろしくて仕方がない。

Jを飽きさせないために、途中バイエルン地方のキーム湖に立ち寄り、遊具で遊ばせる。とにかくJが疲れて眠ってくれれば駄々をこねられることもなく、スムーズに旅ができるだろうと、彼女の母親のDからのアドバイスもあった。

昼食はアシャウ・イム・キムガウのガストホーフ《旅籠》にてJは豚のシュニツェルとフライドポテトを、夫はKäsespätzle《卵麺のチーズソース》を、私はグラーシュをいただいた。オーナーの小さな息子さんが給仕の仕事を手伝っており、Jにはそれが羨ましかったらしく、「私もKellnerin《ウエイトレス》ならできるよ！」と主張していた。

食後は持ち込んだぬいぐるみと枕を後部座席に広げ、お昼寝をするというJを静かに見守っていたのだけれど、5分ほど寝息を立てたかと思いきや、興奮のためかすぐに目を覚ましてしまい、コールセンターごっこが始まった。

「Guten Tag! Hier spricht J aus dem Callcenter Was möchten Sie fragen?《こんにちは！こちらはコールセンターの「J」です。何を尋ねたいですか？》」と言うので、

夫が「それも間違っていないけれど、『Was kann ich für Sie tun?《私に何かできることはございますか？》』の方がエレガントになるね」と訂正すると、素直に言い直すJ。

「Ich möchte gerne einen Deutschkurs machen. Können Sie mir bitte eine gute Lehrerin empfehlen?《私はドイツ語レッスンを受けたいのですが、どなたかいい先生を紹介していただけないでしょうか？》」

と尋ねると、「Also,ich empfehle Ihnen Frau Punika Kanata oder Frau Ashishi Lampinski.《では、プニカ・カナタさんか、アシシ・ランペンスキーさんをおすすめします》」とのことで、彼女の想像力豊かなネーミングセンスに笑わされつつ料金を尋ねると、

「Das kostet 3000euro pro Monat.《一か月あたり3000ユーロになります》」と返答があり、

「Das ist zu teuer. Haben Sie ein Sonderangebot?《高すぎますね。特価キャンペーンはないですか？》」

とお願いするも、「Wir haben kein Sonderangebot. Dann tschüs!《私たちのスクールでは特価キャンペーンは行っていません。じゃ、さようなら！》」と電話を一方的に切られてしまった。

　コールセンターごっこは大好きなくせに、普段は電話で会話をすることが苦手なJは、最後に「Einen schönen tag!《よき一日を！》」、あるいは、「Viel Spaß!《楽しんで！》」といった相手に配慮した挨拶で締める習慣がまだ身についておらず、コールセンターごっこでは、相手への気遣いを言葉で示すよう少しずつ導いている。

　Jが新しいものとの出逢いに際して不安から口にするようになった「Fuchtbar《ひどい》」や、投げやりに吐き捨てる「Keine Ahnung.《わからない》」という言葉もゲーム感覚で「Minuspunkt!《減点！》」と言っ

て、極力美しい言葉を使うように促している。美しい表現を使えた際には、「Pluspunkt!《点獲得！》」と言って、美しくポジティブな言葉を使うことが楽しく感じられるように仕向けるのだけれど、「Sammel schöne Wörter!《美しい言葉を集めよう！》」とゲームを始めると「Kein Schule.《学校がお休み》」などと屁理屈《へりくつ》を言うところが憎らしくもあり、彼女なりのユーモアがかわいらしくもある。

　西ドイツ屈指の大都市ミュンヘンを通り過ぎ、シュバイテンキルヒェンという街を走っていると、シャンパンゴールドの見たこともない新品のＳＵＶが左側の車線から私たちの前方に滑り込んできた。なんと、この界隈《かいわい》の高速道路は、自動運転車両が走行可能となっており、ＢＭＷが自動運転車の試乗運転をしていたのだった。

　平時の盛夏にはワーグナーゆかりのバイロイト音楽祭で賑わうバイロイトも、ニュルンベルク裁判の行われたニュルンベルクも通り過ぎ、Ｊがコールセンターごっこに飽きたところで、ミヒャエル・エンデの『モモ』のオーディオブックを聴かせてみるも、８歳児には少々難しすぎた。都合よくスタジオジブリの作品がＮｅｔｆｌｉｘでも観られることが判明し、「千と千尋の神隠し」を見せてみたところ、気まぐれですぐに次の遊びを始めたがるＪが珍しく物語に集中して見入っていた。しかし、物語の冒頭にて無人の屋台で料理を貪った両親が豚になってしまった挙げ句、ひとり未知の世界で下働きをせざるを得ず、信頼の置ける少年ハクが血まみれの龍となって現れる件《くだり》などは、怖がりのＪには少々刺激が強すぎたようで、悪夢を見そうだといって、途中で投げ出してしまった。この様子だと「火垂るの墓」はしばらく待った方がよさそうだ。

旧東ドイツの学園都市ライプツィヒを通り過ぎた頃から再びコールセンターごっこが始まり、彼のポツダム宣言が発せられたポツダムも過ぎて、いい加減コールセンターごっこにも疲れ果てた頃、ようやく高速道路を降りてベルリンの街へ入り、19時30分頃、夫の実家に辿り着いた。

義両親は夕食の支度をして待っていてくれた。カボチャのスープにサラダ、Jの大好きなビュレッテには夫の好物であるロートコール《紫キャベツ》とタマネギ、リンゴの炒め煮に、いんげんの和え物、スイートポテトが付け合わせとして供された。

全粒粉のパンやサクサクのデニッシュパンは私たちの大好きなお惣菜屋さんＬｉｎｄｎｅｒのものだった。東西ドイツが分断されていた頃、夫の生まれ育った西側ベルリンは東ドイツ側の領地に壁で囲われた陸の孤島だったため多くの場合食料品は東ドイツの物しか手に入らなかったという。Ｌｉｎｄｎｅｒはその当時バターの専門店だったそうで、デンマークから仕入れた牛乳を用いておいしいバターを作ることで名を馳せ、ベルリンの壁崩壊後は、お惣菜屋さんとして店舗を拡張し、ハムやソーセージ、パテなどのシャルキュトリー、お惣菜、サンドイッチ、そしてベーカリーコーナーが人気を博している。

あと少しで86歳になる義母は毎日の食事とケーキを60年以上にわたり手作りし続け、ほぼ全てをオーガニックの食材で賄ってきた。

ドイツでは昼食に重きをおき、夕食はカルテスエッセン《冷たい食事》（オーストリアではヤオゼ）といって火を使う必要のないハムやサラミ、ソーセージなどのシャルキュトリーにチーズ、スモークサーモン、セミドライトマトのオイル漬け、パンなどで済ませるという習慣があるらしく、義母の手料理の腕はもっぱら昼食で発揮されるのだけれど、今回は直前の連絡にもかかわらず手間のかかるロートコール《紫キャベツ》を煮込み、温かい食事を用意していてくれたことがありがたい。

実は夫と出逢った頃に、このカルテスエッセンについて知り、一抹の不安を覚えた。食べることが大好きな私にとって、冷たい物だけの夕食は耐え難く、お鮨やさんでも冷たいものばかりだと飽きてしまい、のどぐろの炙りや、汁椀がないと寂しく感じるもので、万が一夫がドイツの習慣に従って夜は火を通した温かい食事は摂らないというような人だったら、人生を共に歩もうなどと思うこともなかったと思う。異なる文化に敬意を払いたいとは思うけれど、日々の食事の趣向があまりにかけ離れていたら、関係を継続することは難しい。幸い彼はニューヨークでの留学時代に中華料理のおいしさに目覚めたようで、それ以来夜でも温かい食事を好むようになったとのこと、私の最大の不安は出逢ってから数日で払拭された。

ドイツ人がアイロン好きだという噂は本当で、ポロシャツやTシャツはおろか下着や食器用の布巾にまでアイロンをかける義母は、Ｍｉｅｌｅのロータリーアイロナーを長年愛用している。

我が家ではＳｏｃｉｅｔｙの薄手のコットンのシーツを丁寧に干しただけでシワが伸びることからアイロンをかけることはなく、夫が干してくれた際には少々しわがよったままだったりもするけれど、掛け布団カバーの掛け方は夫も私も義母の知恵を踏襲している。

義父はベルリン・ドイツ交響楽団のヴァイオリニストとして世界中を旅して回り、日本にも度々訪れたという。定年を迎えてから20年以上を経た今も、時折オーケストラでの演奏を行っており、コロナ禍により5つのコンサートが中止になってしまったことを嘆いている。「コロナが中国で流行《はや》り始めたころに演奏したハイドンの交響曲45番「告別」が私の人生最後のコンサートだったのかもしれない」という義父は、生き甲斐を失いかけていたようで、孫やひ孫たちの存在だけが彼の喜びの源となっている。

86歳にしてアクティブシニアである義父はｉＰｈｏｎｅやｉＰａｄを使いこなし、Ｗｈａｔ'ｓ ｕｐで家族と繋がり、Ａｐｐｌｅ Ｈｅａｌｔｈにて健康管理をし、Ａｐｐｌｅ Ｐａｙで買い物をし、フライトレーダーで上空を飛び交う飛行機がどこから出発してどこへ向かう何便なのかもチェックして、かつて旅した国々へ想いを馳せている。

若かりし頃に何度も観たヴィム・ヴェンダースの「ベルリン天使の詩」のテーマ曲、ベルリンで暮らすひとびとの日常に寄り添い、いつしか人並みの人生に憧れて人間に執着するようになる堕天使の物語が描かれる劇中にて度々流れるもの悲しいチェロが印象的なあの曲で、なんとヴァイオリンパートを義父が、ヴィオラパートを夫が演奏したのだと聞いて驚いた。夫にしてみれば、ヴィオラで生活していこうと決意して間もないころで、わけもわからず義父に連れられて行ったスタジオで、義父の友人であった作曲家ユルゲン・クニーパーに言われるがままに、半ば即興で弾いてみせたのだと言い、それを誇りに思うどころか未熟だった己を恥じているらしい。

徒歩圏内で暮らす義姉も駆けつけ、大人たちに囲まれて話題の中心となったJは大変な上機嫌で、いつもなら19時には就寝する彼女が21時まで起きていた。

秩序と調和を大切にし、人に気を遣わせることも苦手な義母は、食事の支度も後片付けも誰の助けも借りずに行うことを好む。義姉ですら使い終えた自分の食器くらいはキッチンへ運ぶものの、それ以外は義母に全て頼っている。

膝に痛みを抱える86歳でも、家族のためにおいしい食事を作り、庭仕事に励み、清潔で心地のよい空間を保つことが義母にとっての幸せであり生き甲斐なのだから、それを気遣いの名のもとに私たちが奪うほど無粋なことはない。

日本の古い家庭では「気の利かない嫁」と一蹴されてしまうかもしれないけれど、配膳と食後のテーブルの片付けを少し手伝うくらいで、料理などは一切手伝わず、必要以上の気遣いをしないことで、私たちは極めて良好な関係を保つことができている。

7月11日　不機嫌は直らず

義母が丹精した庭の一角で、義姉も交えての朝食を楽しむ。

全粒粉のデニッシュパン、クロワッサンなどは、義父が朝一番にLindnerで購入してきてくれたものだった。

Jはスイスのエメンタールチーズがいたく気に入ったようで、チーズスライサーで一枚一枚スライスしては、パンも食べずにチーズのみを何度も食べていた。

私の大好物のベルリン名物ハッケペーターは生の豚挽肉を塩こしょうとタマネギで味付けしたもので、車で30分ほどの市場までわざわざ出かけて入手してくれたものが陶器の小さな壺に入っており、全粒粉のパンと共にありがたくいただいた。

義姉のAはドイツ語と美術を教える小学校の教師で、夏休みの今は庭仕事に精を出している。彼女の庭は決して大きい訳ではないのだけれど、長い歳月をかけてツタや山葡萄が生い茂り、四季折々の花が咲き乱れる庭は記憶の片隅にあるバーネットの「秘密の花園」のようである。教師は自らの子供の教育には失敗することも多いと言われるけれど、3人の子供たちはそれぞれ自立し、ヴァイオリンメーカーである長女Lは同じヴァイオリンメーカーとして大学にて教鞭《きょうべん》を執る夫と家庭を持ち、長男のユリアンはポップバンドＶｏｎ ＷｅｇｅｎＬｉｓｂｅｔｈにてドラムと舞台美術の電子部門を担当し、次男のドミニクは同じバンドにてギターとヴァイオリン、アートワークを担当している。

　Ｊにとってベルリンへ来ることの楽しみのひとつが、義母や義姉の庭を散策することで、池の底を網ですくってみたり、ラズベリーにヨハネスベリー、ブルーベリーを摘んで食べたり、木に登ったり、かくれんぼをしたり、雑草を摘んでお料理ごっこをしたりと、ザルツブルクとさほど変わらぬ遊びもベルリンの家という響きが特別な遊びに思わせるらしい。

　ひとしきり庭遊びを楽しんだ後、車で20分ほどの公園へ出かけ、Ｊをしばらく遊具で遊ばせた。

　ウッドチップの敷き詰められた公園の遊具コーナーには、木製の美しい遊具が点在し、まだ足下もおぼつかない小さな子供を遊ばせる父親たちが至る所で見られた。Ｊは抜群の運動神経を発揮して、全身で遊び回る。「Miki《ミキ》, schaumal!《見て！》」とアクロバティックな動きを見せてくれる分には問題ないのだけれど、「Miki《ミキ》, mach das mal so!《これやってみて！》」と、同じようなテンションで一緒に遊具にしがみつき、高いところまで登ることを求められると身体が追いつかず、Ｊの失望を傍目に地上に留まったりしている。

　夫はＪに多様性溢れるベルリンの街を見せたくて仕方がないのだけれど、Ｊはクールな街などにはあまり興味がなく、公園や森、庭で遊ぶことを望む。それでも、一昨年ブリュッケ美術館を訪れた折には、エルンスト・キルヒナーの絵画に描かれたマルセラと同じポーズをとって遊び、昨年の新博物館では古代エジプトの棺やミイラ、ネフェルティティの胸像に興奮した姿を見せていたし、ホロコーストの記念碑では、重々しいコンクリートのモニュメントの間をいぶかしげに歩いていたのだけれど、快晴の今日は美術館ではなく外で遊びたいという。しかし、存分に公園で遊んで満足すれば、街歩きにも付き合ってくれるだろうという作戦は、失敗に終わった。

　壊れてしまった夫のスポーツ用サングラスを新調すべくロードバイクウエアの専門店Ｒａｐｈａを訪れ、夫の買い物の後に併設したカフェにて抹茶ラテを楽しむつもりが、Ｊはなぜか外で待つと言う。容赦ない日差しがＪの顔を火照《ほて》らせ、辛そうにしているので、何度も店内に入るように促したのだけれど、「Ich warte hier.《ここで待ってる》」と言って、焼け石のように熱くなったカフェのテラス席に無理に腰掛けている。仕方なく私も暑さをじっとがまんしてテラス席に座り、コールセンターごっこで時間稼ぎをしようと「Kling, kling, kling《リン、リン、リン》」とコール音を出してみるも、「Nein, Jetzt nicht《ノー今はイヤ》」と言われてしまった。店内の涼しい席に移って炭酸水でも頼もうかと思いきや、「Noch nicht《まだ》」と拒否されてしまい、なすすべもない。

　夫は久々にＲａｐｈａの実店舗を訪れて上機嫌にて、しばらくひとりで品定めをしている。

本人はわずか15分ほどのつもりだったらしいけれど、10分も経つとJのご機嫌は最悪となった。それでもご機嫌伺いばかりでは彼女を増長させることになるので、しばらく静観してみる。

夫が買い物を終えて出て来ても、Jの不機嫌は直らず、「Mimi《義母の愛称》の家に帰って屋根裏部屋で遊びたい」と不平を述べていた。

夫がどうしてももう一軒だけスポーツショップを覗きたいと、歩き始めると、ウエディングベールを頭に載せた女性を囲んで女性たちが街を練り歩いていた。独身最後の日を新婦とその友人が楽しむバチェロレッテパーティーで、新郎が男同士で羽目をはずしている間、新婦も気の置けない仲間たちと女性だけの楽しい時間を過ごすのだという。

Jにとっては誰が結婚しようが、独身最後の自由を謳歌しようが関係なく、一刻も早く家に帰りたいという。

運良く無印良品のの店舗が近くにあったので、「Suchen wir nach Souvenirs für Mama?《ママのためのお土産を見つけようか？》」とJをそのかすと、「Ja!《うん》」と途端に機嫌がよくなった。

無印良品のシンプルで美しいデザインはヨーロッパでも大人気で、かつてパリでアパートを借りていた折には、暮らしていたサン・シュルピス通りにも店舗がオープンしたため、ずいぶんと重宝していた。

店内を見渡し、キッチンで使えそうな物を探すと、Jが「Stäbchen!《お箸!》」と声を上げた。竹のお箸を母親のDに一膳、子供用のお箸では物足りなくなったJにも一膳購入し、ギフト用のパッケージにしていただいた。

クラフト紙の袋に自分で装飾スタンプを押し、ミシンで封をするパッケージをJがいたく気に入り、少し前の不機嫌もどこへやら。

今の子供たちの特徴なのか、Jの性格なのかはわからないのだけれど、一緒に買い物に出かけても、あまり物を欲しがらず、せいぜい1点購入するくらいで、何も購入しないことが多い。

夫と合流し義母の待つ家に戻ると、昼食の支度が調っていた。明るい陽光が差し込む庭で、マンゴールドのスープ、サラダとシュニッツェルをいただくも、Jはマンゴールドのスープには見向きもしない。義母が「ちょっとだけでも試してご覧」と促すも、「Nein.《ノー》」と顔をしかめるばかりで、食べず嫌いのJを説得することは不可能に近く、大好きなシュニッツェルと付け合わせのじゃがいもばかりを食べていた。

ベルリンの家では、屋根裏部屋のお宝を探し出すことも恒例となっている。埃の舞う屋根裏の散策も、義母が長年大切に保管して来た子供たちのおもちゃやお絵かきセットなどを見つけては、夫や義姉が懐かしい想い出に浸り、Jは自分が使えそうなお宝を見つけ出しては、興奮して騒ぐ。

アレルギー反応により全員のくしゃみが止まらなくなった頃、義姉の長男ユリアンと次男ドミニクがやって来た。ユリアンはパートナーのYとまだ半年ほどの赤ちゃんのLを、ドミニクはパートナーのSを伴って、賑やかなティータイムとなった。

義母が作ってくれたのは、ノンシュガーのアップルパイとアメリカーナ、そして、ナッツとココナッツ、デーツを練り合わせ、数種のベリーをのせたスイーツで、義姉が焼いたチョコ風味のカップケーキもそれに加わった。

柔和なユリアンは義父母の電化製品の修繕係兼、IT機器のセッティング係を買って出て、私たちの来訪の際にも必ず会いに来てくれるものの、アーティスト気質で独創的なドミニクがわざわざ会いに来ることは珍しく、夫にとってはとても嬉しかったようで、全てのコンサートがキャンセルになったコロナ禍をどう過ごしているのか、話に花が咲いていた。

現代アートを専攻したドミニクは反抗期に突然緑色のモヒカン頭で帰宅したことがあり、義姉の叱責を期待していたものの、むしろ「あら、素敵！　似合うじゃない」と褒められて拍子抜けしてしまい、しばらくしてまた普通の髪型に戻したらしい。しかし、そのモヒカン姿でクリスマスの時期に路上でヴァイオリンを弾くと、見た目と演奏する音楽のギャップから多くの聴衆が集まり、ずいぶんと良いお小遣い稼ぎになったという。

大姪《おおめい》のLは人見知りをすることもなくユリアンの膝の上で終始笑顔を振りまく。彼女を産んだユリアンのパートナーYも、とてもかわいらしい医学生で、9月からは育児をしつつも復学するという。授乳による睡眠不足で疲れているとおぼしきYは、作業療法士でもあるといい、ドミニクのパートナーSの腕のマッサージをし始めた。

私たちの突然の来訪により、ずいぶんとストレスをかけたはずなのに、子供たちと孫、そしてひ孫が一堂に会し、お手製のスイーツを楽しむ姿を見る義父母は幸せそのものだった。

ところが、いつもはJの相手をしてくれるはずの皆が、今回は生まれたばかりのLに意識を集中してしまい、大人同士の会話となってしまったことでJが退屈し始めた。とりわけ昨年まで子供のいなかったユリアンは、いつもJに付き合ってUNOで遊んでくれたのに、今回は自身の子供Lの面倒を見つつ、大人たちとの会話を楽しんでおり、当初は従姪《じゅうてつ》ができて喜んでいたJも次第にすね始め、早々にスイーツを平らげると池の底を網ですくい、皆に聞こえるように音を立てたりし始めた。

席について一緒に会話を楽しもうと誘いかけるも、「Nein!《ノー》」とふてくされて逃げてしまう。一人っ子のJは母親のDからは厳しくしつけられているものの、母方のOmaには存分に甘やかされ、ベルリンでも伸びやかに過ごすことができると思っており、これまでにも皆が着席する前にケーキを食べ始めようとして咎《とが》められるといじけたり、歯を磨かずに寝ようとしたり、いつもはきちんとできることを、わざと逸脱して私の手には負えなくなったことが何度かあった。そんな時は、夫がいさめたり、優しい義母が厳しい顔を見せ、Jを叱ってくれることで何とか収まったのだけれど、彼女のこうした試し行動には辛抱強く付き合いつつも、こちらの限界を示すしか方法はないのだろう。

義姉などは、教育者の立場から子供を甘やかしもせず、かといって、厳しすぎる訳でもなく、ほどよい距離を保っており、彼女から学ぶことが多い。

それでもJのことを思っていることを伝えたいけれど、Jだけのために世界が回っているのではないことも伝えなければならないジレンマは、母親ではない私の立場では解消し難く、夫にも義父母にも義兄弟にもましてや彼女の母親のDにも理解されることはない、孤独な悩みである。

ユリアンとドミニクが帰って行った後、義母が夕食に用意してくれたカルテスエッセンの配膳を手伝っていた折、「Ich habe Hunger. Kann ich anfangen?《お腹すいた。食べ始めてもいい？》」と尋ねたJを義母がものすごい剣幕で「Warum kannst du nicht warten? Wir essen zusammen.《あなたはどうして待てないの？皆で一緒に食べるの》」

と叱った。

夕食を共にすると思っていたユリアンとドミニクがそれぞれの家に帰ってしまったことに失望していた義母はJの身勝手を許さず、「皆と一緒に食べないと、皆が食事をしている時にあなただけまた退屈してしまうでしょう」と核心をつかれたJはシュンとして窓の外を眺めていた。

美しく並べられた生ハム、サラミ、羊のペコリーノチーズにスイスのエメンタールチーズ、ゴマ風味とハーブ風味、2種のグリルサーモン、ラディッシュやパプリカなどの野菜、そして全粒粉のパンには、昨日の残りのカボチャのスープとビュレッテも添えられた。

いつもなら2日続けて同じ料理を出すことをためらう義母も、私たちが「急な訪問だから無理はせずに、ストレスなしで」とお願いしたこともあり、遠慮がちに残り物を出してくれた。

完璧な妻、母、祖母であろうとする義母の気持ちもわからなくはないけれど、時代はすでに変わりつつあり、少しくらい手抜きをしてくれたほうが、私たちも気が楽なのだった。

Jも食事が始まると機嫌を持ち直し、オーストリアの周辺国を諳《そら》んじて義父母に披露していた。

明日の朝シャワーを浴びるというJに歯磨きを促し、ベッドに連れて行くと、義母がやってきて、読み聞かせをしてくれた。短いお話を3つほど読んでもらって満足したJは自ら「Gute Nacht.《おやすみなさい》」と言って、掛け布団の中にもぐりこんだ。

長い一日がようやく終わろうとしている。ドイツ語の会話に一日中耳を澄ましたからか、どっと疲れが出たものの、1年前には全く理解できなかった皆の会話が、込み入った話以外はほぼ全て理解できるようになっていたことが嬉しかった。

7月12日　野外美術館

庭での朝食はJがバラの花びらやラズベリーを飾り付けたお皿と共に。好き嫌いの多い彼女を連れて行くことのできるレストランといったら、伝統的なシュニッツェルのあるお店くらいなのだけれど、どこで憶えたのか、彼女はお皿をまるで星つきレストランのように美しく飾ろうとする。時折目を離すと装飾過剰になることもあるけれど、視覚的な喜びを大切とする資質は夫のそれを受け継いでいるのかもしれない。

日曜日の朝だというのに隣家からチェーンソーの音が響き渡り、切り倒される木が断末魔の叫びを上げていた。

私たちが暮らすザルツブルクの山も、静かな田舎暮らしかと思いきや、草刈り機やチェーンソーの音、トラクターのエンジン音、馬の蹄《ひづめ》の音、カウベル、羊の鳴き声、野鳥のさえずり、虫の音がどこかしらから聞こえて来て、夏季には本当の静けさを味わうことは稀である。

夏休みの義姉は今日も私たちと朝食を共にし、食後に皆で訪れたのはズードゲレンデ自然公園だった。実はこのエリアは、戦前に鉄道の発着駅として栄えたものの、東西分断により使われなくなった駅舎と線路が長年放置されたままとなっていた。人間が作り上げた鉄道をいつの間にか自然が侵食し、草木は生い茂り、希少動物が生息するようになった広大なフィールドは、１９９６年より一部を自然保護区と定められ、「Die Kunst ist der nächste Nach《アートは野生に最も近い》bar der Wildnis.《隣人である》」を旨としていくつかの現代アートも展示する野外美術館となったのだった。

Ｊに芸術の多様性と自然の多様性をそれぞれ伝えたい私たちにとっては格好のアクティヴィティーであり、Ｊにとっても、大好きな自然に触れ、身体を動かすことの叶うワンダーランドであった。

義姉の娘、私たちにとっては姪にあたるＬには２人の子供がおり、大変賢く神童のような長男のＡは園舎のない森の幼稚園に通っているという。ヨーロッパではシュタイナーの創立したヴァルドルフ教育やイタリアの医師モンテッソーリによって提唱されたモンテッソーリ教育など、様々なオルタナティブ教育が受け入れられており、Ｌも子供が小さいうちは、自然のフィールドで野生児のように遊び、ブルーベリーやラズベリーの実を摘んで食べることを楽しみ、木工細工をするような教育を受けさせたいと願ったのだという。多少の雨くらいでは構わず森で遊ばせるその幼稚園ではさすがに大雨が降ればテントを設営し、風邪をひかないように配慮もされるというけれど、基本的には自然を観察し、自然と共生し、自ら考え、周囲と協調しながら生きる術《すべ》を学ぶのだという。

自然の中で野放しにしたら、学校生活や社会生活に馴染めなくなるのではないだろうかと心配する声もあるけれど、バラク・オバマ前米大統領や、Ｆａｃｅｂｏｏｋのマーク・ザッカーバーグやＡｍａｚｏｎのジェフ・ベゾス、Ｇｏｏｇｌｅのラリー・ペイジ、セルゲイ・ブリンなどといった世界をリードする著名な人物たちもモンテッソーリ教育を受けたために、自発的に行動する力を身につけたと言われている。

夫もＪの母親にモンテッソーリ教育あるいはヴァルドルフ教育、森の幼稚園などを薦めたものの、仕事を持つシングルマザーであるＤにはそうしたオルタナティブ教育に全面的にコミットする時間的なゆとりがないとのことで断念した。彼女の暮らすエリアは十分な税収があり、無料で受講できる音楽教室が運営されていたり、学校はもとより学童保育などでも手作りの給食が供されたりと、充実した教育と福祉サービスが受けられるため、一般的な幼稚園で学び、今は同じ街の小学校に通っている。

それでも、Ｊの家から徒歩圏内には広大な牧場と山林が横たわり、草原を流れる小川のほとりには、森の幼稚園のごとく枝を集めて作られた隠れ家や、テーブルセットなどが点在し、子供たちが自然と戯れる環境は十分に保証されている。

昨日のティータイムでの不機嫌な態度とは打って変わって今日は大人たちが彼女のために時間を割いたことが嬉しくて、線路伝いの遊歩道をスキップしながら歩くＪをつかず離れずの距離で追う義姉と、Jの勢いに追いつこうと必死で歩く義父のペースをキープすべくゆっくり歩く夫と私。

敷地内には、苔庭もあることを夫がフィールドマップで発見し、「J、ミキの好きな苔があるから見に行こう！」と促してくれた。かつては苔などには見向きもしなかったJを夫が少しずつ洗脳したため、いつしか苔を見つけると「ミキ、こっちにも苔があるよ！」と誇らしげに知らせてくれるようになった。

残念ながら日照りにより苔は水分を失い、茶色く干からびていたけれど、数年前なら絶対に苔庭などには付き合ってくれなかったJと、庭には一家言ある義姉が興味を示してくれたことが嬉しかった。

家に戻ってからの昼食はスイートポテトのスープにサラダ、レンズ豆とズッキーニの煮物、そしてグラーシュとレンズ豆のペンネだった。

Jは珍しく「Ich möchte Suppen, bittte.《スープをください》」と自ら願い、食べず嫌いをひとつ克服した。牛肉が柔らかく煮込まれたグラーシュは彼女の好みに合ったようで、レンズ豆のペンネと共に喜んで食べていた。

時間をかけて彼女のために作った料理を拒絶された義母の気持ちはよく理解できる。幸い今日はJの食欲が旺盛だったことで、義母も安堵したようだった。グラーシュもレンズ豆とズッキーニの煮物もとてもおいしく、私も何度もお代わりをした。

食後にはJの庭のカフェテリアが開店し、義母が義姉を育てていた頃からずっと保管していた子供用のお料理セットで庭から摘み取ったハーブやベリーでハーブティーを作ってくれた。

子供たちが描いた絵画や木製の電車とレールのセット、50年もののシュタイフ社のテディーベアカー、絵本など、戦争を体験したがゆえに物持ちが良すぎる義母に、夫や義姉はいい加減処分するように促すのだけれど、このような時には大変役に立つのであった。

最後のティータイムを庭で過ごす中、Jの荷造りをするべく2人で2階に上がり、彼女が自ら荷造りする姿を見守る。頑張ってぬいぐるみや枕を片付け、義母の負担を軽くするために、ベッドシーツや布団カバーなどを外す作業を一緒にしたままでは良かったのだけれど、スーツケースのファスナーを開けっぱなしで「Fertig!《終わった！》」と階下へ駆け下りてしまった。私が自分で閉めてしまえば簡単なのだけれど、あえて彼女をもう一度呼び戻し、「Koffer zu machen bitte!《スーツケースを閉めて！》」と促すと、「Ach ja.《はいはい》」と物憂げに返事をしつつも階段を再び上がってスーツケースのファスナーを閉めるJ。自分の身の回りのことは全て自分でできるように、自宅では躾《しつ》けられている彼女の、私たちの前で見せる甘えん坊姿もかわいらしいのだけれど、それを容認していては彼女のためにはならず、心苦しくも自立を促すことが私たちの役目でもあると信じている。

突然の来訪により準備に追われた義母はさぞかし疲れたことと想像するけれど、2度目のロックダウンがないことを祈りつつ、クリスマス時期の再会を約束して私たちはベルリンを後にした。

帰りの道は往路と比べるとスムーズに進み、Jも機嫌を損ねることなく、いつものコールセンターごっこを何度も繰り返していた。

途中見せた「魔女の宅急便」は彼女の好みに合ったようで、しばらく見入っていたものの、今の子供たちの特徴なのか、彼女の性質なのか、1時間を過ぎた頃には映像を見続けることに退屈してしまい、再びコールセンターごっこに戻った。

日曜日のアウトバーンは貨物運搬用のトラックが規制されているお陰で比較的空《す》いており、幾度か休憩をしつつも、夕闇が世界を覆い尽くす前にJの自宅に到着した。

JはDに無印良品で求めたお土産を渡し、私たちはDが持たせてくれたワインとジャムのお土産を義父母が喜んでいた旨を伝えた。

長い一日がようやく終わろうとしている。幸運なことにベルリンを出発する前に購入しておいた蟠桃が丁度良く食べ頃となっていた。

7月13日　あなたと君

旅の疲れを残したまま起床するも、屋外にて夫が剝いてくれた洋梨と蟠桃、りんごの朝食を摂ると、新たな1週間の始まりに相応しく心地よい陽光が木々の間から差し込んで来た。

庭造りによって今年はいつにも増して蜜蜂が飛来したばかりか、アシナガバチも巣作りを始めたようで、テーブルの周りを飛び回る。

ナメクジも私たちが不在の間にずいぶん活動域を広げたようで、1㎝ほどの赤ちゃんナメクジがそこかしこで葉の上を這っている。

朝食を終えてのんびりと掃除に取りかかり、一日のモチベーションアップに努めると、ドイツ語レッスンの時間がやってきた。

クラウディアは今日もご機嫌で、彼女にとっては全く興味のない課題「Die Präsentation《プレゼンテーション》」について、的確に、そして面白おかしく教えてくれた。

愛読書はドストエフスキーとジョゼ・サラマーゴの本で、シラーの作品はパンクだと信じて疑わず、アフリカ学を専攻し、数字に疎く、方向音痴、仕事以外では時間にもルーズ、お砂糖が大好きで、旧東ドイツ人にしては珍しく楽天的な彼女は、以前お付き合いしていた男性のご両親から距離のある「Sie《あなた》」で呼ばれ続け、親しみをこめて「Du《君》」と呼ばれたのは3年以上も経ってからだったというほど、言わば規格外の人物で、とてつもなくチャーミングな彼女は、ビジネス用語に私が退屈してしまうことを恐れて、彼女自身の奇妙な体験談をたくさん話してくれた。

ドイツ人は日本人と同様時間に正確だという話になったものの、クラウディアは私と同じように、何かに集中すると時間を忘れてしまうとのこと、フランスやスペイン、イタリアでは許されてもドイツではよろしくない。彼女のご母堂の再婚相手は、クラシックのホルン奏者であるにもかかわらず、芸術家というよりは、厳格な軍曹のようで、時間に正確なため、食事の約束に5分でも遅れると、クラウディアを待つことなく食事を始めてしまうのだという。

「彼のお父さんは人民軍の隊員で、おじいさんはナチの党員って言えば、人柄が偲《しの》ばれるでしょう?」と皮肉を言って、ケラケラと笑っていた。

ドイツ語に耳を傾けるだけで脳が疲れる一方で、ベルリンで親族の会話に参加できるようになった喜びがもっと学びたいというモチベーションにつながり、さらにクラウディアとの会話がドイツ語学習の楽しさを倍増させてくれる。

「一応課題だからスピーチの導入の挨拶から、概要の説明、ブロックごとのテーマ、最後の要約、質疑応答、締めの挨拶まで簡単に説明するけれど、あとはそんなに重要じゃないから、文法だけしっかりやりましょう。もし興味があったらオンラインの宿題をちゃんとすれば大丈夫！」とのことで、私の仕事にも共通する「Ｄａｓ　Ｌａｍｐｅｎｆｉｅｂｅｒ《緊張》」や、「ｓｅｌｂｓｔｓｉｃｈｅｒ《自信のある》」などという言葉をしっかりと記憶に留めた。

久々に自分だけの時間を楽しむべく国境を越えてドイツ側まで行き、ロードバイクツアーを楽しんで帰って来た夫は、私が疲れていることを察して、街で購入したイタリアンのお惣菜を携えていた。

アーティチョークやパプリカ、ズッキーニのオリーブオイル漬けに、生ハム、そして羊のフレッシュチーズとレモンピールの入ったトルテリーニと、トマトのラグーソースのパスタは、リタイアして悠々自適な暮らしを送るご近所のおじ様から教えていただいたお店のものだそうで、いずれも家庭的で素朴な味に感激した。

食後には腹ごなしを兼ねて裏山を散策し、夕日が山の稜線に隠れたばかりの見事なマジックアワーを堪能しつつノアザミやマツムシソウを摘んで自宅に生けた。

7月14日　ドクター美紀、登場！

夫は早朝から裏山を縦走し、帰宅後には芝刈りと木々の剪定をしていた。

1分たりとも無駄にせず、効率よく働くドイツ人気質は、庭仕事にも反映され、切った枝もガーデンシュレッダーにて細かく粉砕してくれた。

ところが田舎暮らしの難点のひとつであるマダニに咬《か》まれ、彼の腰にはしぶとく食らいついた米粒大の敵が皮膚の中に頭を潜り込ませていた。

このマダニはライム病の感染をもたらす可能性があり、さらにはダニ媒介性脳炎を引き起こすと、精神障害を引き起こしたり、死に至ることもあるという。

もちろんこの地域に暮らす人々は脳炎の不活性ワクチンを接種しており、夫が脳炎に罹患する確率は低いのだけれど、ライム病はヘルペスウイルスのように生涯にわたり体内で潜伏し、事あるごとに筋肉に痛みを引き起こす可能性もあり、マダニに咬まれた場合は、すぐさま抜き取ることが推奨されている。

子供達も学校にてマダニチェックの仕方を学び、頭皮、首、脇の下、腰回り、足など、マダニが潜伏しそうな場所を順番に撫《な》でていく。山や草原で遊び回った後にはJも自らマダニチェックをする習慣がついており、ベルリンへのお泊まりセットには、マダニ用のピンセットも入っていた。

「ドクター美紀、お願いがあるんだ」と夫がすり寄る時は、おおむね足に刺さった古材の床のトゲを抜いて欲しい時で、容赦なくマチ針で足の皮膚に穴を開け、極小のトゲを発掘することが楽しくもあるのだけれど、今回ばかりは肝を冷やした。

マダニをピンセットで引き抜こうとしても、身体のみちぎれてしまい、頭は相変わらず皮膚に埋没したまま。胴体を失っても顎はしぶとく食らいついたままで、ピンセットでもマチ針でも太刀打ちできなかった。

マダニの生態を調べると、2～3年餌にありつけなくともひたすら獲物を待ち続け、冷蔵庫の中でも生存可能で、洗濯機で洗ってもしぶとく生き残るというから厄介極まりない。

ドイツ語にしても、台詞にしても、最近物覚えが悪くなったのは、ひょっとしてマダニによる脳炎のせいなのではないかと自分に言い訳を与えたくもなる。

ほぼ毎日マダニに咬まれているという友人のEに夫が電話をすると、頭の一部が少々残ったくらいなら消毒をすれば問題はないとのこと、ほっと胸を撫で下ろしたのだった。

安心した夫はアッター湖やヴォルフガング湖を巡るロードバイクツアーに出かけて行った。

ドイツ語の授業は大好きなアンゲラとの授業で、親戚一同について学ぶも、イスラエルの彼女の家が停電となってしまい、会話の途中で中止する羽目になった。

少々疲れ気味だったため、これ幸いとばかりに脳味噌を空っぽにして一日中空想に耽り、浮かんでは消えて行く想念に身を委ねていたところ、夫がバーベキューの材料を購入して帰って来た。

あぁ、我が夫ながら気が利いている。今日も料理をする気にはなれなかった。西日が最後の光を届けて沈むのを見届け、鮭に牛フィレ肉、ビオのソーセージなどを食べて満腹になった頃には、ベンチに横たわって満天の星を仰いだ。

7月15日　男なんてそんなもの

今日も快晴にて夫は朝から裏山へでかけ、私はいつものようにドイツ語のレッスンを。

ガブリエラはポルトガルのリスボンから忍耐強く指導をしてくれた。

昨日のアンゲラとの授業の続きで、親戚一同について学ぶのだけれど、

「UweとMarionは結婚しておりベルリンで暮らしています。彼らの子供SelinaとJensは4歳と5歳です。Marionの両親と、兄弟のClausとPeterもベルリンに住んでいます。Peterと彼の妻Tanjaには8歳の娘Nadjaと6歳の息子のLeonがいます。NadjaはJensとSelinaの従姉妹であり、Leonは従兄弟です。SelinaとJensには母方の祖父母、2人の従兄弟、2人の叔父がいます。PeterがTanjaと結婚しているため、子供たちにとって叔父の妻はドイツ語で『結婚した叔母』と言います。Uweの両親Marionにとっての義父母はミュンヘンで生活しています。彼の妹Anneは家族と一緒にパリで暮らしています。彼女と彼女の夫には10歳の息子Maxがいます」

という文章の読解で、7つの問いが出題される。

①　ＳｅｌｉｎａとＪｅｎｓには２人の母方の叔父がいます。
その２人の名前は何ですか？

②　Ｍａｒｉｏｎの両親はＳｅｌｉｎａとＪｅｎｓにとって誰にあたりますか？

③　ＳｅｌｉｎａとＪｅｎｓの父方の親戚は何人いますか？

④　ＵｗｅとＭａｒｉｏｎには何人の姪と甥がいますか？

⑤　ＭａｘとＳｅｌｉｎａは兄姉ですか？

⑥　Ｕｗｅの両親には何人の孫がいますか？

⑦　ＭａｒｉｏｎとＡｎｎｅの関係は？

といった具合で、日本語でも回りくどく厄介な問題にドイツ語で解答しようと思うと、頭が混乱して何度もミスをした。

なぜドイツ語を母国語とする人物と結婚などしてしまったのかと後悔するほど複雑な問題で、万が一テストで出題された場合、全問正解する自信がない。

すでに子供が巣立ち、夫君と２人だけで暮らすガブリエラにとって、気候が温暖で一日のうちほとんどの時間を庭で過ごすリスボンの郊外では、大きな家は必要なく、掃除が楽なように書斎と寝室、リビングのみのコンパクトな家が気にいっているそうで、ご自慢のプールサイドから授業を進行してくれている。

一回目の結婚で男尊女卑の何もしない夫に懲りたため、二回目では毎日料理をしてくれる理想の夫を見つけたとのこと、熟年でも良好な夫婦関係を保つガブリエラは幸せそうだった。レッスンのテーマは、「sich verstehen《理解する》」と「sich streiten《喧嘩する》」で、「あなたは何について夫と喧嘩しますか？」との質問に、「今朝、夏休みをどこで過ごすかについて喧嘩をしました」と述べる。

夏休みの真っ只中にて夫の友人知人は皆イタリアのボルツアーノやガーダ湖、スイスのボーデン湖、あるいはオーストリアのヴァイセン湖などで数週間のＵｒｌａｕｂ《ヴァカンス》を楽しんでいる。ヨーロッパ圏で暮らす私の友人たちも南仏のカマルグやサン・ジャン・ド・リュズ、ギリシャのエーゲ海などでそれぞれコロナ疲れを癒やしつつ豊かな時間を過ごしている。

各々が人生を充実させる権利が保証されているヨーロッパでは数週間のヴァカンスは当然の権利としてためらうことなく消化されるものとされている。

誰もがそのために1年間頑張って労働に勤しみ、日々無駄遣いを控えてヴァカンス貯蓄をし、いざヴァカンスとなればコツコツと貯めたお金を惜しみなく使ってコテージを借りたり、自身や親族の所有する別荘を訪れたり、まだ見ぬ世界を覗きに地球の裏側を目がけて旅立ったりするのだった。

夫のコロナ失業中にはDr.ヌアのリハビリセンターを訪れたり、わずか3泊ながらイタリアのヴィンチカウを訪れたりもしたし、先週末はベルリンへも出かけたものの、ザルツブルク音楽祭のＰｒｏｂｅ《リハーサル》が始まるまであと10日弱、私たちはザルツブルクのこの家に留まることにした。

それでも私は満足で、毎日が充実していると感じているけれど、夫は雨が降って何日か自宅から外に出られないと少々機嫌が悪くなる。以前は悪天候の予報を見るとすぐに天候の良い方向へと移動して、登山やサイクリングを楽しんでいたのに、私があまり活発でないことと、庭仕事を楽しそうにしているので今年はどこへも行かないことにしたと。

もちろんＥＵ加盟国間での移動が一部再開され、コロナウイルスに罹患する危険も鑑みての判断ではあったのだけれど、今週末は悪天候が予想されるのに、どこにも行けず、私がこのところ彼と山歩きやサイクリングを共にすることを控えて自宅で勉強ばかりしていることがご不満のようだった。

「いい加減ドイツ語を勉強した方がいいんじゃない？」と再三にわたり促したのは彼だったはずなのに、いざ私がドイツ語学習に時間を取られて外出を拒むようになると「こんなに良い天気なのに自宅に籠もってＭａｃの前に座っているだけの一日なんて信じられない」とエイリアンを見るような眼差しで言う。

そうは言われてもドイツ語学習のみならず、掃除や洗濯、日々の買い物に食事の支度ばかりか、今年は庭仕事や日記の執筆まで加わり東京での仕事中よりも忙しい。食事の支度や掃除に時間を取られるよりは屋外でのアクティヴィティーを一緒に楽しみたい夫と、多少時間がかかってでも良質な食材を入手し、食事くらいはおいしく作りたい私の間で言い争いになったのだった。

「So sind Männer.《男なんてそんなものよ》」とは人生経験豊富なガブリエラで「Erst sagen sie hüh und dann sagen《はじめは進めって言うくせに、次はもう止まれってコロコロ変わる》 sie hott.《ものなのよ》」とのこと、我が夫だけではないのだと思うと、多少の諍いもやり過ごすことができる。

そもそも私が直射日光を避けて日陰を好んだり、スイス製の丈夫なパラソルを購入したり、つばの大きな帽子で顔を覆ったりすることも理解できなかった夫には、「人生は瞬く間なんだからもっと楽しまないと」といつも言われていた。

日照時間が極端に少ないヨーロッパの女性たちはシワが増えようが、シミが増えようがお構いなしで、真夏の日差しを全身で受け止め、たるんでオレンジ色になった肌すら勲章のようにまとっている。

かつて農作業に従事する庶民と、自らの手を汚すことなく優雅に暮らす上流階級との間に明確な線引きがあった時代のヨーロッパでは、モネが絵画に描いたように日傘を差し、色白であることがステータスであったらしい。

　しかし、18世紀以降の産業革命により、庶民が工場での作業に従事するようになり、屋内に留まるようになったことで、色白であることが深窓の令嬢の証しではなくなった。また、19世紀後半には太陽の光がもたらすビタミンDが免疫力の向上に作用するとして、FKK《自由裸体主義》も存在感を増し、小麦色に焼けた健康的に見える肌こそが長期のヴァカンスに興じることが可能な上流階級のシンボルとなり、中産階級にとっても日焼けがステータスとなったらしく、有色人種を蔑視する文化が未だに残っていながら自分たちも褐色の肌を目指すのだった。

　最近でこそ、「こっちの方が日陰になるから、席を交換しよう」とか、「日が傾いてきたからパラソルを移動しよう」などと気遣ってくれる上、私が帽子を忘れたことに気付いて取りに行ってくれるほどになったものの、初めはなかなか理解されずに苦労した。

　とは言え、紫外線に発がん性があることも周知の事実であり、私の立場を尊重しつつも、やはり一緒にスポーツを楽しみたい夫と、美肌を保つことだけを考えると紫外線を避けたい一方で、ひとりの人間として人生を謳歌することが、演じる上でも大切だと考える私の折衷《せっちゅう》案で、屋外で食事を摂ったり、山歩きをしたり、時にはロードバイクで緩やかなサイクリングを楽しんだりしている。

　嫌なことはすぐに忘れてしまう夫は、オーストリアでもまだ訪れたことのなかったエリアをロードバイクで巡り、上機嫌で帰宅すると、ザルツブルク空港に隣接したレストランIk arusへ行こうと言う。

数日前にドキュメンタリー番組を見て以来、再び足を運びたいと願っていたことを察した夫が、当日の電話で席を取ってくれたのだった。

今月のゲストシェフはベルリンで唯一の3つ星レストランRutzのシェフMarco Müller氏で、ベルリンでは義母の手料理を囲むためにレストランでの食事どころか名物のカリーヴルストさえつまむ機会のない私たちにとって、大変興味深い人物だった。

ザルツブルク空港に隣接したHangar《格納庫》-7にて営《いとな》まれるレストランは、オーナーのディートリッヒ・マテシッツがまるでおもちゃを集める子供のように収集した飛行機やレースカーを見下ろす作りになっており、しつらいや調度品などもありていに言えばニューリッチのそれで、大変失礼ながら決して趣味が良いとは言えないのだけれど、その成金趣味がむしろ2つ星レストランでありながら敷居を下げる効果をもたらしており、若きソムリエや給仕スタッフのプロフェッショナルでありながらもどこか初々《ういうい》しさを残したサービスも、私たちをリラックスさせてくれる。

ドキュメンタリー映像によると、これまでのゲストシェフの中でも極めて要求が高いと言われるMarco Müllerは、最初のアミューズグールに木の枝に盛ったクローバーと2㎝ほどの小さなパンケーキを提供し、訪れる客人を驚かせる。添えられたのは、唐松《からまつ》の新芽のお茶で、日本人好みの淡い味わいだった。

続く3種は細かく切ったスイバ、カブとリンゴのプラリネ、ムール貝を粉末にして、からすみと合わせて小さなパイを焼いてみたりと、いずれも一口大のフィンガーフード。

次にパリパリに焼かれた網状の海苔の蓋を破ると味噌風味のアイスクリームに白身魚パイクの魚卵が載っており、度肝を抜かれた。

ここで供されるのが、外はカリッ、中身はもっちりの焼きたてサワードウで、憎らしいことに、バターは無塩のアルムバター、有塩の発酵バター、柚子バター、海藻バター、チリバターと5種類も提案され、パンで満腹にはしたくないと思いつつも、ついつい手が伸びてしまう。

エルダーフラワーと乳清のスープにはマテ貝がわずかに添えられ、ニワトコの実で風味が付けられていた。

ブラウン鱒は豚のラードで巻かれ、グリルしたカリフラワーと、鱒の皮のクラストが添えられる。

アンズ茸と鶏皮、チェリーは、極薄にスライスされた生のマッシュルームをまとっていた。

熟成肉のカルパッチョには、なんと森林の土と茸のお茶が添えられる。

スライスされたオックスハートトマトにはオックスハートトマトのジュレが重ねられ、グリーンジュニパーのソースがお供に。

塩性湿地で育ったラム肉には出汁とグリルしたねぎが。

最後のお料理はミニサイズのカレー風味のビーフタルタルで、ベルリンのカリーヴルストへのオマージュだと言う。

お口直しは人参のグラニテ。

デザートはラズベリーのアイスクリームときゅうりと唐松のシャーベットで、特別にお砂糖なしで作って下さった。

いずれも本当に繊細な味覚に小さなポーションで、これだけの種類をいただいても腹9分ほど、走って帰ることができそうなほど身軽だった。森林の土もフワフワで、根菜類などで想像するような土臭さは全く感じられなかった。アレルギーによって美食を極力控えていた私にも全く負担にならない料理の数々は、複雑そうに見えて実はとてもシンプルで、ベルリンから至近距離の自然豊かな森で育まれる25Ｔｅｉｃｈのビオ淡水魚や、ビオのお肉、天然のハーブなどを素材の味を活かして調理し、異なる食感で楽しませてくれたのだった。

山の暮らしでは入手できる食材にも限りがあり、毎日自分が作った料理だけを口にしていると、何を作ったらよいのか、途方に暮れることもあったけれど、志あるシェフの日本の食材からもインスパイアされた食事をいただいて沢山のアイディアを得ることができた。

7月16日　暮らしの中の小さな喜び

今日は早朝から電気工事が入るはずだったのにエンジニアが現れず、早起きをしたにもかかわらず待ちぼうけを食った挙げ句、連絡さえもなかった。

ここ数年の低金利によりそこかしこで新たな建築が始まり、職人の奪い合いとなっている状況はこのコロナ禍でも変わらず、むしろコロナ禍だからこそ、自宅での時間を快適に過ごしたいと、需要は右肩上がりで増えているらしく、我が家のようなちょっとした案件は残念ながら後回しにされてしまう。

夫は雨の予報を避けて国境を越え、ドイツ側で友人のNと落ち合い、共にロードバイクを楽しむとのこと。

Nはもともとイギリスのプロサッカー選手で、当時はかなり活躍していたらしいのだけれど、脚の負傷により、サッカーを諦めざるを得なくなったという。しかし、彼の身体能力と人柄に惚《ほ》れ込んでいたスポンサーが、激しい動きのないゴルフなら習得可能なのではないかと勧めたことにより、厳しい鍛錬に耐え、プロゴルファーとしても頭角を現した。彼自身の不屈の精神により欧州でもかなり上位に食い込み、再起不能と言われた人物の感動的な復活劇はさぞ人々を惹きつけたことだろう。

ところが、好事魔多しとはよく言ったもので、若きガールフレンドからの誕生日プレゼントで、スポンサーとの契約で禁じられていたスキーをオーストリアにて楽しんだことが災いして、再びキャリアを失うほどの怪我をすることになる。

オーストリアでもインスブルックはスキー負傷者がとりわけ多いため、膝の怪我ならインスブルックでと言われるほど名医が揃っており、炎症で腫《は》れを起こす前に緊急手術をすることで、良好な予後が期待できるとされている。

残念ながらNの場合はインスブルックではなく、尚且《なおか》つアルプスの人気のない山奥での事故で、慣れないスキーそのものはなんとか成功したものの、休憩で山小屋へ入ろうとして足を滑らせたところ、膝に大変複雑な怪我を負い、それは回復の見込みのないほどのものだった。

当時名の知られた存在であった彼の失敗する確率の高い手術を請け負うことによって、経歴に傷がつくことを恐れた医師たちは、誰もが治療を拒み、いくつもの病院をたらい回しにされた挙げ句、プライベートジェットをチャーターしてアメリカの名医のもとを訪れることになった。しかし、そこでも成功症例のみを収集している医師が「私にはこのリスクを負うことはできない」と彼を見放したため、結局当時暮らしていたドイツに舞い戻り、事故後2

週間ほど経ってようやく手術を受けることができたのだった。

不運は重なるもので、事故に責任を感じた当時のガールフレンドはNの元を離れて行き、長年お世話になっていたスポンサーとの契約も敢《あ》えなく終了したばかりか莫大な違約金を支払うことになった。

術後の経過は芳しくなく、患部に菌が侵入して炎症を繰り返し、再手術を余儀なくされ、5年間をドイツの病院で過ごしたという。

世界中を旅してスポーツに人生を懸けて来た彼には、友人とコンスタントに親密な関係を続ける時間などなく、行く先々で表面的な友人がいるのみで、このような時に助けを乞うことのできる友人はいなかった。

時は20年ほど前、アップルはまだｉＰｈｏｎｅをこの世に送り出しておらず、インターネットバンキングなどもまだ普及しておらず、郵便物を受け取ることもままならず、家賃を滞納し続けた挙げ句に差し押さえの憂き目に遭い、保険の手続きすらもなかなかできなかったという。

その間、鎮痛剤のモルヒネを使用し続けたため、離脱症状には大変苦しんだとのことで、レストレスレッグス症候群に苛まれ、急な体温上昇による発汗と悪寒が交互にやって来たというから、その苦悩のほどたるや筆舌に尽くしがたい。

そんな彼も、プロスポーツを諦めたことで、肩の荷がおり、現在はレーゲンスブルクにて穏やかなパートナーと共にカフェを営んでいる。

今でも真っ直ぐ歩くことは困難で、左足に跛行が見られる。恐らく慢性的な痛みとは生涯付き合っていくもので、在りし日のパフォーマンスからは考えられないほど不自由を感じているであろうにもかかわらず彼はとてもポジティブである。

人生で初めて街に根を張り、顔見知りのコミュニティーの中で必要とされる存在となれたことが嬉しいらしく、加えて歩くことには困難を感じても、ロードバイクで走る時だけは自由にどこへでもタイヤを転がして行くことが叶い、それで十分幸せなのだという。

夫とは共通の趣味であるロードバイクのよしみで知り合い、毎年夏になると共にツアーに出かけている。

現状を不幸だと嘆くことなく、限られた暮らしの中に小さな喜びを見出《みいだ》すことができれば、人はそれで十分に幸せなのだ。

庭の花や木々の間を駆け巡るリスを眺めつつ、ドイツ語の復習をし、日記を書いて静かな一日を過ごした。

夕食は油揚げのあぶりにトリュフオイルと緒方こうじ屋の米味噌を合わせたソースを添えたもの、蓮根のきんぴら、しらたきと挽肉、しいたけの炒め煮、大根のステーキ。

7月17日　総理の夫

朝一番で東京のスタッフとZoomミーティングがあった。9月から始まる映画の撮影についての打ち合わせで、河合勇人《かわいはやと》監督をはじめとする皆さんと、日本語で会話ができることが嬉しかった。

原田マハさん原作の「総理の夫」にて私は日本初の女性総理大臣を演じる。周知の通り日本は2020年度のジェンダーギャップ指数が121位とのことで、東南アジアのイスラム教国よりも下位に甘んじており、女性首相の誕生は夢物語のようである。

万が一対外的なアピールのために女性を担ぎ出すことはあったとしても、その女性首相はあくまでも傀儡《かいらい》に過ぎず、陰で進言をする大物が存在するのではないだろうか。

その一方で、ニュージーランドではジャシンダ・アーダーンが最年少で首相になった上に世界で初めて産休を取得し、フィンランドでも歴代三人目の女性サンナ・マリンが最年少で首相の座に就いた。

ドイツのメルケル首相も2021年に退任するまで実に16年にも及びその座を保ち、EU議会の委員長ウルズラ・フォン・デア・ライエンも7人の子供を育てた母である。

奇しくもメルケル首相が「世界中には現在2つの病気がはびこっています。一つはコロナウイルスで、もう一つはポピュリズムです」と言った通り、大衆迎合主義者と排外主義者が世界中を跋扈《ばっこ》し、とりわけこのコロナ禍では民主主義の弱点と資本主義の限界が露《あら》わになった。

周知の通り、現在の新自由主義を旨とした資本主義のもとでは貧富の格差が著しく広がり、先進国においても日々の暮らしに困窮する人々が溢れている。

その一方で、旧東ドイツを含め、近隣の旧共産主義国を傍観するに、真の平等など存在しない上、健全な競争なき社会では人間の向上心が損なわれ、さらには監視社会により自由は奪われて、経済は停滞するばかりだったことが窺える。

少子高齢化に財政赤字、エネルギー問題、さらには地震や豪雨、近隣諸国との関係など、解決を先延ばしにすればするほど利息のように問題が山積していく日本がどこを目指して進むべきなのか、政治に疎く、無知蒙昧《もうまい》な私にはまるでわからない。

それでも、原作や台本を読むと、かつて女性に生まれてしまったがために抱いていた忸怩《じくじ》たる思いが再び喚起させられて、日本で初めての女性総理となる凛子に共感して泣けてしまう。

恐らく国民に奉仕し、より良き未来のために闘うべく政治家を志した人々も、いざ組織の中に身を置くと、しがらみでがんじがらめとなって、本来の志を貫くことなど難しいのではないだろうか。

悲しいかな男性は自身の志を貫くためという大義名分のために権力志向に陥りがちで、まずは自分が政治家でいることにしがみつき、更なる地位を目指して根回しに奔走するうちに、本来のなすべきことを忘れてしまうのも仕方のないことなのだろう。

しかし、周囲との協調なしに青臭く志を貫こうとすれば既得権益者から疎まれて失脚することも目に見えており、結局のところ、国民のため、国の未来のために純粋に奉仕することなど無理なのではないかとも思える。

それに引き換え、近年諸外国のリーダーを務める勇敢な女性たちは、しがらみ云々《うんぬん》よりも、民主主義の枠組みの中で、全ての国民の権利を守り、より良き社会への変革を目指して志高く、かつ柔軟に闘っているように見える。

もうこの20年くらいは、女性に生まれたことを後悔することもなく、男女の差異による不公平に抵抗することも諦め、「女性の立場なんてこんなものだろう」と鎖に繋がれた象のように自身の運命に甘んじていた。

若かりし頃は、それなりに抵抗をしてみたり、男性化してみたりと、様々試みたこともあるけれど、ヒステリックにフェミニズムを叫ぶのは性に合わないし、女性に生まれたのに無理矢理男性と同じになる必要があるのだろうかとの疑問もあった。ましてやジャンヌ・ダルクのように火あぶりの刑を甘受するほどの勇気は私にはなかった。

しかし、従順で慎ましい良妻賢母であることを全く求めず、むしろ自立した女性であることを敬ってくれる夫との出逢いによって、女性の権利が当たり前に保障されているヨーロッパでの暮らしを始めたことにより、日本における女性の地位がいかに低く、不当なものであるかを改めて突きつけられ、もどかしく思いはじめた。

ヨーロッパでは意思を持ち、自立した女性が社会で大きな役割を担うことは当然のことであり、大人になってまで「かわいい」ことを求められたり、女性が必死に若作りをすることもなく、公の場で真っ当な意見を述べても眉をひそめる者もいない。

映画の中で私の演じる凛子は男女の境遇の不均衡を正し、少子高齢化を食い止めるべく、全ての女性と子供が安心して暮らすことのできる社会を目指して奮闘する。

現状では日本における女性首相の誕生は夢物語に過ぎないけれど、いつの日かしがらみにとらわれず、女性が子育てと仕事を両立させることのできる盤石な制度を築き、教育を受ける機会を万人に与え、社会からあぶれてしまった弱者を救済しつつも、経済を潤滑に回して国際競争力を高め、安全かつ十分な食料と水、エネルギーを確保し、それでいて環境保護を同時に叶えることのできる頼もしいリーダーが生まれることを願っている。

女性が社会に進出するには、家事や育児、老齢の親族の介護が足枷《あしかせ》となることは自明の事実だけれど、そうした大変な労働を外国からの意欲溢れる労働者に委託し、その費用を全額とは言わずとも上限を定めて税額控除できる制度があれば、安心して職場に出かけることのできる女性が増えるのではないかと個人的には思っている。

現状では日本の女性が管理職や取締役就任への意欲を抱けないということも頷ける。仕事をして稼いだ収入をベビーシッターとハウスキーパー、あるいは介護ヘルパーに支払って、管理職就任に伴う収支がゼロになるようでは、身を粉にして仕事をした成果が感じられないだろうし、そもそもそうしたサービスを気軽に頼める基盤がまだ完全には整っていない。

移民や難民による犯罪や失業率の上昇は世界中で議論の対象となってはいるものの、鎖国をしたままでは、少子高齢化は進む一方で、日本の財政赤字はますます膨らみ、社会保障もままならなくなって、アメリカのような自己責任論が主流となれば、路上生活をせざるを得ない人々が増加し、一揆が起こるのも時間の問題ではなかろうか。

コロナ禍にて変わりつつあるけれど、そもそも男女問わずワークライフバランスが著しく悪いことも、女性が昇進を望まなかったり、子供を産むことをためらう大きな原因なのだろう。

ヨーロッパの人々はあっさりしたもので、男女問わずその日すべき仕事を定時で終えたらただちに帰宅し、家族のある者は家族との時間を、独り身の者は、自分の時間あるいは仲間との時間を大切にする。

その一方で、男女の生物学的な差異は抗いようのない事実であり、女性ホルモンの働きにより、従来通り家庭で専業主婦として家事や育児に励みたいと思っている女性を無理矢理引きずり出して、フルタイムの仕事をさせる必要はないと思うし、そうした女性の賃金の支払われない労働に対して理解と敬意を示すべきだとは思う。

とは言え、ザルツブルクの田舎のこの家で草むしりに勤しみ、夫との他愛のない会話を楽しみ、週に1〜2度ほど訪れる継娘のJと戯れ、ドイツ語を学び、機会があればクラシックコンサートやオペラを堪能し、仕事のご依頼をいただければ日本へ戻って演技をする私などには、日本をより良くするための知識も知恵もなく、便利な新聞のアプリで記事を読んでは憤り、また嘆息し、諦念に支配された心に蓋をして、日々の暮らしをつつがなく送るべく、買い物に車を走らせ、料理をし、ゴミの分別に励むのみである。

だからこそ、映画にて志高き凛子を演じることができることを誇りに思う。自分以外の誰かを演じることで、実生活では決してなし得ないことを体現できるとはなんと幸せなことであろうか。

もっとも、コロナ禍での撮影は決して心地よいものではないだろう。平常時でさえ様々な制約の中、予定通りに撮影を進めることは難しく、この先の日々が思いやられる。

それでも、台本に書かれた言葉と言外の思いを伝えるべく粛々と役に向き合うのみだ。

打ち合わせに続いたドイツ語レッスンはアンゲラと共に、お財布、小銭入れ、クレジットカード、現金などといったお金回りの言葉を学ぶ。

そういえばＡｄｏｂｅＣｏｎｎｅｃｔのシステムがリニューアルされて、新たなインターフェイスとなっていた。

これまでＡｄｏｂｅのシステムの不具合や、ブラウザーとの互換性の問題でレッスンが中断されたことが何度もあったのだけれど、新たなバージョンではそうした点が解消されているらしい。

夫は今日も存分にロードバイクを楽しんで瞳をキラキラと輝かせて帰って来た。雨に降られてずぶ濡れになりながらも、有意義な時間を過ごしたという。プロテインをシェーカーで溶かしながらこの午後に疾走したコースがどれほど美しかったかを語る彼を見ていると、何時間でも何日でも自由に出かけて欲しいと思う。

夕食は、グリーンピースの冷製スープとカリフラワーのまるごと香草パン粉焼き、そして、オックスハートトマトのファルシー。

7月18日　コンディショニングセンター

Dr.ヌアのもとで股関節の不具合を調整していただいたものの、やはり日頃の生活の中で痛みは度々再発し、どうにもコントロールが利かなくなってきたことから、間もなく始まる撮影に支障を来さぬよう、オリンピック級のアスリートたちが身を寄せるコンディショニングセンターにてお世話になることになった。

ロードバイクでサイクリングをしていた夫が自宅からさほど遠くない場所でたまたま見つけたこちらのコンディショニングセンターは、F1レーサーやスキージャンプの選手をはじめとして、サッカー選手に長距離ランナーなど、様々なジャンルのトップアスリートたちが、自身のパフォーマンスレベルを検査したり、負傷した身体を癒やすために訪れる場所で、本来ならば、私のような素人が気軽に敷居を跨ぐことのできる場所ではないらしいのだけれど、かねてより親しくしていた整形外科医Dr.オーバーターラーがこのプロジェクトに深く関わっていたためにお許しを得ることが叶い、初めての来訪となったのだった。

世界記録を保持するようなハイパフォーマンスのアスリートが訪れるとあらば、筋骨隆々の人々が一様に高負荷のトレーニングをガシガシと行っている姿を想像してしまい、「私など彼らにとってはノミのような存在に違いない」と、恐る恐るドアを開けてみると、「ここはアメリカ？」と錯覚させられるほど満面の笑みと明るい声で迎え入れられ、パフォーマンスマネージャーのトーマスと受付のイザベラが全ての施設を丁寧に案内してくれた。

建物は主にトレーニングを行うための広いホールと、ＶＯ２ＭＡＸ《最大酸素摂取量》テストを含む持久力テスト、視線追跡テスト、心電図に超音波検査など、あらゆる診断を行うためのエリアに分かれ、血液検査によって体力を測定するためのラボも併設されている。

まずは身長と体重を測り、血液検査をすることから6日間のプロジェクトが始まった。偶然にも、ラボで血液検査をしてくれたシェリーヌの父上は、我が家から徒歩圏内に暮らしており、ご自慢のポルシェで私たちの庭の前を通り過ぎる度に、「僕の妻が株と株の間が近すぎるって心配しているよ」だとか、「はじめは君たちの庭のコンセプトがよくわからなかったけれど、開花したら本当に美しいね。素晴らしい！」などと声をかけてくれるチャーミングなおじ様であることが発覚し、たちまち親近感を憶えた。

検査は肺活量にも及び、コンピューターのグラフに接続されたチューブのようなものを口に含み、最大限に息を吸い込むと、これ以上無理だという限界まで息を吐き出すという作業を2回ほど繰り返した。

次に通された部屋では心電図検査を行い、運動に耐えられる安全な心臓であることが保証

される と、30代前半とおぼしき目鼻立ちの整ったドクターによって問診が行われ、こちらも問題がないと判断されると、「僕は日本のアニメ『NARUTO』を観て育ったから、少し日本語がわかります。いち、に、さん、し、ご、『風』とかね」とのことで、ここでも素人のアジア人であるがゆえに差別されるどころか、歓迎されていることが感じられた。

血液検査のために朝から絶食だった私が次に案内されたのは、アスリートのための休憩室で、大きなダイニングテーブルとソファーのセットが設置された奥にはキッチンが備えられており、用意された飲料やナッツ、ヨーグルトにフルーツなどを各自が自由に摂取することが許されている。

「そういえば牛乳アレルギーだったらヨーグルトも豆乳かココナツがいいわね？　すぐに購入して来るから待っていて」と、受付のイザベラが気を利かせて買い物に赴いてくれた。朝はフルーツがあれば十分だと伝えたにもかかわらず、「アスリートのためにできる限りのことをするのが私たちの喜びだから」と張り切って出かける彼女は館内の設備も、トレーナーやアスリートのスケジュールも詳細にわたって把握しており、長年こちらに勤めているのかと思いきや、わずか4週目の最も新しいスタッフだそうで、高いホスピタリティーと責任感に溢れた仕事ぶりに感激した。

フルーツとヨーグルトの朝食をゆっくりと堪能すると、理学療法士のトムが迎えに来てくれた。シーツやタオルが至る所に積み上げられた部屋に入ると、持参した私のレントゲン写真を吟味しつつ、股関節の状態を丁寧に診始めた彼に全身を委ねる。

膝を曲げ、屈曲の角度、可動域を調べ、著しく動きが阻害され、痛みが出る箇所を確認すると、メジャーで左右の脚長差を測る。もう20年以上、デニムの裾を切る際には左足を1・5cmから2cm短く切ることに慣れており、脚の長さを測定するのもこれで何度目になるか数え切れないほどだった。

検査はそれだけに留まらず、超音波による筋組織のチェックが行われ、右側の腹筋群は十分に機能しているものの、左側の腸腰筋の発達が制限され、あまり機能していないことがモニターでも一目瞭然であった。

こちらを紹介してくださったDr.オーバーターラーと理学療法士のトムはアイスホッケーチームのサポートを長年共にして来た仲だそうで、「骨切り術や人工関節がどうしても必要になれば、Dr.オーバーターラーを信じて間違いはないし、年々技術は進歩しているから、筋肉や筋膜への侵襲を最小限にした手術も可能になっているけれど、理学療法的手技と、日々のトレーニングで手術をせずに歩ける身体を作っていけると思う。安心して」とのことだった。

オーストリアで理学療法士になるためには専門の教育機関に3年間通い、国家試験を受験することが常なのだけれど、彼は更にスポーツ科学や、心理学を学ぶために修士課程にも進んだとのことで、長年にわたる経験により蓄積された知識と、深い洞察により、私の状況も瞬時に理解してくれた。

インソールについて尋ねられたので「何度も試したのですが、結局左右の脚長差は、股関節から膝までの間で生じているので、インソールで左脚の高さを底上げしたところで、膝の高さが変わるために不快感と痛みを覚えるばかりで、私の身体には合わなかったようです」と応じると、「確かに40年以上この身体で調整しながら歩いてきたのだから、あなたのその感覚を信じた方がいいでしょう」と太鼓判をいただいた。

実はフィリピンにて援助している学生がおり、そのうちのひとりは理学療法士になるべくすでに現地の医療系大学で4年間の学びを終え、この10月に国家試験を控えている。若くして両親を病気で亡くし、貧困が医療格差をもたらすことを身をもって知った彼女は、生活を困難にする貧困の連鎖から抜け出すべく学習意欲が旺盛で、成績も学年でトップを誇っており、国家資格取得後も修士課程に進む予定で、いずれは医療分野の発達しているドイツかオーストリアで仕事に従事することを希望している。

トムのようなトップクラスの理学療法士のもとで修業を積むことができたら彼女の未来にとってどれほど助けになることだろう。彼女は全課程を英語にて受講してはいるものの、各国で資格の基準が異なるであろうことから、トランスファーが可能なものか尋ねてみると、恐らく、すでに履修した科目を証明できれば、万が一オーストリアの基準に満たない場合でも、不足している科目だけを追加で履修し、ドイツ語能力の基準を満たすなら、連邦保健省から認定をいただけるのではないかとのこと、未来の展望が少しだけ見えた。

「この6日間で何をすればいいか答えは明確だ。トレーナーにも指示を出しておくよ」と言うトムの部屋を出ようとすると、ストレングス&コンディショニングトレーナーのゲオルグがすでに待ち構えており、トムからゲオルグへのブリーフィングが即座に行われた。

当初の予定では今後の目標とプランについてゲオルグと打ち合わせをするはずだったのだけれど、時間をより有効に使おうというゲオルグの提案により、ワットバイクを漕ぎながら話をすることになった。

85ｒｐｍ《回転毎分》にて漕ぎ始めて5分で彼が私の耳にランセットを用いて穴を開け、微量の血液を採取すると血中の乳酸濃度を測る。恐らく想像したより乳酸値が高かったため、70ｒｐｍに下げるように指示をされ、呼吸も楽になったところで今後の方針を話し合う。私の目標は以下の通りだった。

①　股関節の痛みから解放されること。

②　コロナ禍にて標準より4kg以上増えてしまった体重を元に戻すこと。

③　長時間の過酷な撮影に耐え、プロのアスリート並みに強靭な身体機能を持つ夫と共に

サイクリングを楽しめるだけの持久力をつけること。

ゲオルグの見解では、3つとも達成可能な目標で、全てを達成するには3ヶ月以上必要だけれど、①と②に関しては、これから指導するエクササイズを東京に帰ってからも怠ることなく続けるなら、2~3週間で成し遂げることができるだろうとのことだった。

ワットバイクを20分間漕ぎ続け、全身に汗が滲むころ、ゲオルグが再び乳酸値を測定し、階下のトレーニングエリアにてエクササイズが始まった。

ダッシュ練習のために設けられたトラックの白線を用いてランジを繰り返しながらのバランストレーニングを数種類こなすも、なかなかどうして難しい。一見シンプルながら、足の裏、足の指、外旋六筋、ハムストリングス、体幹など、全身のコーディネーション能力を試される動きは、私にとっては体力向上および股関節周辺の筋力トレーニングとなり、トレーナーのゲオルグにとっては、不足している筋肉と、過剰に拘縮している筋肉や筋膜の癒着を見極めるための診断材料であった。

オリンピックも延期となり、多くのアスリートたちは夏休み中なのか、同じホールにてトレーニングをしているのは私の他にわずか3名で、ひとりはスペインの女性スノーボード選手、もう1人は老齢のオーストリア人パイロット、そしてもうひとりはドイツのサッカー選手だった。

世界レベルで競技に興じる彼らは当然ながらハードなウエイトトレーニングを次から次へとこなすものと思いきや、信じられないほど地味で小さな動きを謙虚に繰り返していることに驚かされた。

素人でもできるようなシンプルなエクササイズを丁寧に繰り返すことが、小さなインナーマッスルを刺激し、全身の繋がりを呼び戻す大切なプロセスであることをゲオルグの囁きによって教えられ、片足でクッションの上に立ち、バランスを保ちながらもう片方の足を前後に動かすといった地味なエクササイズも侮ることなく集中して取り組むモチベーションとなった。

更にこのコンディショニングセンターへの期待が高まったのは、「これまでたくさんの理学療法士に出逢ってきたけれど、トムはその中でも指折りのトップクラスだね。明日の彼とのセッションを楽しみにしていて」とか、「あの若いサッカー選手は、残念ながら怪我をして半年間は試合に出られないけれど、本来は素晴らしいプレイをするんだよ」あるいは、「ここに所属している栄養士のカウンセリングを受けてみるといいよ。彼女はきっと最高のパフォーマンスを引き出すためのアドバイスをくれるはず」などと、全ての指導者を信頼し、アスリートのサポートを誇りとしていることが感じられるゲオルグの言葉だった。

この夏はずいぶんと静かながら、サッカーのユースチームの身体能力の診断も兼任している彼の労働時間は繁忙期には12時間を優に超え、ヨーロッパのワークライフバランスを保証された労働基準に照らし合わせると、ずいぶん過酷な仕事のようだけれど、仕事をスケジュール通りにこなすだけではなく、より良いパフォーマンスを目指して少しでも多くのエネルギーをアスリートたちに与えようとする彼の姿勢は信じるに値する。

2時間の間、ひたすら地味トレに励み、達成感の欠片もなく拷問のように自らの不具合を自覚させられる動きを繰り返すからこそ、「最後まで絶対に見捨てない」と誓うゲオルグの忍耐強い導きが必要なのだった。

締めに再びワットバイクに跨がり、20分漕ぐと今日の全てのプログラムが終了した。アスリートルームではスペインのスノーボーダーと彼女がスイスから連れてきたパーソナルトレーナーが昼食を摂っていた。キッチンに並べられたランチボックスの中から、私の名前が書かれたものを取り上げると、大きなダイニングテーブルに彼らと少し距離をとって腰掛け、食事を始めた。

この食事もプログラムの中に含まれており、前日のうちに次の選択肢の中から好みの品を組み合わせて発注されるオーガニックのポケボウルである。

①　エネルギー　高・中・低
②　たんぱく質　鮭・マグロ・海老・チキン・ビーフ・豆腐

③脂質　アボカド・フラックスシードオイル・オリーブオイル・ココナツオイル・チーズ
④野菜　生・ボイル・グリル・ノンフライ天ぷら
⑤炭水化物　玄米・フォルコンパスタ・ライスヌードル・スイートポテト・ジャガイモ・なし
⑥ソース　オリーブタップナード・ギリシャ風ヨーグルトソース・ビーツのフムス風・マスタードソース

私の選択は、
①エネルギー　低
②たんぱく質　鮭
③脂質　アボカド
④野菜　ボイル
⑤炭水化物　なし
⑥ソース　オリーブタップナード

で、鮭は程よい焼き加減で柔らかく、アボカドは堅すぎず柔らかすぎない、ジャストな食べ頃で、ボイルされたブロッコリーといんげんは食べ応えがあって、オリーブのタップナードソースは絶妙な塩梅にて、想像以上においしい。

小柄で均整の取れた身体に小動物のようにかわいらしいお顔立ちのスノーボーダーは、2022年に開催予定の北京における冬季五輪を視野に入れて今回帯同したトレーナーとのセッションをメインに据えつつ、こちらのコンディショニングセンターによる持久力の診断の結果を鑑みて、理学療法士によるアドバイスを通常のトレーニングに組み込みたいとのことで、専属トレーナーの男性は、他のトレーナーが彼女に指導をする間、熱心に記録を取りながら見守っているのだという。

たとえ膝に痛みがあろうとも、人生そのものを雪上の競技に懸ける彼女の話を聞いていると、アスリートでもなんでもないただの素人が忍び込んでいることが、はなはだ申し訳なく思えたけれど、「雪と言えば、日本の白馬でしょう！　以前はヨネックスとスポンサー契約を結んでいたから何度も日本を訪れたの。遠くない未来に長野や北海道でもう一度滑ることが夢なの」と言われて、居心地の悪さが解消された。

帰りの道すがら興奮は冷めやらず、こちらのコンディショニングセンターに通うことがこの先もずっと許されるなら、勾配のきつい山中の家で齢《よわい》を重ねることを恐れる必要はなく、重い買い物袋を担いで自宅へと続く長い階段を上ることも厭わずに、痛みを上手《うま》くコントロールして生きていけるのではないかと希望が湧いた。

7月19日　Jの友人

今日はお昼過ぎにJが友人を伴ってやって来る。夫は家中に掃除機をかけると、彼女たちが訪れる前に、先日目星を付けておいたソファーベッドFLOTTEBOを購入するべく小雨の降る中IKEAへ車を走らせた。

私は各部屋にお花を飾ると買い物に出かけ、おやつの支度をする。お客様が来るというのに、残念ながらケーキ作りには自信がなく、イチゴのアイスクリームを作ることにした。

子供たちは昼食を済ませてから訪れるとのことで、時間にゆとりがあったため、久々に草むしりに励む。スギナの勢いは衰えることを知らず、今年作ったばかりの庭の植栽に隠れて芽を出し、抜いても抜いても懲りずに生えてくるばかりか、最近では束になって顔を覗かせることも多く、この先が思いやられる。

ナメクジも同様で昨日の雨をいいことに大活躍したらしき彼らによって、いくつかの植物は茎だけを残して丸裸にされてしまった。

自分自身も含め、人間がこれまでに自然に対して犯してきた蛮行を省みると、スギナやナメクジが私たちの庭に及ぼす影響など大したことではないとも思える。

その一方で、人智の及ばない自然を受け入れ、自然と共生していくことは簡単ではないものの、自然を破壊する私たち人間も自然の一部であり、自然に抗ってスギナを抜く行為もまた自然なのではないかと堂々巡りの問いを繰り返してみたりする。

さて、早々に帰宅し、車の荷台からソファーベッドのパーツを降ろした夫は、子供部屋でソファーベッドを組み立て始めた。手伝いを申し出るも、私がいるとかえって邪魔だとのことで、夕食の下ごしらえをして過ごす。

マキタの電動ドリルはこの度も大活躍だった。そして、手伝いは不要だと言われたにもかかわらず、やはりパーツを支えたり、カバーをクッションに取り付けたりするために駆り出され、何度か接続箇所を誤ったりして、結局Ｊが訪れるギリギリまでソファーベッドと格闘していたため、昼食を食べそびれた。

慌てて段ボールをまとめていると、車のドアがバタンと閉じる音に続いて、子供たちのはしゃぐ声が聞こえてきた。

Ｏｍａに連れられてやって来たのは、Ｊとその友人のＬで、同学年の同じクラスながら、Ｌは恐らく学年で最も小柄でお人形のようにかわいらしく、Ｊは最も背が高く活発で、２人の身長差たるや20㎝ほどもあった。

そして、小柄で滑舌もまだおぼつかない舌足らずながら、挨拶がきちんとできるＬのお行儀の良さに感激した。大人にとって都合の良い従順さをＪに押しつけようなどとはさらさら思っていないけれど、夫も私も、いずれ厳しい社会の荒波に投げ込まれた際に、挨拶くらいはできたほうが良いと考えており、Ｊが友人に恵まれたことを誇りに思った。

「さぁ、コロナ禍の最中だから２人とも手を洗おうか？」と夫が促し、ＪとＬが２人仲良く石鹸《せっけん》で入念に手を洗い始めると、Ｊから「Miki, was gibt es heute zum Abendessen?《ミキ、今晩の夕食は何？》」と珍しく夕食について尋ねられた。友人のＬに一般的なオーストリア家庭とは異なる食事を紹介したかったからなのかも知れないけれど、Ｏｍａの家で昼食を済ませたばかりのＪがすでに夕食の話をすることなど今までにはなかったことで、何を作っても顔をしかめてイヤイヤをしていた食わず嫌い真っ盛りの４歳の頃を思うと、私の作る食事を信用してくれるようになったことが何よりも嬉しかった。

早速２人を子供部屋へ案内すると、組み立てたばかりのソファーベッドを見たＪは一瞬喜びを露わにしつつも、友人のＬの手前、大袈裟《おおげさ》にはしゃぐことを慎み、まるでずっと以前から使い続けていたかのようにクールに振る舞おうとしている。

久々に子供同士で遊んでくれているお陰で、「Schaumal Miki!《ミキ、見て！》」「Komm mit Papa!《パパ、一緒に来て！》」などと呼ばれることもなく、段ボールをリサイクルに出すべく車に積み込むことができた。

このような時にどうしていいかわからない夫は、私の車の中を掃除してくれた挙げ句、

「子供部屋を見に行った方がいいのかな?」と所在なげにしている。ところが、「子供には子供の社会があるから放っておいて大丈夫だと思う」と私がいなしたそばから、「Papa《パパ》, Miki《ミキ》, komm rein!《入ってきて!》」と呼ばれてしまった。

Jと Lが奥行きの120㎝あるソファーベッドの上でどのように座ったらいいか様々ポジションを変えて見せてくれる。先ほどまでずっと以前からこのソファーベッドが存在していたかのように、訳知り顔で使い方をLに説明したりしていたJが、移動可能な背もたれ兼クッションをどの位置に置くべきか迷っているようで、2人並んで壁側にもたれて座った方がよいのか、あるいはソファーベッドの端と端に分かれて対面で座る方がよいのか、はたまた、ソファーベッドの一方の端に2人並んで横たわる方がよいのか、何度も試している。そもそもその多様性こそがこのソファーベッドの趣旨なので、「どれも正解。どうぞお好きなように」と明確な回答を控えると、Lがお姫様を演じ始め、Jも女王を演じ始め、2人で対面して座ると、背筋を伸ばして扇子で優雅にあおいで見せたりする。

そして、おもちゃのティーセットにて、優雅にお茶を飲むフリをし始め、「お姫様はね、頭を下に下げずに、背筋と首を真っ直ぐにしたままお茶を飲むの」とLがJに教えてくれた。「よく知ってるね。素晴らしい! 誰に教わったの?」と尋ねると、「私が持ってるお姫様の本に書いてあったから」とのことで、「じゃあ、パパもこれからiPadを見る時に、首を真っ直ぐにするように気をつけるよ」と夫。Jも首筋をきれいに伸ばしてソーサーに手を添え、お茶を飲むフリをし始めた。

「それならば」と、夫が浴衣《ゆかた》を取り出して見せると、Lが「So schön!《わあ、きれい！》」と興味津々で覗き込む。

「Tragen wir Kimono?《着物着ようか？》」とJが張り切るので、「Zuerst mache ich dein Gast《あなたのお客様からね》」とLにJが4歳から6歳まで着ていた浴衣を着せ、続いてJにも麻の葉模様の浴衣を着せると、いずれも浅葱《あさぎ》色のそれらは、彼女たちのブルーグリーンの瞳によく似合っていた。

Jは浴衣の袖丈に慣れているけれど、Lにとって袖の長い被服をまとったのは初めてのことで、鏡に映った自分の姿を見ながら「あれ？　何これ？」と何度も袖に触れては、身八つ口に手を入れてみたりしている。

「Unsere Haare sind blond, aber wir sind die Japanische Königin und die Prinzessin.《私たちの髪は金髪だけれど、それでも私たちは日本の女王とお姫様なの》」

と言うJは以前彼女にプレゼントした美しい舞妓さんの写真集を着物カタログに見立ててLと共にコールセンターへの注文ごっこを始めた。

あとは子供たちに任せて、私たちは退散し、夫はサマーナイトコンサートの準備のために方々へメールを送り、私は夕食の支度を始めるも、時折「Papa! Miki!」と呼び出されるので、「もし何か用事があるなら遠くから大声で叫ばずに、自分でこちらに話しに来なさい」

と夫がＪをたしなめる。

ひとしきりお姫様ごっこを楽しんだ２人を呼び寄せると、おやつの時間とした。

以前Ｊに「ママのノンシュガーケーキ、おいしかったからまたお願いしてみて」と、こっそり頼んだことを憶えていてくれたようで、幸い彼女の母親のＤがＴｏｐｆｅｎｋｕｃｈｅｎ《トップフェンクーヘン》を焼いて持たせてくれた。トップフェンとはフレッシュチーズのことで、ドイツではクワークと呼ばれている。以前アシナガバチに刺されて手が腫れた際には、「スーパーでトップフェンを購入して、腫れている部分に湿布として使って下さい」と近所のドクターから言われたことがあり、当時トップフェンが何だかわからなかったためにスーパーで必死に探し回ったことを憶えている。

Ｄの焼いてくれるケーキは小麦粉も使用しておらず、ひよこ豆やココナッツパウダー、あるいはアワやヒエなどを用いた低糖質、グルテンフリーであるにもかかわらず毎回とてもおいしい。

朝一番でこしらえたイチゴのアイスクリームは、イチゴに濃厚な羊のミルク、そしてココナッツヨーグルトと白樺《しらかば》のキシリトールをミキサーで攪拌して凍らせたもので、リーデルのステムなしのワイングラスにイチゴの果実とミントの葉とともに盛り付け、トップフェンクーヘンは郡司製陶所の小皿に盛り付けて、それぞれ１人用の小さなお盆に載せて供する。

JもLもKinderkaffeつまりは牛乳をご所望で、牛乳の代わりに冷蔵庫に入っていた羊のミルクを提供した。

しっとりとしたトップフェンクーヘンは優しい甘味でとてもおいしく、イチゴのアイスクリームも大好評だった。友人がいるとお片付けも率先して行うJに「次は、レモンアイスクリームを作って！」と頼まれ、Lからは「とてもおいしいアイスクリームをありがとうございます」と言われると、悪い気はしないというよりは、ほぼ有頂天であった。

彼女たちはキャッキャッとはしゃぎつつ階下へ下りて行き、浴衣を大胆に脱ぎ捨てるとJが自分の部屋以上に気に入っているフィットネスルームでパーソナルトレーニングごっこを始めた。

脱ぎ散らかされた浴衣と三尺帯、そして下駄《げた》を見ると、思わずため息も漏れるのだけれど、まだ浴衣の畳み方をJに教えていない私の自業自得で、近いうちに彼女が自分で畳めるよう伝授しなくてはと思っている。

トレーニングごっこを存分に楽しんだ彼女たちは、タオルやブランケット、子供服をかき集めてフィットネスルームに自作のテントを設営したようで、小さな空間でずいぶん長い間キャッキャとおしゃべりに興じていた。

しとしとと降り続いた雨が上がり、雲間からわずかに光が差しこむと、夫が「今のうちにリサイクル集積所に行こう！」と子供たちを促し、ソファーベッドの段ボール箱と共に空き缶や空き瓶、お肉のパックなどを積み込んだ車で、ちょっとしたドライブに出かける。子供たちにとってゴミが詰め込まれた車に揺られてドライブをすることは楽しいイベントのようで、角を曲がる度にガサゴソと動くゴミを後部座席から支えつつ「Juhu!!《ヤッホー!!》」と歓声を上げていた。

ところが、リサイクル集積所へ到着した途端に上がったはずの雨が再び降り出し、子供たちを車中に残して夫と2人で段ボール箱を運び出し、大きな集積ボックスへ投じた。通常は火曜日と金曜日のみ開放日となり、柵の内側まで車で乗り入れて分別作業をすることが許されるのだけれど、このコロナ禍においては、紙類と缶、瓶、食品の包装パックなど、一部の品をいつでも持ち込むことができるよう、堅く閉じられた鉄柵の外に集積ボックスが設置されているのだった。

車と集積ボックスの間を何度も往復していると、手持ち無沙汰になったLが車から降りて来るなり「Ich mache das auch!《私もする！》」と言って、透明の瓶と、色つき瓶を分別してボックスに投じる手伝いをしてくれた。Lがゴミを分別する姿を目にしたJも雨に濡れながら缶や食品のパックを「Wohin soll ich das hinein tun?《これはどこに入れたらいい？》」と尋ねつつ次々に運動会の玉入れのような感覚でボックスに投げ入れる。

日々の暮らしから出たゴミをリサイクルに出すことを、こんなに楽しんでくれるとは思わず、夫も予想外の盛り上がりに驚いていた。

皆でずぶ濡れになり、自宅に帰って着替えると、子供たちと一緒に夕食の用意をする。

JとLにはそれぞれまな板とペティーナイフ、そして人参、きゅうり、ラディッシュ、パプリカを渡し、サラダを自分たちで用意してもらう。

梅と桜の型抜きも使って自由に野菜を切るよう促すと、Jがリーデルのワイングラスを取りだし、そこに切った野菜を重ねて4層の美しいカクテルサラダができあがる。

Lの来訪のお陰で率先して動くJは自分たちの野菜くずで一杯になった生ゴミ入れを自ら外に持ち出し、コンポストに捨てに行った。

私はコーンポタージュとJの大好きなタンタンサラダ、メンチカツにエアーフライヤーによるスイートポテトフライを用意し、テーブルには麻布のナプキンとフォーク、ナイフをセッティングすると、Jが自ら箸置きを取り出し、お箸をセッティングしてくれた。

案の定、Jは得意気にお箸で食事を始め、自分で切った野菜をひとつひとつすくい上げるのだけれど、まだ箸使いが完璧ではなく、時折ポロリとこぼれてしまう。Lには一本のお箸を「えんぴつを持つように握ってみて」と説明し、もう一本を親指と人差し指の間の輪のなかに入れ、ゆっくりと一緒に動かすのだけれど、とてもむずかしく、もどかしそうにしている。

「無理しないでフォークを使ってね」と促すも、どうしてもお箸を使ってみたいLは一生懸命2本の棒と格闘している。

何やら彼女は夏期講習で中国語を学ぶことになっているらしく、ザルツブルクの小さな街のカトリック教会を中心とした狭いコミュニティーの中で暮らしているにもかかわらず、彼女のご両親の視野の広さに驚かされ、また初めてのお箸にも屈することなく忍耐強く挑戦しようとする姿に心動かされる。

自宅とは異なる料理を恐れることなく、全ての料理をまんべんなく食べようとするLと、いつもなら好きな物だけを食べるJが一緒に食卓を囲むと、2人揃ってお姫様らしい食べ方を研究し始め、音を立てず、こぼさず、姿勢を正してきれいに食べる努力をしてくれるのでとても助かる。

食後の片付けも2人で協力して行い、子供部屋のおもちゃを引き出しに仕舞い、即席のテントも解体したままではよかったのだけれど、ブランケットをその辺に置きっぱなしだったので、「あれ？　まだ何か残っていますね」と伝えると、「え～？　ちゃんとお片付けしたもん」と言うので、「ふ～ん」と言いながらブランケットを持ち上げると、これもまた2人で協力してきれいに畳んでくれた。

名残惜しくも彼女たちを街へ送り届ける時間がやって来た。

後部座席の2人は一日を振り返って、「アイスがおいしくて、リサイクル場が楽しかった！」とのことで、いつの日かコロナ禍が終息したあかつきには2人で一緒に泊まりに来ることを約束していた。

理学療法士であるLのお母さんに「毎回きちんとお礼を言えるし、お片付けもできる素晴らしいお嬢さんですね！」と伝えると、「あら、自宅ではそんなことは全くないけれど、よそではそうなのね」とのこと、すでに送っていた彼女たちの写真を見て安心してくれたようで、「ずいぶん充実した時間を過ごしたみたいで、助かりました。本当にありがとう！」と言って、近いうちにLが再び私たちの元を訪れることを約束してくれた。

街との往復で約1時間後に自宅に戻った私たちは、子供たちのために作った食事の残りを温め直し、改めて大人だけの静かな時間を過ごした。

Jの成長を喜びつつ、私たち自身の彼女に対する接し方について、もっと改善できる点はあると振り返り、まだ見ぬ彼女の将来について、ああでもない、こうでもないと語り始めると瞬く間に深夜となった。

7月20日　健康な身体のための投資

夫は間もなく始まるザルツブルク音楽祭に先駆けて、コロナウイルスのPCR検査に出かけて行った。これから週に2回のペースでオーケストラの全ての団員がPCR検査を受けることになっており、聴衆と音楽家の安全のための施策がなされた上で、マックス・ラインハルトが劇作『イェーダーマン』を初上演して以来100周年を迎える音楽祭は慎重に開催される。

私は、朝一番でトムによる理学療法セッションを受けた。

土曜日の検査により、まずは腸腰筋に焦点をあてて緩める方針の彼は、脇腹の内側から親指で時間をかけて圧迫し始め、腰のあたりから股関節に繋がる要の筋肉が目覚めるのを待つ。

臼蓋骨形成不全による変形性股関節症と、長年の歩き癖、そして重い買い物袋の負担によって拘縮した腸腰筋は、ゴッドハンドを携えたトムの施術に白旗を揚げ、靴下や靴を履く度に思わず顔をしかめてしまうほどの股関節の痛みが、次第に薄れてゆくのを感じた。加えて大腿筋膜張筋と、ハムストリングス、内転筋などの起始も緩めることにより、更に痛みが解消され、改めて可動域のチェックをすると、健常者にはとても敵わないものの、これまでの状態と比較すると、ずいぶんと外旋の動きができるようになっていた。

約1時間ほど丁寧な施術を受け、ベッドを降りて立ってみると、なんと左脚の軽いこと！靴を履くために屈《かが》んでも痛みが出ることもなく、まるで何の問題もない身体になったような気分だった。

このような折につくづく思うのは、痛みのない身体のみあれば、それだけで十分に幸せであるということ。

「その感覚が得られたのは素晴らしいけれど、日常生活ですぐにまた筋肉は拘縮してしまうから、これから伝授するモビライゼーションのエクササイズを欠かさないように」としっかり釘を刺され、トレーニングルームに移動することとなった。

マットの上に膝を立てた状態で座り、両手を背中側の後ろに突いて片足ずつ外旋と内旋の運動を繰り返し、いずれは両脚を一緒に外旋内旋させる。骨盤の中で股関節の骨頭が自由に動く余地のあることが、この先自分の脚で歩くためにはとても大切なことで、この運動だけでも一日も欠かすことなく続けて欲しいと言う。

最も状態の悪い時期には、座っていても立っていても、寝ていても痛みから逃れることができず、このまま一生歩けなくなるのではないかと不安に苛まれたことも度々あるけれど、この20年の間、鍼灸や理学療法、運動療法など、様々な方法を試みる中で、的確な場所に鍼を施し、理学療法によって筋肉や筋膜を緩め、運動療法によって骨と筋肉を正しい位置で安定させ、また酷使した筋肉をストレッチやテニスボール、THERAGUNなどで緩めることにより、何とかこの股関節と共存することは可能なのだと信じられるようになった。

そして、この度の貴重なご縁により、素晴らしいチームのサポートを得ることが叶い、日本から遥か遠く離れたオーストリアの地でも身体を委ねることのできる場所があることに心から安堵したのだった。

トムとのセッションを上機嫌で終えると、午後のトレーニングまでの間に食料品の買い物を済ませ、自宅に荷物を降ろしてから、再びコンディショニングセンターへ戻った。

今日も前回と全く同じヘルシーなランチを堪能すると、トレーニングルームでは手脚のすらりと長くブロンドヘアも美しいドイツ人のテレマークスキー選手が6mの世界チャンピオン記録を保持する元棒高跳びのオリンピック選手ティム・ロビンガーの指導によりトレーニングに励んでいた。

ワットバイクで汗を流しつつ、スキー選手にしては美し過ぎる脚の持ち主のJを観察していると、ティムの指導に全幅の信頼を寄せ、彼の授けるシンプルなエクササイズを楽しんで行っているようだった。

東京でも、ウィーンでも、ザルツブルクでも、あるいは世界中いずれの街でも、ジムに集う人々は、以下の3種類に大別されるように見受けられる。

① 脂肪燃焼のために有酸素運動や筋トレに必死で励む人。

② 脂肪燃焼を目的に訪れたはずなのに、SNSを閲覧しつつ、お喋《しゃべ》りに興じる人。

③ 鏡に映る鍛え上げた自らの筋肉に見入ったまま、更なるハードなウエイトトレーニングに没頭する人。

しかし、こちらのコンディショニングセンターで出逢った人々はそのいずれにも該当せず、両手でひたすらハンドペダルを回したり、ローイングマシンで低負荷のトレーニングをしたり、テラバンドを用いたインナーマッスルのコンディショニングに励んだりしている。

老齢のパイロットに至っては、負傷した肘の回復を助け、肩や手首など、周囲の筋肉で負傷箇所を補うために、小さなエクササイズを黙々と続け、全身のストレッチには2時間もかけて取り組んでいる。

テレマークスキーのJも3kgのダンベルを手に長い四肢を優雅に動かしつつ、バランスボールの上でコーディネーショントレーニングに集中している。

思えば彼らは世界を股にかける選手であるにもかかわらず、いずれもとても気さくな人々で、目が合うと必ず「Hallo!」と挨拶をしてくれる。

表舞台での華々しい活躍とは裏腹に、この場所では誰もが鎧《よろい》を脱ぎ、自らの弱点を露わにして傷や痛みと向き合い、次のパフォーマンスに繋げるために羽を休める場所なのかも知れない。

サッカー選手のひとりFなどは弱冠19歳にして将来を嘱望されているものの、コロナによるロックダウンに続けて膝の負傷による休場で焦っているためか、自らの休息時間の間、母親の愛情を求める子犬のように、トレーニング中のトレーナーに話しかけては、「ねぇ、何時になったら僕のトレーニングしてくれるの？」と、茶々を入れる。私のモビライゼーションエクササイズの最中にも「ねぇ、ゲオルグ、君のそのアスリートさんのトレーニングが終わったら、僕の身体も診てくれる？」とアスリートではないことは一目瞭然の私を半分からかいつつゲオルグの注目を乞うのだった。

そのような時ゲオルグは、「彼女は来年の東京オリンピックに間に合うようにトレーニングしなくてはならないんだ。2時間後なら僕の身体が空くからそれまで大人しく待っていなさい」と、ユーモアたっぷりに彼をいなすのであった。

モビライゼーションエクササイズを終えると、心拍数を上げては小休憩を挟むインターバルトレーニングに移行した。ハイパフォーマンスアスリートのトレーナーであるにもかかわらず、女性がどの部分の脂肪を不要だと思っているのかよく理解しているゲオルグは、腹横筋を絞り、背中の無駄な脂肪を削ぎ落とすようなエクササイズをいくつか組み合わせてくれた。

15回を1セットにして右1セットで30秒の小休憩、左1セットで30秒の小休憩、そして新たなエクササイズを1セットと繰り返すと、わずか15分ほどでも全身に汗がしたたり、30秒のインターバルが瞬く間に感じられる。

地味で辛いトレーニングを途中で放り出したくなっても、トップアスリートたちですら、この地味なエクササイズを基礎にしているのだと思うと頑張れる。

最後の仕上げは、マットの上に横たわり、両手脚を天井に向けて伸ばし、腹筋と背筋のみを使って、ゆっくり360度回転するというエクササイズで、カフカの『変身』の主人公、突然昆虫に変化したあのグレゴール・ザムザになったかのような気持ちで、自らの胴体のみで回転して見せたのだった。

トレーニングによって疲労した身体を引きずるように自宅に戻ると、夕方からはドイツ語のレッスンにて節約、借金、返済、無駄遣いなど、お金の扱いについて学ぶ。

クラウディアは想像した通り、どんぶり勘定タイプにて緻密な資金計画などは苦手で、なるようになるという楽観主義らしい。コロンビア人の夫君の方がお金のやりくりは上手だそうで、まるでドイツの古式ゆかしき家庭のように夫君がお財布を握り、株式市場に投資をし、彼女はその都度必要なお金を受け取るのだという。

我が家ではお財布は別々だけれど、細かいお金の計算は私も苦手である。美しく良質なものを大切に使うことは好きで、日本各地の作家さんたちが焼いた器はオーストリアにも少しずつ持ち込んでいるし、繊細な手仕事による着物にも愛着を感じる。傘は10年以上同じ物を使っており、19歳で購入した古道具の車箪笥《くるまだんす》や文机《ふづくえ》も未だに東京の部屋の中核を担っているけれど、物にはあまり執着しない方だと思う。形あるものはいずれ壊れると思っているので、大切に扱ってきたものが本来の形をなさなくなったり、ある日突然消えてしまったとしても、激しく憤ったり、落ち込んだりはしない。

洋服にしても、若かりし頃こそ最先端の流行を逸早く取り入れるべく、似合いもしない洋服を頑張って身に着けてみたこともあるけれど、四肢が決して長い訳ではない自分の体型を少しでも良く見せる方法を見出し、似合わない色調と似合う色調の違いを知った今となっては、たとえ流行していたとしても無理して似合わないものを身に着けたりはしなくなった。もちろん装うことは大好きであるし、洋服や靴、バッグを新調する際には心躍るけれど、良質でタイムレスなアイテムを大切に着回すため、短い周期でクローゼットの中身を激しく入れ替えるようなタイプでもない。

その一方で、健康な身体のための食事や栄養、トレーニングやリハビリ、そしてドイツ語学習などには惜しみなく投資をする。

5分間の休憩を経て2レッスン目は、遅刻を詫び、その理由について話すことがテーマであり、オンラインレッスンの折に予約の時間を守ることができず、いつも不徳を詫びている私にとっては、次の遅刻のために新たな謝罪の表現や言い訳を学ぶよい機会だった。掃除に買い物、食事の支度に洗濯、庭仕事にJとのやりとりなどをしていると、時間はいくらあっても足りず、ついついレッスンに遅れてしまう。

子供が常にいるわけではない私でもこんなにバタバタとするものだから、子育てをしながらテレワークに励み、度々「マーマー見て〜！」などと邪魔をされながらオンライン会議に参加し、子供ばかりか夫までが「お昼ごはんまだ？」と呑気《のんき》に尋ねるような状況下で期日までに結果を出さなくてはならない女性たちを思うとつくづく頭が下がる思いである。

7月21日　持久力テスト

今日は10：00ａｍより持久力テストが行われるため2時間前からの絶食を命じられていた。

小川のせせらぎが見渡せるシェリーヌのラボにて体重を測定し、安静時の乳酸値を調べるために耳から採血をする。

階下の持久力テスト専用ルームに身を移すと、心拍数測定ベルトを装着し、VO2MAX《最大酸素摂取量》を測るための密着型マスクを着け、トレッドミルにて6・5㎞／hで走り始める。

持久力テストはトレッドミルでのランか、ロードバイクでのペダリングのどちらかを選択することができるのだけれど、通常はトレッドミルやクロストレーナーでの速歩が多いため、今回はトレッドミルで挑戦することにしてみた。

5分経過したところで、ベルトの動き続けるトレッドミルをまたぐ形で休止し、乳酸値を測定する。運動の主観的強度を10段階で評価するのだけれど、この時点ではレベル4のまだまだ耐えられる範囲であった。

30秒後には7・5㎞／hにスピードアップしたベルトの上で再び走り始める。すでにこの時点で呼吸がかなり荒くなり、足の裏から膝、股関節、腰、背中、首、頭へのラインをどのように定めたら良いのかわからなくなって、左の股関節に痛みが出始める。1分経過した頃にようやく痛みの軽いポジションを見つけ、何とかその位置で走ろうとすると、足の裏が必死で働いていることを感じる。

「Sehr gut Miki!《ベリーグッド、ミキ！》」というシェリーヌのかけ声に励まされながら3分経過の時点で休止し、ここでもまた乳酸値を測る。運動強度は、レベル8ほどに感じられ、できればこれ以上続けたくはないと思えたけれど、「Los geht's!《レッツゴー！》」とたき付けられ、観光客を乗せてザルツブルクの市内を渋々走る馬車馬のような気持ちで8・5㎞／ｈで回転するベルトの上を走るのであった。

わずか3分間がとても長く感じられ、物心ついた頃から走ることが苦手だったことを思い出し、それでもせっかくの貴重なテストだからこそより良い結果を出したいという欲もあり、頑張って食らいついてみる。

恐らくVO2MAXはすでにピークアウトして、身体が酸素を取り込み難《にく》くなっていることも感じられたけれど、次の9・5㎞／ｈに挑戦すべく、恐る恐るベルトに足を着地させるも、あまりの速さに足下をすくわれそうになり、何とか体勢を立て直し、重い身体を鼓舞しつつ、走り始めた。しかし、シェリーヌが「30 Sekunden!《30秒経過！》」と声がけをしてくれた傍から呼吸の限界と筋肉疲労が同時に襲いかかり、息も絶え絶えに頑張ってはみたものの、3分間の時間制限を待たずして、敢えなくリタイアすることとなった。

マスクを外し、倒れ込むように椅子に座ると、その後も1分ごとに3回ほど乳酸値を測定する。

通常は一回目のテストの後に休憩時間を挟み、運動強度を上げてもう一度テストをするらしいのだけれど、その目的である乳酸値が1・0㎎以上急激に上昇するポイントは、すでに最初の6・5㎞／ｈで測定できたという。

そもそもこのテストを受けるまでもなく、トレーナーのゲオルグがワットバイクの傍らで測定してくれた乳酸値で現時点での持久力は明白であり、私に最適な運動強度も、脂肪燃焼に最も有効な心拍数も彼がすでに把握していたと思われる。それでも、持久力を数値化して自分の限界を知り、今後の持久力向上に役立てたいという私の思いを汲んでプロのアスリートと同じテストを施してくれたことがありがたかった。

世界屈指のトップアスリートたちが訪れるこの場所で、これほど持久力のない人間がこのテストを受けたことなど皆無に等しいのではないだろうか？　自分でも笑ってしまうほど無惨な結果にむしろ晴れ晴れした気持ちでアスリートルームへ向かうと、オランダからやってきた平均身長が2ｍを超す屈強なボート競技選手たちが部屋を占拠しており、あまりにも場違いな気がして、キッチンに身を潜めてクコの実とパフキヌアをつまみつつ、温かいお茶を飲んだ。

しばしの休憩の後に医務室へ向かうと、先日の問診の際の医師とは異なるDr.ハーファートによってエコー検診がなされる。ものの5分ほどの検査では、肝臓、腎臓、膵臓に続いて動く心臓の画像が鮮明に見え、いずれも問題なしとのお墨付きをいただいた。

すぐお隣の部屋では理学療法士のトムが待っていてくれた。「持久力テストはどうだった？」との質問に、せっかく緩めていただいた股関節がまた痛くなったと伝えることがはばかられて、「今朝も全く痛みを感じることなく目覚めましたよ。持久力テストでは、何年ぶりかで走って身体が驚いていたけれど、何とか足と股関節のポジションを見つけたら、痛みをあまり感じずに走ることができました」と嘘をついてみたところ、最も痛みを感じる領域を即座に見つけて、「バイクじゃなくて走ったの？　それじゃ痛いに決まっている」と親指でゆっくりと押しながら言い当てるのだった。

「もし、どこかの国で悪しき為政者が強権を振るって抵抗勢力を投獄したとしても、あなたがいれば拷問のための装置は必要ないでしょうね」

「確かに、指一本で人を苦痛にもだえさせることは簡単にできるかもしれない。あ、痛すぎる？」

「結果が楽になることは理解しているので、耐えられます。とりわけ日本人は指圧や鍼で痛みには慣れているので」

「じゃ、遠慮なく拷問をさせてもらうよ」

などと言いつつも、決して全身が拒絶するような急激な痛みは与えず、身体のドアを優しくノックされて挨拶を交わし、雑談から入って知らず知らずのうちに本題に移り、会話が盛り上がって浮かれている間に商品購入の契約書にサインをさせられるような感覚で、組織が彼の指による圧迫を受け入れるタイミングを見計らって巧みに忍び込み、頑《かたく》なになっていた筋膜や筋肉がいつの間にか弛緩《しかん》する過程はまるで魔法のようだった。

40分ほどの施術で先ほどの持久力テストによる股関節の痛みもずいぶんと楽になり立ち上がった際の一歩目の着地で走る激痛も緩和されたため、トレーニングルームに移ってモビライゼーションのエクササイズとなった。

毎回同じように股関節を自分の脚の重みを使って動かす緩やかなエクササイズで始まり、長年拘縮していた股関節がトムの施術も相まって、動いてもいいのだと安心し始めるのを感じる。モビライゼーションを一通り行うと、必ず片足立ちのバランストレーニングに移行し、それによって足裏から頭のてっぺんまでの軸を感じられる瞬間が訪れる。

そう言えば、足の裏を意識して立つことを長らく忘れていた。以前ピラティスに通っていた際に感じたことのある足の裏が、立ち姿勢の全てを司っている感覚が戻って来て、こんなに大切なことをずっと忘れたまま、膝や股関節、腰椎、脊柱、頸椎などに長年負担をかけていたことに自ずと気付かされた。

解剖学もスポーツ科学も、この10年ほどで主流となった筋膜リリースについても詳細にわたって学んだトムは、そうした知識をひけらかすことなく、私が自分の身体で感覚をつかむまで忍耐強く待っていてくれて、気付きに従って質問をするとようやくそのエクササイズをする理由を答えてくれるのだった。

足の裏で全身を支え、アーチを作って大地を踏みしめる感覚を持つと、自然に全身の体重を天に向かって引き上げることが叶い、股関節への負担も軽くなる。この感覚を忘れないよう、片足のエクササイズを自宅でも続けてみようと三日坊主の私でさえ心に誓った。

トムとのセッションで満足した後は、ゲオルグとのトレーニングで、いつものルーティーンは20分のワットバイクから始まる。

ワットバイクの並んでいる吹き抜けの2階は、階下のトレーニングスペースの様子を見下ろす位置にあり、今日は誰がどんなエクササイズをしているのかと興味深く、視界の片隅で観察しているのだけれど、トムが新たに連れてきたのが、枯れ枝のように細い四肢を惜しげもなくさらしつつ、所在なげに立ち尽くす美しい少女だった。体脂肪率は10%を下回るのではないかと思えるほど、骨にわずかな筋肉と皮が辛うじて張り付いているかのような状態の彼女は大きな眼を瞬かせながらも、今にも倒れてしまいそうで心配になった。摂食障害か何らかの病を患う娘をどうにかして寛解に導きたいと願う両親が、つてを辿って彼女をこちらのコンディショニングセンターに送り込み、身体からのアプローチで生きるための活力を取り戻させようとしているというのが私の勝手な見立てだった。

あまり注視するのも失礼なので、視線をさり気なく逸らそうとするも、丁度視界に入る位置で彼らがエクササイズを始めたものだから、トムが片足立ちのバランストレーニングをさせるべく彼女に指示を出すも、すらりと長い両手両脚のコーディネーションが不安定で、もう一方の足を空中でキープすることなくすぐに着地してしまうという一部始終が見える。トムも彼女にはより慎重に接しているように見受けられ、赤の他人の私でも、彼女の命の灯火が消えることがないよう祈るほどだった。

20分のバイクを終えて彼女のいるフロアに下りてトレーニングを開始しようという時に、「ミキ、謝らなければならないことがある」と、ゲオルグが申し訳なさそうに話を始めた。「今日の持久力テストで、トレッドミルの上を走ったらしいね。君の股関節の状態では、これから身体を作っていく段階なのに、突然走らせるなんて、本来あってはならないことだった。ロードバイクでテストをするべきだったのに、本当に申し訳ない。これは我々の連携ミスで、僕は自分に憤っている。痛みが出ているよね？」というゲオルグに、「トレッドミルは私が自分で選択したので、あなたのせいでもなければ、テストに立ち会ったシェリーヌの責任でもなく、痛みもトムが解消してくれたから大丈夫。何の問題もない」と返答するも、「でも、せっかくこの数日で身体が感覚をつかみ始めて、トムの施術で股関節も動き始めたのに、これじゃ振り出しに逆戻りだから悔しいよ」といった具合で、プロのアスリートに紛れ込んだ素人の私のパフォーマンスを向上させようと、本気で取り組んでくれていたことが感じられた。

彼曰く、私が東京にいる間のプランも綿密に練り、ここから数ヶ月かけて、アスリート並みにとまでは言わないものの、人並みの持久力を獲得できるよう、遠隔でサポートするつもりだったからこそ、この数日の成果を無駄にして欲しくなかったらしい。

気を取り直してランジにバランストレーニングを加えたエクササイズを指導する傍らで、「彼女はね、アメリカ在住のドイツ人ランナーで、5000m級で世界チャンピオンにもなっているんだよ。本来ならば今頃東京オリンピックに参加しているはずだったんだけどね」とゲオルグが囁いた。

骨と皮だけで脂肪がなく、筋肉すら最小限しか携えていないのも、極限まで無駄をそぎ落とし、均整の取れた筋肉を誇るアフリカ系アメリカ人ですら彼女に脅威を覚えるほどの俊足を保つためだった。

控えめな態度と究極に細い身体が彼女を少女のように見せているけれど、すでに成人していることにも驚いた。

テラバンドもこちらで扱っている中では最も負荷の低い赤を使用し、強風に煽られたならたちまち飛んでいってしまいそうな彼女がオリンピック選手として国民の期待を背負うほどのランナーだったとは想像も及ばず、密かに憐憫の情を抱いていた己を恥じた。

演じるという職業柄、人間観察が趣味となり、歩き方や仕草、他者との会話の仕方、服装や持ち物などから見知らぬ方の背景を探る悪癖があるのだけれど、今回の観察対象は、私のたかが知れた洞察力ではとても想像が及ばない領域のスーパーウーマンであった。

競技場の外でもエネルギーを持て余し、輝きを放ち続けるアスリートがいる一方で、彼女のように競技の時にのみ持てるエネルギーを全て放出し、背中を丸めて遠慮がちに立っているようなオリンピック選手もいることに、人間模様の多様性を見る。

昼食は今日も鮭とアボカドのポケボウル。鮭の焼き加減が絶妙で柔らかくふっくらとしており、毎日同じものでも飽きないほどおいしい。

自宅にて、リッカルド・ムーティーの指揮によるベートーヴェンの第九交響曲のリハーサル帰りの夫と合流すると、ＪもＯｍａに連れられてやって来た。

「ミキ、ねぇ見て！」と出会い頭に見せられたのは、目の下の青あざで、このところ週に2

回も通っているという新体操のクラスで練習中の平均台から落ちたのだという。そのあざを勲章のように見せ、習った動きをいくつも披露する彼女は大変ご機嫌だった。

ココナツヨーグルトにレモンの果実と刻んだレモンピール、キシリトールで作った約束のレモンアイスも好評で、次回はラズベリーアイスを用意する約束をした。

実は彼女のクラスメイトのひとりが昨年日本を訪れたそうで、その際にかき氷を食べたことを自慢していたらしく、「次はWassereis《かき氷》を作って！」とせがまれたのだけれど、残念ながらかき氷機の用意がなく、約束は来年の夏までお預けになりそうだ。

せっかくの快晴にて、Jは湖でのサップボードを希望していたものの、私はこの時期に水辺の芦原《あしはら》で増えるブヨを恐れて「お家で待っているから楽しんで来て」と告げると、「ミキが行かないんだったら山歩きにする」とJが翻意し、夫の提案により連れ立ってヒンター湖の裏手の山へ車を走らせ、中腹にあるアルムまで歩いて登ることにした。

有り余るエネルギーを全て使い切るべく、山でも勾配を駆け上がるJのペースに合わせるのは難儀なことで、朝の持久力テストのランニングも後を引いて股関節が痛み始める。

Jを夫に任せて私はゆっくりと歩き、山野草を眺めては立ち止まる。木漏れ日も川のせせらぎも、滝の水しぶきも美しく、澄んだ空気を存分に吸い込んでエネルギーをチャージした。

アルムまで約1時間30分をかけて登ると、一面に広がる牧草の上に点在するいくつかのアルムのうち、子供用の遊具を備えた一つを選んで屋外のテーブルに腰掛けると、アルプス音楽の同好会がバイエルン地方特有の音楽を演奏していた。ヴァイオリンにギター、コントラバス、ツィンバロムも加えた5人の楽団は夏の2週間をアルムで合宿し、演奏の練習を楽しんだそうで、今日が最後の仕上げなのだという。

アルムの女将さんは年齢のせいか、生来そうした性格なのか、とても無愛想で不機嫌だった。

夫が炭酸水にフレッシュなレモン果汁を加えたソーダーチトロネンはありますか？と尋ねると「ない。メニューに書いてあるものだけ」とばっさり切り捨てる。コールセンターごっこの際にはわざと無愛想に振る舞うJですらクスクスと笑ってしまうほどの仏頂面で接客業には不向きなタイプだけれど、田舎の山のアルムだからこそ辛うじて許されるのだろう。

プラムのジャムを挟んだ揚げパンを注文したJは早速遊具に飛びつき、私とアスレチック競走をしたがったのだけれど、「J、ミキは疲れているからひとりで遊びなさい」と、夫が助け船を出してくれた。

遊具をよじ登っては飛び降り、次の遊具に食らいつき、また慌ただしく降りて次へ向かって走るということを彼女が何度も繰り返し、傍らで見守る私はストップウォッチでタイムを計る係。

夫はその隙に9月に延期となったサマーナイトコンサートのために新調するステージの設計プランについてデザイナーと電話でやり取りをする。

先ほどの無愛想な女将さんによって熱々の揚げパンがテーブルに出されると、走り回って息の上がったJがようやく席に戻り、夫とふたりで一皿を分かち合いながら食べ始めた。いつもはお砂糖を用いたお菓子類は与えないようにしているのだけれど、山登りをしてアルムを訪れた想い出に特例を設けることにした。揚げパンには粉砂糖によるパウダースノーが施され、それはそれはおいしそうに見えた。

陽が傾いて冷え込む前に山を下りるべく、電気牧柵に触れないように近くのゲートを通り抜けるはずが、そのゲートにも電気が通っていたようで、太ももがわずかに触れた瞬間ピリッと感電した感触があった。「感電しちゃった！」と思わず声を上げると、「何言ってるの？電気なんか通ってないよ、ほら」と、ゲートを両手で触れた瞬間「キャー！」と叫ぶJ。私が冗談を言っていると思ったJは、自分が正しいことを証明しようとして感電し、「私って、本当におバカさん」と言ってケラケラ笑っていた。

下りの山道では何度も感電したJのものまねをし、白目を剥いて見せたところ、Jも自らの感電体験をデフォルメし始め、「絶対にママにも話してあげるんだ！」と張り切っていた。

なぞなぞをしたり、計算問題を出したり、地理的クイズをしながら下る道すがら、「ねぇ、もしも今クマが出てきたらどうする？」とJが私たちに尋ねる。「もちろん、自分の身を守るために、Jをクマに差し出して、『私よりも若くてお肌もツヤツヤで、ブロンドヘアのJの方が、お肉も柔らかくておいしいですよ。何ならハチミツも添えて差し上げます』って言うに決まってるでしょう！」と応じると、夫もそれに賛同し、「そうだね、そうしたらようやく静かになるしね。クマがJをおいしそうに食べている間に一目散で逃げるよ」と、いつもはコールセンターごっこの際につれない対応のJに2人で意趣返しをしたつもりが、彼女は面白がって抱腹絶倒していた。

今日は母親のDが乗馬クラブにいるとのこと、Jを送り届けると、早速Jが今日の出来事を話し始め、感電したこと、アルムで無愛想な女将さんに出逢ったことなどを興奮気味に伝える。

「クマを忘れているよ」と囁くと、「ねぇ、ママ、今日ね、山でクマが出てきてね、パパとミキが、クマに私を差し出して、『食べてもいいですよ』って言ったんだよ」と大袈裟に話すも、Dには信じてもらえず、私たちが「Jをクマに差し出す」と言ったこともJの作り話だと思われてしまった。

持久力テストと山登りにて全ての力を消耗した私には料理をする余力がなく、Auernigの自動販売機にてお肉を購入し、バーベキューをすることとなった。

初めてザルツブルクを訪れた折には、お肉や卵などの生鮮食品が自動販売機で売られていることに衝撃を受けたものだけれど、今では全てのお店が閉まる日曜日でも食材を入手することができる自動販売機を重宝している。

7月22日　止まり木のような場所

起床時にベッドから降りた途端、左の鼠径部に嫌な痛みが走る。

前日の持久力テストで走った上、アルムまでの山道を歩いたことで、股関節周辺の筋肉が限界を超え、悲鳴を上げていた。

理学療法士のトムやトレーナーのゲオルグが指導してくれるモビライゼーションエクササイズやコアエクササイズを根気よく続け、定期的に手技を受けるなら、山歩きの負荷にも耐えられるようになるはずなのだけれど、拘縮していた筋肉がゆるみ始めた一方で、エクササイズで鍛えた筋肉による自前のコルセットができるにはまだ時間を要するもので、現状の不安定な股関節で走ったことはやはりよろしくなかった。

理学療法士のトムの部屋を訪ね、「あなたの手技とエクササイズによって、ずいぶんと筋肉がゆるみ始めたお陰で、可動域は広がったのだけれど、この新しいポジションに股関節がまだ慣れていないようで、正しい位置を探して骨頭が迷っているような感覚があります。それにもかかわらず、昨日のランニングに加えて、山歩きをしてしまったために、今日は激痛が走るので、どうぞ宜しくお願いします」と、股関節の痛みについて正直に話すと、「そうだね、君の言う通り、関節には可動性と安定性の両方が必要で、頑固だった腸腰筋がゆるんできた分、これからは少しずつスティビライゼーションのエクササイズを増やすといいね。今日は痛みが出ていたとしても、山歩きは、股関節周辺の筋肉を鍛えるにはとてもいいから、諦めずに続けて」とのことで、今日も腸腰筋から始まり、大腿四頭筋、大腿筋膜張筋、外旋六筋、内転筋などに加えて、骨盤底筋をゆるめてくれた。

初めてこちらを訪れたわずか数日前と比較すると、手技を始めてから拘縮した筋肉がゆるむまでの時間が格段に短くなり、身体がトムの指を信頼し、拒絶することなく受け入れていることが如実に感じられる。表層部の筋肉はもちろんのこと、腸腰筋や外旋六筋肉のようなインナーマッスルに働きかけるには、心も身体も緊張せずに施術者を信頼できることが大切で、トムのたゆまぬ研鑽《けんさん》による知識と、故障したトップアスリートたちを長年診てきた経験とが、信頼するに値する人格と手技に繋がっているのだった。

トレーニングルームへ移動すると、片足で立ち、もう片方の足を空中で前後に移動させるバランスのエクササイズから始まった。それは、足の裏の筋肉と、股関節周辺のインナーマッスルが同時に鍛えられるもので、とても地味ながら効果が期待できることから、毎日取り組むことになっていた。

トレーナーのゲオルグは、アスリートたちが夏休みにて閑散とするトレーニングルームで心酔するトムの指導を熱心に観察し、フォームローラーを用意したり、私の傾いた骨盤を正しい位置に修正したりとアシスタントに徹する。

すでにプロのストレングス＆コンディショニングコーチとして長年の経験があるにもかかわらず、更に学ぼうとする姿勢が素晴らしく、このようなトレーナーだからこそ、それぞれのアスリートの可能性と限界を見極め、的確な指導をすることができるのだろう。

トムがゲオルグに指導の役割をバトンタッチすると、今日は無理にエクササイズをするよりは、有酸素運動をメインにしようということになった。

ワットバイクに跨がり、70ｒｐｍでペダルを漕ぎ、汗を流す。サドルに座っている分、股関節への負担が軽減され、痛みを感じることもなく楽に運動ができる。

トムは今日も階下にて美貌のランナーKを指導している。世界トップクラスの成績を収める彼女はとても控えめながら、時折こぼれる笑みがかわいらしい。休憩時間に暇を持て余したサッカー選手Fはウロウロとトレーニングルームを歩き回り、私の乳酸値を計測中のゲオルグに話しかけるも「マスクをしないなら僕のアスリートに近づかないで。コロナが感染《うつ》ったらどうするの？」とゲオルグにたしなめられる。

ボート競技の大男たちは、明滅するLEDライトを用いた反射神経のテストをチームで行い、傍らではスポーツ心理学の専門家がチームビルディングのための観察をしている。

テレマークスキーヤーのJは今日も元棒高跳び選手のティムと共にコアトレーニングに励み、そこにはもう1人サッカー選手が加わって、2人同時に同じエクササイズをしていた。そして私はゲオルグとの30分の約束を超えて1時間半にわたりワットバイクをこぎ続け、全身汗だくになる。

牛挽肉とアボカド、グリル野菜のポケボウルでお腹を満たすと、先ほどまでボートチームとセッションをしていたスポーツ心理学者Jの部屋を訪れた。

身体がすっぽりと収まるヤコブセンのエッグチェアに腰掛け、Jと対面すると、「僕は演技の専門ではないから、どれくらいお役に立てるかはわからないけれど、何か質問はありますか？」

と尋ねられた。てっきりあちらから質問されるものかと思いきや、こちらからの質問を促すための質問がなされたのだった。

「新たな仕事が始まる度、人前に出る度に緊張します。自分が俳優に不向きなのではないかと常に思いながら仕事を続けてきました。その一方で与えられた役柄を全うしようと、自ら自分に高い期待をし、プレッシャーを与えてしまいます。このコロナ禍で長期間の田舎暮らしを余儀なくされましたが、むしろ安堵感を覚えたほどです。どうしたら緊張せずに仕事をすることができるのでしょうか？」

という問いに対して、「これまで様々なトップアスリートたちと接してきたけれど、スキージャンプの選手にしてもF1レーサーにしても試合が始まる直前まで、『コントロールを失ってクラッシュするんじゃないか』とか『今日は絶対に勝てるはずない』などとネガティブな想念に囚われていることがあるらしいですよ。結果を出すには程よい緊張も必要だけれど、さすがに2秒前まで最悪の事態を想像するようなネガティブ思考は良くないから、自分自身との非言語コミュニケーションの方法を変えるように勧めます」とのことで、会場に入る時から、廊下を歩いて控え室に行き、スタートを待つ間も常に姿勢を正し、自信に満ちあふれた姿を演出することで、自分自身の脳も錯覚して不安な気持ちが緩和されるのだという。

世界中にその名を轟《とどろ》かせるトップアスリートたちでさえ、人知れず恐れを抱き、それを克服することに腐心しているのだと聞いて、同じ土俵に上がるつもりなど毛頭ないながら、親近感を覚えるも、私の最大の迷いはまだ解消されていない。

「アスリートの方々も恐らく同じだとは思いますが、私はこれまで演じるために多くの犠牲を払って来ました。苦しみを伴う難役を演じることも多く、そうした役柄を演じるために自らの喜びや幸せを封印して、寝ずに台本を読み、食べずに撮影に集中し、友人と息抜きの時間も設けずに、極限まで自分自身を追い込むこともありました。あるいは準備に時間をかけただけ良い作品が作れるのではないかと、白洲《しらす》正子《まさこ》さんという実在した女性を演じた際には

1年間は準備のためにお能のお稽古だけに勤しみ、他の仕事を一切しなかったこともありました。でも、夫と出会い、継娘Jとの関係を構築するなかで、もっと自分の人生を大切にして、楽しみながら仕事をしたいと思うようになりました。もちろん、作品にエネルギーを注ぎ、大切に役柄を演じることに変わりはないのですが、何よりも大切なのは、他でもない自分の人生であり、つまりは家族が心身ともに健康であることに尽きると、ようやく気がついたのです。その一方で、自分の最も厳しい観客である自分自身がそれを許せるか否か不安でもあります」

「僕らのところにも、自らをスポーツの神様に生け贄《にえ》のように捧げて、スポーツでの勝利以外に何も望まないアスリートが訪れます。例えば、トレッドミル、つまりあのランニングマシーンの競技で世界一になった人もいるけれど、本人は多大な犠牲を払っているのに家族は誰も理解しないし、スポーツ専門のメディアですら、『成績は確かに素晴らしいが、彼が何のためにこれほどまでにこの競技に執着し、身を削り続けるのか疑問である』って書いたくらいなんです」

「トレッドミルに人生を捧げるなんて」と思わず笑ってしまったのだけれど、私とて他人から見れば、たかが知れた演技のために人生をなおざりにして来た愚か者だったのだと気付かせ、かけがえのない人生を存分に満喫することを自らに許すことができるように、Jが他の人のエピソードを引用してくれたことにふと気付き、彼の見事な手腕に唸らされたのだった。

幼い頃から女優になりたくて仕方がなかった訳ではなく、たまたま街でお声がけいただいて、自立したかったがためにアルバイト感覚で志もなく始めた仕事で、映画鑑賞は好きだったけれど、あくまでも腰掛け程度のつもりが、ありがたいことに役柄に恵まれ、せっかくいただいた仕事だからと目の前の課題に必死に取り組むうちに、演技の面白さに目覚めたものの、天童荒太さん原作の「永遠の仔」や、山田宗樹さんの「嫌われ松子の一生」、村上もとかさんの「JIN」、井上靖さんの「猟銃」、三島由紀夫さんの「葵上」に「黒蜥蜴」など、あれよあれよという間にいただく役柄の難易度が高くなり、自分が観客だったことを想定して、厳しい自らの基準に適う演技をしようと自らを痛めつけていた。そして、そんな人生にほとほと疲れ切っていたころに、夫と出会い、「Life is too short not to enjoy.」と言われてはっとさせられたのだった。

夫は世界で最も多忙だと言われるオーケストラに所属し、国立歌劇場におけるオペラとバレエの公演にてほぼ毎晩演奏し、日中はオペラやバレエのリハーサルか、ウィーンフィルの定期コンサートに参加し、その合間にウィーンフィルの運営の仕事に携わり、管弦楽アンサンブル「フィルハーモニクス」のコンサートやレコーディングをこなす一方で、寸暇を惜しんでロードバイクやマウンテンバイクを楽しみ、雪山登山やスキーに興じ、湖ではサップボードに乗り、雨の日にジムでトレーニングに勤しむだけでなく、旅公演の際には行く先々を散策し、現地の美術館やローカルな食事を楽しんでいる。そして、それだけ自分の人生を謳歌しつつも、家庭においては良き夫であり父でもある。

洋の東西を問わず、欠陥だらけで破天荒な危ういアーティストは小説や映画の題材には事欠かないし、傍目には魅力的ではあるけれど、実生活においては勘弁願いたく、夫がそのようなタイプでなかったことに心から感謝している。何よりも人生の一瞬、一瞬がどれほど貴重で、かけがえのないものであるか教えてくれたのが彼だった。

「自分を追い込まずとも、瞑想や呼吸法を定期的に行うことで、仕事と実生活を切り離し、日々の暮らしを楽しみながら演じることもできるはずですよ」というJのアドバイスは核心をついており、私に今必要なのは、猫背姿勢を改善し、背骨や肋骨を柔軟に動かして、苦手な呼吸を楽にすることなのだと、新たな気付きを得た。

長年の悩みであり、克服すべき弱点が姿勢と呼吸で、胸を開き、呼吸が自由にできるようになれば、無理に自らを追い込まずとも、自然に役柄の感情が湧き上がって来るはずだと確信した。

私のことなど全く知らず、同業者や親しい人々に秘密を漏らすこともなく、それでいて表舞台に立つ人間の心理に詳しいJとの対話は、ヤコブセンの椅子の形状や、ザルツブルクの田舎という環境も相まって、安心して心を解放できる時間だった。

恐らくアスリートたちも、決して深くは立ち入らず、自分自身の鏡のようにそこに存在し、自ら気付くことを促してくれるJの術中にはまって思わず心の内を吐露し、そして自ら答えを見出すのではないだろうか？

日本にもこのように俳優の立場に理解を示すことのできる専門家がいたらどれほど多くの人々が救われるだろう。

負傷したアスリートたちが羽を休め、誰もがトップアスリートとしての鎧を脱いで心を解放できる止まり木のような場所が、牛の糞が香り、蠅が飛び回るこの田舎に存在することが何とありがたく、そして羨ましいことか。

7月23日　休むことも大切

朝一番でトムの理学療法を受けるべく、彼の部屋を訪れると、老齢のパイロットが着替えをしていたので、しばし遠慮した。

航空ショーのような華やかな世界にいながら肘の負傷をケアするべく、毎日この場所に通ってきては、低負荷で地味な動きを繰り返す彼の謙虚さに触れると、私もこのコロナ禍を利用して徹底的に自分の身体と向き合おうと心に誓った。

姿勢改善はこれまで何度も試みたものの、股関節の不具合が身体の全ての部位に影響を与えた私の身体はとても手強《てごわ》く、結果が出るまでの長い道のりを我慢できずに、ありとあらゆる方法を試してはいつも途中で投げ出していた。

臼蓋骨形成不全を原因とした反り腰と巻肩の猫背、更には今回発覚した足裏のアーチの潰れた扁平足《へんぺいそく》に、足首の変形など、ありとあらゆる箇所に問題を抱えるこの身体をこれから少しずつ気長に改善して、足裏から頭のてっぺんまで真っ直ぐに立ち、スムーズな呼吸によって十分な酸素を取り込むことのできる身体を作ろうと思う。

こちらのコンディショニングセンターにて各分野のプロフェッショナルたちが行うサポー

トは、このようにアスリートたちが自身の問題に気付くよう導き、それを改善するための方法を伝授し、コンディショニングセンターを離れても自立できるように促すことのようで、私もわずかな数日で多くの気付きがあり、また有益なアドバイスをいただいた。

トムはいつものように、世界中が私の敵になったとしても彼だけは味方でいてくれるかのような安心感を与えてくれる。一歩このコンディショニングセンターを出て、街で偶然すれ違ったとしても、彼が私の名前を覚えていることなど期待してはいないけれど、少なくともこのコンディショニングセンターの中では、全てのアスリートの庇護者のように振る舞い、廊下ですれ違った際にも、気配り目配りを忘れない彼の存在がありがたい。

腸腰筋は初めて彼の施術を受けた日よりもずいぶんとゆるみ、ランニングと山歩きによる鼠径部の痛みも少し軽くなっていた。靴下も靴も難なく履くことができる。従って、今日は腸腰筋にアプローチしつつも、膝の周辺に付着した筋膜をゆるめることに焦点を当ててくれた。膝をゆるめたことで、股関節の痛みも、腰の拘縮も楽になり、薄い筋膜によって身体が全て繋がっていることが顕著に感じられる。

そして、トムの厳しさであり優しさでもある点は、彼の素晴らしい手技に依存させるのではなく、自分でコンディショニングをできるように、与えられた時間の最後に必ずエクササイズを入れることだった。今日も毎日のルーティーンとなった股関節のモビライゼーションと、片足でクッションの上に立ち、もう片方の脚と手を前後させるコアトレーニングを行う。

私が地味トレに励む傍らで、女子サッカーの選手が、元棒高跳び選手ティムの指導のもとスタートダッシュの練習をしていた。ティムはテンション高めの声がけによりアスリートのお尻を程よくたたき、明るく楽しくモチベーションを上げる天才だと思う。もちろんそれは長年の経験による知識と技術が伴っているからこそで、実際私のトレーナーのゲオルグもティムはトレーナー界のゴッドファーザーだと言って敬っている。

トムとのセッションを終え、鮭とアボカドのポケボウルの昼食を摂ると、身体がとってもない疲労に襲われ、どうしても動く気になれない。

ゲオルグはそんな私の体調を瞬時に察し、「今日はエクササイズはなしでストレッチにしよう」と当初の予定を変更して、受動的ストレッチを施してくれることになった。

床の上に敷かれた幅広のエアレックスのマットに身を横たえ、まな板の上の鯉《こい》になってゲオルグになされるがまま、身体が伸びるのを感じるうちに眠りに落ち、気付いた時には終了の時間だった。

「ミキ、この数日間、君の身体を診て来たけれど、率直に言って、今の状態は最悪だと思う。まずインナーマッスルが全く使えていないから、弱点の股関節を支えるだけの力がないし、それによって姿勢も崩れている。更には自覚していると思うけれど、持久力テストの結果も最悪で、あまりにも心肺機能と持久力が低すぎる。でも、グッドニュースは今が最悪なら、これから良くなる余地がまだまだあるということ。時間はかかるけれど、必ず良くなるから諦めずにがんばって。僕は明日、叔父の葬儀で来られないから、明日のセッションはゴッドファーザー・ティムに引き継いでおくね。それから、東京に帰ってから自分でできるように、エクササイズの動画と、持久力向上のための有酸素運動の段階的メニューを送るから、できる限り続けて」とのこと、今回の滞在においてゲオルグとの最後のセッションを寝ている間に終えてしまったことを悔いた。

「誰でも身体が限界を迎えることはあるから、休むことも大切。今日のストレッチも決して無駄にはならないから大丈夫。ちゃんと自分の限界を見極めてね」

そうだった。休むことも大切なのだった。疲れた時はできる限り無理をせず、休もう。

7月24日　果てしない探求の旅路は続く

朝は草むしりで汗をかき、シャワーを浴びて車に飛び乗ると、15分ほどでコンディショニングセンターに到着し、ギリギリでトムの理学療法セッションに間に合った。

「夫はアスリート並みに体力があって、山歩きをしても、一緒にサイクリングをしても、彼を待たせるばかりで、私は必死で最大限の力を振り絞っても彼の最大限妥協した速さにも追いつかず、彼はいつも私のペースに無理に合わせようして、風邪をひくほど身体が冷えてしまうんです。だから最近は山歩きは一緒にしても、自転車を一緒に楽しむことは諦めています」と伝えると「僕も妻と出会った頃、山でトレイルランニングをしたんだけれど、妻の方が僕の何倍も速くて、いつも山頂で待っているから、『ひとりで好きな時に走っておいで』と言って、一緒に行くことを諦めたね。夫婦が必ずしも同じ趣味を共有する必要もないと思っている」とのことで、著しく体力に差があるパートナーを持つ者同士、共感し合ったのだった。

ところで、こちらに身を寄せるアスリートたちはどのように集中力を保っているのだろうか？

「皆それぞれ方法は異なると思うよ。音楽を聴いたり、マインドフルネスを実践したり、毎日同じルーティーンを繰り返したり。ひとつ言えることは、持久力の向上が集中力の持続にも効果をもたらすということ」

「なるほど」

「実はeスポーツの選手を被験者に実験をしてみたところ、ゲームの集中力と持久力にも相関関係が見られたから、指先ばかり動かす彼らにもコンディショニングや持久力トレーニングが必要だってわかったんだ」

この時まで、eスポーツとは夫が雨の日や夜に楽しんでいるツウィフトのように、実際に自転車にまたがって、架空の国を走るような全身を使ったものだとばかり思っていたのだけれど、いわゆるゲームの延長線上のeスポーツを職業として真剣に極める人がいることを全く知らずにいた。

「ゲームといっても侮れないよ。彼らは上位になると8億円近く稼ぐ人もいるからね」

そんなに収益があるものだとも知らず驚くも、好きなことに没頭していたら仕事としても成立していたというのは理想的ではなかろうか。

その一方で、首や肩、腰の痛み、腱鞘炎《けんしょうえん》などに悩まされるであろうことは逃れようのない事実であり、より良い成績と長期のキャリアを望むなら、トムの言うようにコンディショニングが必須なのだろう。

そして、ゲームであろうが、語学学習であろうが、演技であろうが、集中力を保つことに持久力が役立つのなら、私もこれより有酸素運動で心肺持久力の向上に努め、山歩きや低負荷のエクササイズで筋持久力を鍛えようと思う。

ゴッドハンド、トムとのセッションがこれで最後だと思うと、一抹の寂しさが襲ってきた。彼はエリートアスリートのサポートに特化していたはずなのに、私のような素人の卑近な悩みにも真摯《しんし》に向き合い、わずか6日間で痛みから解放してくれただけでなく、真っ直ぐに姿勢を正すには、足裏や足首を使えるようになることがいかに大切か気付かせてくれた。見せるための隆起した筋肉ではなく、重要なのは機能的に使える内なる筋肉であり、各々の筋肉を部位ごとに分けて考えるのではなく、全身のつながりを意識して動くことの大切さにも目を向けさせてくれた。

「東京オリンピック出場に間に合うように調整するからいつでもまた戻っておいで」と、軽口をたたくトムに別れの挨拶をすると、トレーニングをすべくホールへ向かった。

皆がゴッドファーザーと崇《あが》めるティム・ロビンガーはテンション高く「ようやく君のトレーニングをする順番が巡ってきたよ」と言って私を2階に促すと、テラバンドを用いた低負荷のトレーニングを教えてくれた。

「これならわざわざジムに行かなくても自宅でも、ホテルでもどこでもできるでしょう?」

と、彼自身も常に行っているという全身を伸ばしながらコアを鍛えるエクササイズをポジションを変えながらいくつも披露し、私が飽きてしまわないように、「Sehr gut!《とてもいい!》」などと声をかけてくれる。

トレーナーにも様々なタイプがいる。昨日までサポートしてくれたゲオルグはこちらの状態を汲み取り寄り添ってくれる上、私が疲れた顔をすると無理はさせずに休ませてくれた。ティムは、アスリートの限界を見定めて、それぞれの身体に眠っている可能性を引き出すべく、道化を演じながら愉快にモチベーションを上げることに長けている。

彼のかけ声を聞くと、まだまだ頑張れる気がするし、テラバンドで身体を動かすことがとても気持ちよく感じられる。

棒高跳びで世界チャンピオンになった頃の彼の写真を見ると、筋骨隆々で青い瞳に金髪をなびかせ、自信に満ちあふれていた。

2003年のモナコでは5・91mのジャンプに成功した挙げ句、勝利の喜びからお尻丸出しでトラックを走り、「モナコのアルバート王子に対して不敬を働いた」と新聞に書かれたようなやんちゃな時代もあった。

残念ながらメダルこそ逃したものの、オリンピックには、1996年のアトランタ、2000年のシドニー、2004年のアテネ、2008年の北京と、実に四回も出場している。

今の彼は少し薄くなったブラウンの髪と、細身の締まった身体で、顔には年相応のシワを刻みながらも青い瞳だけがキラキラと輝いている。常に明るくポジティブに振る舞う彼のユーモアに笑わされながらお腹、背中、腕、脚とまんべんなく動かすのだけれど、ふとした瞬間に見せる表情から、彼が真性の脳天気ではないことが窺える。

何と彼は急性白血病のサバイバーであり、1年ほど前に狡猾で厄介なその病気が寛解したばかりなのだと言う。わずか数年前に白血病が発覚した時、彼は独立して間もなく、こちらザルツブルクから車で2時間30分ほどのドイツのミュンヘンでトレーニングジムを開業した直後だったと言う。

病気が判明した日のことを彼は自身の闘病記『VERLIEREN IST KEINE OPTION《負けという選択肢はない》』にて「ギロチンがやって来た日」と述べている。妻との間に息子が生まれたばかりで、独立したばかりの人間が急性白血病を宣告されるとは、筆舌に尽くしがたい苦悩であったことは明白である。

Ｇｏｏｇｌｅ翻訳を用いて少しずつ読み下している彼の著書からは壮絶な検査、そして化学療法と幹細胞移植の様子が伝わって来る。

コントロールフリークで、人生の全てにおいて、自分で決断をしてきた彼がはじめて自らの運命を医師の手に委ね、医療チームの選択に従うことは容易でなかったとのこと。

ハイテンションでアスリートを鼓舞するいつもの彼の姿からはまるで想像がつかないほど、暗く、重く、苦しい闘いを続け、彼は自分自身の溢れる涙を止めることもできずにいたという。

それでも、1歳半の息子をはじめとする家族の支えと、友人たちの励ましにより25ヶ月に及ぶ白血病との闘いに打ち勝ち、寛解を迎えた。

私たちは友人知人の誰かが病の床に伏せた際に、むやみにお見舞いに行ったり、メッセージを送ることをためらうものだけれど、ティムの闘病記によると、「哀れみは決して恥ずかしいことでも、不適切でも、迷惑でもありません」とのこと。彼にとっては多くの人々からのメッセージが励みとなり、また約束を反故にせざるを得なかったアスリートのために自身が不在の間のトレーニングメニューを考えることが、助けになったという。

命には差し障りのない股関節の悩みを彼に話した際に、それまで大音量でかかっていたアップテンポの音楽のボリュームをさり気なく下げ、モーツァルトだかハイドンだかの音楽に変えて、真剣に話に耳を傾けようとする姿勢は、痛みを知る人間ならではの繊細さであった。

何度も諦めそうになり、何度も死を覚悟した彼にとって、人生の多くの時間を費やしてきたスポーツこそが生きるモチベーションとなっていたといい、そのような過酷な闘いを勝ち抜いた彼だからこそ、世界を舞台にするアスリートたちが受け取るものも大きい。

テレマークスキーのJも「もしもコロナで大会ができなかったら、冬にはミュンヘンの彼のスタジオで集中トレーニングを受けるつもり」と言ってはばからない。

つい1年前まで白血病で生死の境をさまよっていた人が、目の前で私の身体を使える身体にすべく指導をしてくれていると思うと感慨もひとしおで、命ある限り、与えられた身体を大切に使わせていただこうと自然に謙虚な気持ちになれた。

化学療法や幹細胞移植をした直後は倦怠感が強く、多くの患者は何もできなくなるというけれど、彼はそれでもエアロバイクを漕ぎ、免疫力を上げるために毎日緑茶を飲んで過ごしたという。

サッカー選手である息子のタイガー・ロビンガーがモデルとしてランウェイを歩いた眼鏡のコレクションを訪れた際に、「あなたにとって贅沢とは何ですか？」とインタビュアーに尋ねられ、迷わず「健康こそが贅沢です。高価な時計は必要ありません。2年以上にわたる白血病との闘いの後では、ただ健康でこうして再び立っていられることこそが贅沢なのです」と述べていた。

身体に不調があるとき、誰しもが思う。「健康以外は何もいらない」と。

「これから日本に帰るんでしょう？　テラバンドならどこでもできるから、ドアノブとかドアの上に挟んでエクササイズを忘れずにするように」とコンディショニングセンターに常備されている大きなタイヤほどあるテラバンドのロールから、必要な分を切り取って分けてくれた。

エクササイズを忘れてしまわぬように動画を撮りたいと伝えると、「大丈夫、動画はこちらで撮って後で送るから」と言ったティムは、本当にすぐに全てのエクササイズを動画で送ってくれた。テラバンドを自在に操る彼の背後には、理学療法士のトムと、若きサッカー選手Fが映っており、予め用意してあった定型の動画ではなく、私のために負荷の軽い赤いテラバンドでお手本を示してくれたのだった。

わずか6日間のセッションでラボのシェリーヌ、理学療法士のトム、トレーナーのゲオルグ、ティムと出会い、またJのカウンセリングも受けたことによって、再び自らの心身と向き合い、問題点を自覚させられ、この先何をすべきなのかを気付かされた。

股関節の不具合は、腐れ縁ではあるけれど、長年連れ添ったパートナーであり、生きている限りこの先もご機嫌を取りつつ折り合いをつけなくてはならない相手なわけで、日々のエクササイズに励み、時には理学療法士やトレーナーの手助けを受けることを自らに許し、極力手術をせずに最後まで自分の脚で歩けるように励もうと思う。

ティムの白血病との闘いに比べたら、まだエクササイズができる身体であるだけでもありがたいし、アレルギーは多々あるものの、食べたいものを選んで味わい、咀嚼《そしやく》し、飲み込み、消化することができることも、本当に恵まれているとしか思えない。

そのようなことを考えながら、帰宅の途に就くと、夫が新体操のレッスン帰りでレオタードを着たままのJを伴って庭でくつろいでおり、河原へ遊びに行くことになった。

いつもは人気のない河原で、コロナ疲れの若者たちが焚《た》き火を囲んでピクニックをしており、大型犬は川で水浴びをし、若い女性たちはビキニで日光浴を楽しみ、長髪の青年がフォークギターを物憂げに爪弾いている。

「あ、ここ3歳の時に来たことがあるよね？」と、映像を鮮明に記憶しているJがはしゃぐ。

3歳の頃のJを私は知らない。しかし、夫にしてみれば、人並みの会話ができるようになるまで、ザルツブルクを訪れて彼女を預かる度にコミュニケーションに戸惑い、どう扱っていいのかわからなかったという。

「パパがご飯を作ると、いつもパスタ、パスタ、パスタだったもんね」と、Jも夫の料理を笑うほど粗末な代物だったようで、それでも頑張って何とか作ってはJに拒絶されるという繰り返しで苦労をしたらしい。

とは言え本人が言うほどお手上げ状態だったわけではなく、子供を楽しませることはとても上手だと思う。

私が初めてJと出逢った2017年の1月、4歳だった彼女を扱う夫は、とにかくJを飽きさせないように様々な遊びを提案することに必死で、気まぐれなガールフレンドに振り回される哀れな男性のようだったけれど、Jの口が達者になり、少々生意気も言うようになってからは、教育者である義姉のアドバイスを受けながら、時には叱ったり、口喧嘩をするようにもなり、ある時は、2人だけで膝をつき合わせて真剣な話し合いをすることもあり、より父親らしくなった。

そして、この数ヶ月間で私とJの関係にも変化があり、「言葉が伝わらず、守ってあげなくてはいけない少々おつむの足りない人」から、「一緒にお花屋さんごっことコールセンターごっこと料理ができて、映像も撮影してくれるカメラ娘」に昇格した。

彼女が私のことを家族だと思っているかどうかはわからないけれど、パパと過ごす際には無条件にミキがついて来ることに何の疑問もなく、彼女はそれを素直に受け入れている。

さらには、この世には出逢いと別れがあることを8歳にして知っている彼女は、母親のDと共に、もう一つの新しい家族を築こうとしている最中でもある。Dの新たなパートナーにはJと同い年の娘がおり、そのKとJとはとても気が合うそうで、母親の機嫌が良いこともJにとっては喜ばしいことなのだ。

9月に延期となったウィーンフィルのサマーナイトコンサートには、Dと新たなパートナー、JとKの4人でウィーンを訪れ、ワレリー・ゲルギエフ氏がタクトを執り、ヨナス・カウフマン氏が歌い、夫が人知れず舞台裏で奔走するそのコンサートを鑑賞する予定なのだという。

JとKが姉妹となるならば、私たちにとってもKが大切な存在になるに違いない。それゆえに、今からKに似合う浴衣を探すことが楽しみで仕方ない。

股関節の不具合を抱えている上、長時間労働を余儀なくされる職種のため、私の理想とする子育ては不可能に等しく、更には親の特殊な職業により子供が好奇の目にさらされるであろうことを理由に20代の早いうちに子供を産まない選択をした私にとって、こうして人様の子供との素晴らしいご縁をいただき、共に戯れたり、旅をしたり、料理をしたり、学んだりできるなんて夢にも思わなかったことで、人生をもう一度生き直しているような感覚すら覚える。

日本への帰国を明日に控え、夜はお城のレストラン「シュロスアイゲン」にて、コンディショニングセンターを紹介してくれたDr.オーバーターラーご夫妻、そしてEとPと共に、お礼を兼ねた食事会を催した。

コンディショニングセンターでの6日間がどれほど有益で、インスピレーションをもたらしてくれたか、感謝をしてもしきれないくらいで、Dr.オーバーターラーもかつての仲間だった理学療法士のトムへの賛辞を述べていた。

イタリアでいうポルチーニ茸にあたるシュタインピルツのスープを味わいつつも、今日初めて指導を受けたばかりのティム・ロビンガーの復活物語について興奮気味に語る傍らで思い出したのだけれど、Dr.オーバーターラーは脳腫瘍のサバイバーであり、彼自身も独立して家を建てた直後に病が発覚し、腫瘍を切除して復活したのであり、さらには片方の股関節を手術によって人工関節にした上で、スキーも楽しみ、未だに現役の膝専門ドクターとして、一日に何件も手術をこなしているのだった。

Ｆｒａｕオーバーターラーも同じく医師でありながら、3人の子供を育むために臨床医を諦め、現在は保険会社で社医として勤務しており、ファッションに敏感なお嬢さんの影響でフィービー・ファイロ時代のセリーヌを彷彿《ほうふつ》とさせるシンプルでジェンダーレスな洋服をさらりとエレガントに着こなしている。

クラシック音楽愛好家でもある彼女は、たとえ誰かが退屈だと思うような曲、例えばシューベルトのピアノソナタでも楽しみ方を知っており、「音楽の流れに素直に身を任せていれば、音のひとつひとつが粒立って聞こえるはず」という。

オーバーターラー夫妻は3人の子供を自立するまで立派に育て上げた家族でありながら、未だ仲睦まじく、料理を分け与えあったりしていることが微笑ましい。

そしてよくよく考えてみると、同席していたＥも腎癌のサバイバーで、片方の腎臓を失ったことにより、待遇は良いもののストレスの多かったスイスの製薬会社での仕事を辞め、少々早めのリタイア生活を謳歌し、脳味噌と身体が暇を持て余して学問とエクストリームスポーツに没頭するのだった。

Eの場合、その度合いも凄《すさ》まじく、パラグライダーで何度も墜落し、いつも山岳救助隊のヘリコプターで自宅近くの病院へ運ばれたそうで、いよいよ自身の名前の刻まれたマグカップが病室に用意された際に、パラグライダーを止めることを決意したのだという。59歳を迎えた今ではロードバイクやマウンテンバイクも控えているものの、夏期には毎日の登山と、冬期には雪山登山を楽しみ、世界中を旅しては深海鮫の撮影に勤しみ、南極へ出かけたことさえもあるという。

パートナーのPも出逢ったばかりの頃こそEに合わせて登山を楽しんでいたものの、最近では毎日の山行はさすがに身体にこたえると、家で読書や原稿の執筆をして待つらしい。ミュンヘン在住の彼女はドイツとオーストリアの国境が封鎖されていた折には、往復にずいぶんと苦労したらしく、公共放送のジャーナリストとして取材対象をオーストリア側で見つけ、コロナウイルスのリポート番組を制作することで、ようやく国境を越えることが許されたのだという。

彼女は食事中でも誰かが英語の文法ミスをすると正したくなるようで、男性陣は少々辟易していたけれど、私の拙いドイツ語にも忍耐強く耳を傾けてくれた上、文法上の誤りを正してくれるのでありがたい。

3人の癌サバイバーたち、そして妻であり、母でありながらも自立した女性、また、妻になることも母になることも求めず、キャリアを追い求めてきた女性から、人生は人が本気で望めばいかようにでもなるし、どんなに望んでもいかようにもならないこともあることを改めて学んだ。

たまたま癌の話が続いたことから、「葬式無用戒名不要」で、もちろんそれに伴って「通夜供花供物香典も一切無用」だと夫に伝え、私が万が一の際には印鑑があそこにしまってあるなどという話になり、「そんな話今からしないでくれる?」とあしらわれてしまった。

とはいえ近いうちに本当にきちんと話し合いをしておかないと、もしものことがあった場合、何でも自分で解決したがる夫とて、印鑑に戸籍など、日本のお役所の煩雑な手続きをひとりでこなせるとは思えない。

私の死生観は極めてあっさりしたものである。

倫理的にどうのとか、制度を悪用する人もいるとか、優生思想を助長するなどと、苦言を呈される方が多いことは重々承知の上で、万が一、治る見込みのない重篤《じゅうとく》な病に冒され、疼《とう》痛《つう》に苦しむようならば、不毛な延命治療は望まず、頃合いを見計らって近隣のスイスかベルギー、オランダあたりのすでに合法化されている国へ行って安楽死を選択するつもりである。

こちらオーストリアでは人の死に際し、本人が臓器提供拒否の意思を生前に示しておかないと、自動的に臓器提供に同意しているものと見なされる。

もしも私が道ばたで野垂れ死んだり、病院などで息絶えた場合、臓器提供拒否を明示していないため、万が一どなたかのお役に立てる部位が残っているならば、全て差し上げることになる。

ましてやカトリックやプロテスタントが未だ大きな力を持つヨーロッパにて、脳死状態の人間からの臓器移植によって人が生きる権利を保障されているにもかかわらず、苦痛に喘いでいる人間の死を選ぶ権利が守られていないのはなぜだろうと思っていたら、やはりドイツでは先頃「有償での安楽死の幇助を禁じる法律」がドイツ基本法に反するとの判決が出たという。

「死を選ぶ権利を認めるべきである」と。

それが即、積極的な安楽死を無条件に認めるということにはならないにしても、少なくとも耐え難き苦痛を抱えた患者たちが、「いざとなったら安楽死を選択できる」と思えることは、どれほどの救いになるだろう。

そして、そのドイツの人々には、亡くなった遺体に面会するという感覚がないらしく、夫は亡くなっても「自分の遺体を見られるなんてとんでもない」と言うし、万が一私が先に逝ったとしても「冷たくなった君の遺体なんか触りたくもないし見たくもない」とのこと。それは自分の両親や兄弟、娘でもそうなのかと尋ねると、「もちろん誰でも亡くなった人は亡くなった人なのだから、わざわざ会う必要はない」というわけで、私などより夫の価値観の方がさらにあっさりしているのだった。

新たな言語を学び始める度に、あくまでも言葉は目的ではなく手段であり、異なる文化に興味を抱き、理解を示すことに重きをおいているのだけれど、こと死生観については、国により、人種により、宗教により、様々異なることを知った。

鳥葬を行うゾロアスター教や、遺体や遺灰を川に流して水葬を行うヒンドゥー教、墓参を一切しないという原始仏教など、かつて旅したインドでは様々な価値観があることに驚かされ、トルコを訪れた際には葬儀の折に遺影を飾らないというイスラム教の習わしにも触れた。スイスでは安楽死が認められているばかりか、遺灰からダイヤモンドを作ることもできるらしい。そして、「遺体との対面は必要ない」というドイツ人の夫の価値観にも最初は拍子抜けしたものの、それもひとつの考え方なのだと納得した。

幼子と変わらぬ好奇心を持ったまま、異なる文化の覗き見がたまらなく好きだからこそ、言葉を理解したいと思えるし、果てしない探求の旅路はこの先も続く。

この作品は書き下ろしです。原稿枚数763枚（400字詰め）。

オーストリア滞在記《たいざいき》

中谷美紀《なかたにみき》

令和3年2月5日　初版発行
令和3年3月25日　4版発行

発行人――石原正康
編集人――高部真人
発行所――株式会社幻冬舎
〒151-0051東京都渋谷区千駄ヶ谷4-9-7
電話　03(5411)6222(営業)
03(5411)6211(編集)
振替00120-8-767643
印刷・製本―中央精版印刷株式会社
装丁者――高橋雅之

幻冬舎文庫

ISBN978-4-344-43063-1　C0195　な-20-8

幻冬舎ホームページアドレス　https://www.gentosha.co.jp/
この本に関するご意見・ご感想をメールでお寄せいただく場合は、
comment@gentosha.co.jpまで。